ディーパック・チョプラ
メナス・C・カファトス
[訳]渡邊愛子 水谷美紀子 安部恵子 川口富美子

宇宙はすべてあなたに味方する

YOU ARE THE UNIVERSE

フォレスト出版

原著『YOU ARE THE UNIVERSE』に寄せられた賛辞

「『ディーパック・チョプラは、多くの著書で主張している挑発的かつ論争を巻き起こすようなさまざまな考えを本気で信じているのだろうか？』と尋ねられることがよくある。ディーパックと直接知り合うようになった今となっては、そうした質問に対して、はっきりそうだと答えることができる。そして、著名な物理学者であり、チャップマン大学において私の同僚でもあるメナス・カファトスとの共著である本書は、ディーパックの科学的世界観が凝縮されたものだといえよう。人間の意識こそが最重要であるという世界観について、そしてその観点はどのようにして科学的裏付けがなされているか理解したいなら、まさに本書はうってつけである。ディーパックの世界観をより深く理解するという私自身の旅において、本書は最も啓発的な道であった」

マイケル・シャーマー博士（Ph.D.）
『Skeptic magazine』誌発行人、『Scientific American』誌月間コラムニスト、チャップマン大学主幹研究員、著書に『The Moral Arc』『The Believing Brain』『なぜ人はニセ科学を信じるのか』などがある。

「私は10代の頃、思考や感情が人間の不可欠な部分として見なされているのに、知覚については人間自身を超越したものとしてとらえられていることを不思議に思っていた。私たちが知覚している世界は、結局のところ思考や感情と同様に私たちの精神生活の一部なのだ。ディーパックとメナスは本書において、この一見無邪気な考え方を、宇宙的レベルにまで持っていき、その真の力と重要性を示した。彼らはそれを知的に、また科学的な情報も十分に提供したうえで、しかもセンスよく成し遂げている。その成果はすばらしいものだ」

――バーナード・カストラップ博士（Ph.D.）
『Why Materialism Is Baloney』『Brief Peeks Beyond』『More Than Allegory』著者。

「『You Are the Universe』は、『Youniverse』（ユニバース）と綴ることもできただろう。というのも、『あなた』は宇宙に存在するだけでなく、そもそもすべての始まりが『あなた』なのだから。チョプラ氏とカファトス氏は、それを巧みな筆致でまとめあげ、今日理解されるようなかたちで、主観的な意識がどのように物質的現実の礎《いしずえ》となっているかについて、現代の科学者が知る限りにおいての完璧な正確さで掘り下げている。好奇心旺盛な人たちには、本書を一読されることを強くお勧めする」

――フレッド・アラン・ウルフ博士（Ph.D.　別名クォンタム博士®）
理論物理学者。『The Spiritual Universe』『量子の謎をとく』『Time Loops and Space Twists』など著書多数。

「ディーパックの最新傑作は宇宙学者メナス・カファトスとの共著だ。私たち自身について、そして科学について問いかけうる最も重要な疑問がすべて網羅されている。私たちは誰なのか、なぜ私たちはここにいるのか、といった疑問と、科学的に裏付けされた回答。これこそ、私たちがこれまで論じてきた『新しいパラダイム』だ！」

――アーヴィン・ラズロ
『What Is Reality: The New Map of Cosmos, Consciousness, and Existence』著者。

「この興味深い本書の中で、宇宙物理学者と医師による比類なき連携が実現している。彼らが提示しているのは、宇宙における私たちの居場所というものについて再考せざるをえなくなるような革命的「パラダイム」とでもいうべき作品だ。本書は、近視眼的な考え方をする人が多いなか、その淀《よど》んだ水にゆさぶりをかけることになるだろう。そしてまた、自身と宇宙との真の関係性について思いを馳《は》せずにはいられないだろう」

――カナリス・ツィンガノス
アテネ国立天文台館長、ギリシャ アテネ大学物理学部の宇宙物理学・天文学・力学の教授。

「本書は、意識に関する研究のなかでも『心が現実を創造しているのか？』という最も重要な側面について論じている。本書は、新たな議論を生み出すことになるかもしれない、多くの魅力的なテーマを提起している」

――シシル・ロイ
バンガロールにあるインド国家高等研究所IIScキャンパスのT.V. Raman Pai Chair、カルカッタにあるインド統計大学 物理学・応用数学の前教授。

「本書は、現代科学の最前線における最も深遠で差し迫った問題を解明するために、ディーパック・チョプラの著作に一貫している丁寧な明確さと、物理学者メナス・カファトスの洞察力とを合体させたものである。生体システムに関するチョプラ博士の専門知識と、量子物理学・地球物理学・宇宙論におけるカファトス教授の研究を合わせ、最も成功を収めているすべての現代科学が足を踏み入れることになる領域が、彼らの人生における深遠な精神修練から得た生命の光をもって説明することによって浮かび上がる。その結果もたらされたものは意見の対立ではなく、私たちの文化にとっての偉大な叡智、美、そして安らぎが相乗的に作用する、豊潤なタペストリーだ。本書は、私たちひとりひとりへの、すばらしい贈り物なのである」

――ニール・シーズ医学博士(M.D.)
マウント・シナイ・アイカーン医科大学病理学教授。

本書は複雑な織物のような作品であるため、多くの方々の実り多い協業により出来上がりました。

われわれの友人で傑出した物理学者であるカリフォルニア工科大学（カルテック）のムロディナウ・レナード氏（Leonard Mlodinow）に深謝します。彼はわれわれの原稿に対して入念な批評と考察を提供してくれました。

同様に、聡明で才能溢《あふ》れる科学ジャーナリストのアマンダ・ゲフター(Amanda Gefter)にも深謝します。彼らは主流の科学に挑戦して物議をかもすような分野に思い切って触れる際にも、われわれの提示する科学が可能な限り完璧になることを確実にしてくれました。

ハードサイエンスの中では目立たない考察のひとつに過ぎなかった「意識」に関する研究が、主流な研究へと移行しました。これは「意識」を主題にした3つの大きなカンファレンスと、その精力的な主催者たちによる功績が大きかったと認識しています。

スチュアート・ハメロフ（Stuart Hameroff）

意識の分野における先駆者。非常に貴重な「科学と意識」に関するカンファレンスを主催している。

http://consciousness.arizona.edu

マウリゾ＆ザヤ・ベナッゾ（Maurizo and Zaya Benazzo）

ＳＡＮＤという「科学とノンデュアリティ」に関するカンファレンスを立ち上げ、主催しており、国際的に認知され重要視されている。

https://www.scienceandnonduality.com

チョプラ財団主催「賢人・科学者シンポジウム」（SAGES & SCIENTISTS）

www.choprafoundation.org

出版における大きな幸運は、本書の実現を可能にしたチームに恵まれたことでした。

ハーモニー社からは、出版担当の辛抱強く献身的な編集者ゲーリー・ジャンセンを筆頭に、出版担当のアーロン・ウェーナー、副社長兼編集長のダイアナ・バローニ、副社長兼ＰＲディレクターのタミー・ブレイク、マーケティングディレクターのジュリー・セプラー、シニア広報担当のローレン・クック、シニアマーケティングマネージャーのクリスティーナ・フォクスル。

表紙デザインチームからは、ジェニー・キャローとクリストファー・ブランド、インテリアデザインディレクターのエリザベス・レンドフイーシュ、生産担当マネージャーのヘザー・ウィリアムソン、生産担当シニアマネージャーのパトリシア・ショーに感謝します。

また、クラウンパブリッシンググループ社長のマヤ・マブジェー、ハーモニーブックスのシニア副社長のアーロン・ウェーナーにも重ねて感謝します。

また、われわれの個人的な謝辞も記載させていただきます。

―メナスより

両親を筆頭にした私の家族が、個人としても科学者としても私を形作る根本的な役割を担ってくれました。コンスタンティンとヘレンは私に他者を尊敬し人生で良い原則に従うことを教えてくれ、私の一番上の兄アンソニーはいつも私の味方となり守ってくれ、兄のフォーティスが先にコーネル大学に行って科学者としての第一歩を私に見せてくれ、叔父のジョージは私に数学に対する愛を注入してくれました。マサチューセッツ工科大学で論文アドバイザーを担当してくれたフィリップ・モリソンは私に天体物理学と宇宙論に関する基本的な理解と情熱を与えてくれました。マサチューセッツ工科大学、コーネル大学そしてハーバード大学で私に教えてくれたすべての教授たちに感謝の意を表します。私の妻、スーザン・ヤンは常に協力的で私の地平線が拡大するごとに支えてくれたことに深謝します。そしてアメリカ、韓国とギリシャにいる私の素晴らしい友人や家族たちが、私たちの違いにかかわらず同じ夢を信じてくれたことに感謝しています。あなたがた全員が私の一部のように感じています。最後に私の科学と哲学は、偉大な量子物理学者で私のスピリチュアル・ティーチャーでもあるニールス・ボーアのおかげであることを述べさせていただきます。

──ディーパックより

惜しみない愛と共にすべてを与えてくれる妻のリタ、娘のマリカと息子のゴータマ、そして大いに未来を楽観させてくれる孫たちに感謝の意を表します。

そして両著者ともチョプラセンターのすばらしいチーム、特にキャロライン、フェリシア、ガブリエラ・ランジェルが家族の中の家族としてさまざまなやりとりや詳細を扱ってくれたことに感謝します。彼らのおかげで本書を世に出すことができました。

contents

序章――あなたと宇宙はひとつである

概説――ヒューマン・ユニバースの夜明け
すべてが相対的なのか？ 031
量子と既成概念 035
抜け道は詩人が見つける 047

PART 1 究極のミステリー

1 ビッグバンの前には何があったのか？
ミステリーの解明 059
不可解な始まり 066
現時点での最良の答え 069
ビッグバンは必要なのか 072
マルチバース（多元的宇宙論）への移行 075

2 なぜ宇宙はこれほど整合性が取れているのか？
独創的な情報理論 081
弾ける超ひも 084
すべてはどこへ行ったのか？ 087
ミステリーの解明 095
現時点での最良の答え 101

人間はそれほど重要なのか？　103
宇宙体　108
付随するミステリー：宇宙の平坦性　111
微調整は必要なものだったのか？　115
進むべき道の選択　119

3
時間はどこから来たのか？
ミステリーの解明　128
宇宙版、ニワトリが先か卵が先か？　131
あるいは違うのか……　136
量子は時計に従っているのか？　143
心理学の登場　151

4
宇宙は何からできている？
ミステリーの解明　163
ブラックボックスをこじ開けること　166
私たちが見るもの　169
ダークネスが支配するとき　174
現実性は心理戦である　178
観測者問題が持ち上がる　180

5
宇宙にデザインはあるか？
ミステリーの解明　190
偶然の機会に賭けてみる　197
偶然の機会が失脚するとき　203
美は、粗雑で混乱している世界を超越する　208

6
量子世界は日常生活につながっているのか？
ミステリーの解明　220
光は奇妙なふるまいをする　222
光子はどのように意思決定をするのか？　225
脳は信頼できるのか？　229
量子に馴染む　236
パラドクスの猫　239

7
私たちは意識を持った宇宙に住んでいるのか？

ミステリーの解明 251
原子が考えることを学ぶとき 255
イージープロブレムとハードプロブレム 258
現実性を実証する 263
動いている矢を追う 267

8 最初はどのように生命が始まるか？
ミステリーの解明 278
生命のマシン類 280

9 脳が心を作り出すのか？
小さいものから何もないものへの旅 287
量子は生きているのか？ 292
「どのように」から「なぜ」へ 297
ミステリーの解明 310
コンピューターが心を持たない5つの理由 313
あなたの脳がビートルズのようではない理由 320

PART 2 自分の中の「宇宙的自己」を喜んで受け入れる

10 個人的な現実が持つパワー
心のないものが存在する余地はない 338
クオリア：現実は誰でも手に入れられる 353
物理主義者の護身術 358

11 あなたが本当はどこから来たのか？
「私の」心？　それとも宇宙の心？　367
宇宙に立ち退きを命じる　372
創造主としての心　383
ＯＫ牧場で戦う一元論者たち　387

12 居場所と自由が手に入りそうだ
出発点には問題なし　395
人間味　398
現実は私たちを
自由にすることができるのか？　401

付録1 クオリアに馴染む
クオリアの法則
――意識の科学のための土台　413

付録2 すべてが相対的なのか？
宇宙意識はどのようにふるまうか　429
すべての細胞はどのように
宇宙を映しだすのか　434

訳者あとがき　437

序章

あなたと宇宙はひとつである

あなたの人生には――そしてどんな人の人生にも――あるひとつの結びつきがひそやかに存在します。その始まりがいつなのかはわかりませんが、あなたにとってあらゆることは、その結びつきがあってこそ存在します。もしもその結びつきがなくなれば、この世界はあっという間に消え去ってしまうでしょう。これこそ、あなたと現実世界との結びつきなのです。

現実世界が構築されるためには、非常に多くの事柄が完璧《かんぺき》に一体となっていなくてはならず、しかもそのプロセスは全く目に見えません。太陽の光を例にとってみましょう。言うまでもなく、太陽は私たちの銀河系である天の川銀河の片隅に浮かぶ中型の恒星であり、恒星だから輝くのです。恒星がどのように形成され、どのような組成であり、その煮えたぎる核においてどのように光が生み出されるかについては、解明されていないことはほとんどありません。謎は別の場所にあるのです。太陽光は9300万マイル（149，600，000キロメートル）もの旅をして地球に到達します。大気圏に突入し、地球の「どこか」に着地するのです。この場合、われわれの興味の対象であるたったひとつの「どこか」とは、私たちの目です。光を運ぶエネルギーの塊である光子は、眼球の裏側にある網膜を刺激し、脳そして視覚野へと至る一連の反応をスタートさせます。

　見えるということの奇跡は、脳がどのようにして太陽光を処理するかという仕組みにありま す。しかし、ここで最も問題となる、太陽光を画像に転換するというステップについては、全く解明されていません。あなたがこの世界で見るものはすべて、それがリンゴであれ、雲であれ、木であれ、山であれ、物体に当たって反射する太陽光のおかげで見えるようになるのです。

　でも、どのような仕組みで見えるのでしょう？　その秘密の公式には視覚が含まれています。なぜなら、見るということは、物体が現実であると知るための最も基本的な方法のひとつだからです。

　見ることが完全に解明されていない、「謎めいたもの」だという否定できない事実の要約は、以下になります。

- 光子は目には見えない。たとえ太陽光を明るいものとしてとらえられても、光子自体は明るくない
- 脳の内部は全く光がなく、海水とさほど変わらぬ液体に包まれた、オートミールのよ

うな質感の細胞の真っ暗な塊である

- 脳には光がないため、映像やイメージも存在しない。愛する人の顔を思い浮かべると き、その顔が写真のように存在する場所は脳の中にはない

現時点では、脳内で化学反応やほのかな電気インパルスに転換される目に見えない光子が、私たちが当然のものととらえている3次元の現実を、どのようにして創造しているのか説明できる人はいません。脳スキャンからは電気活動が起こっていることはうかがえます。だからfMRIスキャン（機能MRI）にはところどころ光や色が含まれるのです。「何か」が脳の中で起きているのです。視覚の本質はいまだ不可解なのです。しかし、ひとつわかっていることがあります。「視覚を生み出しているのは私たちだ」ということです。私たちが存在しなければ、世界全体、ひいてはあらゆる方向に広がる広大な宇宙も存在することはできないのです。

ノーベル賞受賞者の神経科学者ジョン・エックルス卿は断言しています。「自然界には色彩も音も存在しません。質感も、模様も、美も、香りも、そのような類《たぐい》のものは何も存在しないということに皆さんに気づいてほしいのです」。エックルス卿の言わんとするところは、薔薇《ばら》の華やかな香りから、ハチに刺されることや蜂蜜《はちみつ》の味に至るまで、

自然のあらゆる特性は人間によって生み出されるということです。これは驚くべき発言であり、一語たりとも省略することはできません。

何十億光年もの彼方《かなた》にある最も遠く離れた恒星も、私たちがいなかったら現実になりえません。なぜなら、熱、光、質量、宇宙での位置、とてつもないスピードでその恒星を動かしている速度といった、恒星を現実のものにするあらゆることは、人間の神経系を持った人間という観察者を必要とするからです。熱、光、質量などを神経系を使って経験する人間が存在しなかったら、私たちが今把握しているようなものとして、何ものも存在することができないのです。

あなたが見るとき、光は明るさを得ます。あなたが聞くとき、空気の振動は可聴音に変化します。あなたの周りの世界の実にさまざまな活動も、あなたの関わりがあってこそなのです。

ゆえに、秘密の結びつきこそが、すべてのものの中で、もしくはこれから存在するすべてのものの中で、最も重要なものになるわけです。創造プロセスにはこのように努力が必要ありません。私たちは創造方法を知らない、現実世界の創造者なのです。

この深遠な知は、何も新しいものではありません。古代インドでは、ヴェーダの聖者たちは「私は宇宙である」「私はすべてである」と訳される「Aham Brahmasmi」という言葉を用いていました。彼らがこうした知に到達したのは、自らの意識に深く潜り込むことによってであり、そこには驚くべき発見がありました。記憶の底で眠っていたものは、20世紀の物理学に革命を起こしたアインシュタインの知性に匹敵するほどの、意識のアインシュタインとでも言うべきものだったのです。

今日、私たちは科学を通じて現実世界を探求します。現実世界が2つ存在することはありえません。もしも「私が宇宙である」というのが真実ならば、現代科学はそれを裏づけるための証拠を提示しなくてはなりません。そして、その証拠は示されているのです。たとえ主流科学が外的な計測、データ、実験であり、それらを通じて内的世界ではなく物理的世界のモデルを打ち立てるものであっても、これまでの計測、データ、実験からは突き止められない謎はたくさんあります。時空の最先端においては、「ビッグバンの前には何があったのか？」「宇宙は何からできているのか？」といった基本的な疑問に答えるために、科学は常に新しい方法を採用しなくてはなりません。

本書では、科学が今日直面する最も大きく最も不可解な謎めいたものである、9つの問題を取り上げてみました。その目的は、読者の皆さんに単にわかりやすい科学本を提供することではありません。私たちが意図することは、まさに宇宙が存在すること自体、人間がいてこそ初めて成り立つという、つまり参加型の宇宙であるということを示すことなのです。宇宙は生きていて、意識を持ち、進化を続けている。そんな、全く新しい宇宙の理論を発展させる宇宙学者が増えています。そのような宇宙は、既存の標準モデルには適合しません。それは量子物理学の宇宙でもなければ、創世記に描かれたような全能の神による創造物でもないのです。

意識を持つ宇宙は、私たち人間の考え方や感じ方に呼応します。その形、色、音、触感は、人間によってもたらされています。ですから、この宇宙の最もふさわしい呼び方はヒューマン・ユニバースで、これこそが真の宇宙、唯一の宇宙なのです。

科学に馴染《なじ》みがなくても、科学に興味がなくても、現実の仕組みに関しては誰だって興味を持たずにはいられないはずです。自分の人生をどうとらえるかは、あなたにとって大きな意味がありますし、すべての人の人生が現実を生み出しているのです。人間であるということは、一体、何を意味するのでしょうか？　もし人間が、宇宙空間にある広大な漆黒の空隙《くうげき》の中の極小の点だとしたら、その現実を受け入れなければなりません。そうではなく、人間が現実の創造者で、人間の心に反応する意識的な宇宙に生きているとすれば、その現実を受け入れることになります。どちらを選んだとしても、折衷案やそれ以外の現実という選択肢はないのです。

それでは、旅を始めましょう。これから行く先々で、あなたに判断を委《ゆだ》ねます。「ビッグバンの前には何があったのか?」といったすべての質問に対して、まずは現代科学の最良の答えを提示し、続いて、その答えがどうして満足のいくものではないのかを解説していきます。こうすることで、読者の皆さんが自然と答えに導かれるという、宇宙への全く新しい探検の道が切り開かれるでしょう。現実を創造するコントロールルーム(調整室)が、日常の経験の中に存在すると聞けば、おそらく誰もが驚くことでしょう。創造のプロセスがどのようなものか明らかになれば、自分自身に対する考え方は以前とは全く違ったものになるはずです。「科学」と「精神世界」、人類史上最もすばらしいこの2つの世界観は、どちらも、何が「真に」本当であるか、という究極の目標の解明に貢献しています。

憂慮すべき事柄が私たちの周りに溢れています。今日の宇宙は、あるべき姿で機能していません。あまりにも多くの未解決のミステリーが山積みになっています。あまりに不可解で、答えを想像することすら困難な問題もあります。しかし、パラダイムシフトと呼ばれる、全く新しいアプローチに向けた突破口があるのです。

パラダイムは世界観と同じです。パラダイム、あるいは世界観が宗教的信条に基づいている場合には、創造には驚くほど複雑な宇宙を配列した、神という創造主が必要です。パラダイムが18世紀の啓蒙《けいもう》主義の価値観に基づいているなら、この場合にも創造者は存在するかもしれませんが、それは日常の宇宙の構造とは何の関係もありません――それは、機械を修理して立ち去る時計職人のようなものです。過去400年間、科学に支えられたレンズを通して考察されたパラダイムは、人間の好奇心によって変わり続けています。現時点では、科学を支配するパラダイムでは、宇宙は目的や意味を持たない不確実で無作為なものであると仮定されています。この世界観の中で働く人にとっては、進歩が日々絶え間なく生み出されます。しかし忘れてはならないのは、11世紀の敬虔《けいけん》なクリスチャンの学者にとっても、神の真理に近づくための進歩が、日々絶え間なく生み出されていたということです。

パラダイムは自己実現的なものなので、根本的な変化を引き起こす唯一の方法は、そこから飛び出すことしかありません。それこそ、古いパラダイムから新しいパラダイムに飛び込むことが、この本でやろうとしていることです。しかし、ある問題があります。新しいパラダイムを単に棚から取り出せばいいのではなく、検証しなくてはならないのです。検証には、次のようなシンプルな質問をします。「新しい世界観は、古い世界観よりも宇宙のミステリーをうまく説明していますか？」と。私たちは、ヒューマン・ユニバースが主流にならなくてはならないと信じています。なぜならそれは、既存の理論を拡張したものではないからです。

今日の宇宙とは、途方もなく遠くにある「もうひとつの世界」で、日常世界にはほとんど関係のないものです。しかし、見えるものすべてがあなたの参加を必要としているとしたら、あなたはいつでも宇宙に触れているということです。

ヒューマン・ユニバースが存在するとしたら、それは人間ひとりひとりのために存在しなければならないからなのです。このように私たちにとって最大のミステリーは、人間がいかにして自分自身の現実を創造するのか――そして、なぜその後で自分がしたことを忘れてしまうのか――ということです。ですから、本当の自分を思い出すためのガイドとして、本書を役立ててください。

新しいパラダイムへの移行は始まっています。本書に書かれた答えは、作り事でもなければ、飛躍した空想を強固にしたものでもありません。人間はみな、参加型の宇宙に住んでいるのです。心も体も魂も完全に参加したいと決めたなら、パラダイムシフトは、よりプライベートなものになります。あなたが暮らしている現実は、あなたが受け入れるもの、あるいはあなたが変えるものになるからです。

何十億ものお金が科学研究に費やされたとしても、敬虔な宗教家たちが神への誓いを守り続けたとしても、最終的に重要なのは現実です。ヒューマン・ユニバースにとって現実とは、とても強い意味を持ちます。それはすべての人の周りで展開するパラダイムシフトの一部なのです。私たちが「あなたは宇宙です」と言う理由は、ただそれが真実だからに過ぎません。

概説

ヒューマン・ユニバースの夜明け

アルバート・アインシュタインが、世界で最も有名な人物と並んで立っている写真があります。その人物とは、偉大な喜劇役者チャーリー・チャップリンです。1931年、ロサンゼルスを訪問中だったアインシュタインが、ユニバーサル・スタジオで行われたチャップリンの新作映画、『街《まち》の灯《ひ》』のプレミア上映会に招待されたことで生まれた出会いでした。ふたりともタキシードに身を包み、満面の笑みを浮かべています。アインシュタインの名声が世界で2番目だったとは驚きです。

アインシュタインが世界的な名声を得たのは、一般の人々が彼の相対性理論を理解したからではありません。アインシュタインの理論は日常生活から遥《はる》かにかけ離れた領域で、それ自体が畏敬《いけい》の念を生み出したのです。イギリスの哲学者で数学者でもあるバートランド・ラッセルは、物理学には精通していませんでした。アインシュタインの理論を説明されると、「今までの人生がなんとくだらないものだったことか」と思わず叫びました（その後ラッセルは、『相対性理論の哲学』（金子努、佐竹誠也訳、白揚社、1991年）を著し、相対性理論をわかりやすく解説しています）。

［脚注］一般的には相対性理論と呼ばれていますが、アインシュタインの革命的な考えは、最初の特殊相対性理論（1905年）と、それをさらに壮大にした一般相対性理論（1915年）の2段階で発表されました。

ある意味では、相対性理論は時間と空間の両方の概念を揺るがすものでしたが、普通の人はそれほどの意味を持つものだとは理解していませんでした。$E=mc^2$は歴史上最も有名な方程式ですが、それが何を意味するのかも、俗世間には伝わりませんでした。人々は、アインシュタインの深い思考が、重要なものでも実践的なものでもないかのように、日々の暮らしを送っていたのです。

しかし、そんな思い込みは覆されました。アインシュタインの理論が時間と空間を揺るがしたとき、実際に「何か」が起きたのです。宇宙の組織が引き裂かれ、新しい現実が紡がれたのです。人々を驚かせたのは、アインシュタインがこの新しい現実を、想像によって発見したということでした。アインシュタインは学校で数学を勉強したのではなく、子どもの頃から頭に難解な問題を思い描くことができる、ずば抜けた才能を持っていたのです。学生のとき、彼は光のスピードで移動したらどうなるか、頭の中に描こうとしました。光の速度は秒速30万キロであることは既に計算されていましたが、アインシュタインは、光にはまだ発見されてない不思議な「何か」があると感じたのです。彼が知りたかったのは、物理学者が研究するような光の特性や光の正体ではなく、光に乗って移動したらどうなるのだろう、ということでした。

例えば、観測者の動く速度や観測する場所にかかわらず、観測される光の速さは一定であるというのが相対性理論の基本です。これは物理的な宇宙において、光の速度よりも速く移動できないことを意味します。では、あなたが実際に光の速度で移動していて、進行方向に野球のボールを投げたと想像してみてください。ボールは手から離れますか？　要するに、既に速さが絶対限界に達しているのですから、これ以上速くなりえないのです。ボールが本当に手から離れるのならば、どう動くというのでしょう？

アインシュタインは心の中で問題をイメージすると同時に、直感的な解明も模索しました。彼の解明のすばらしい点は、豊かな想像力を利用したことです。例えばアインシュタインは、人間が自由落下する様子を想像しました。「落下している人は重力がないように感じるだろう。ポケットからリンゴを取り出して手放せば、リンゴは近くに浮いたままで、ここでまた重力がないかもしれないと思うだろう」

これを心の目で見たアインシュタインには、このような状況下では重力は存在しないのかもしれないという、革命的な考えが浮かんだのです。それまでは、重力とは常に2つの物体の間に作用する力であると考えられていましたが、アインシュタインにとっては、それは時空の歪《ゆが》み、つまり時間と空間が質量に影響を受けたものとしか思えなかったのです。さらに、その歪んだ空間は、ブラックホールのような崩壊天体の近くでは、離れた観察者から見た場合に時間の遅れが生じる一方で、ブラックホールに落下する物体の中にいる人には、何の変化も感じられないだろうと考えました。力としての重力を絶対的でないものとしたことは、相対性理論の最も衝撃的な点のひとつでした。

宇宙飛行士が無重力状態の航空機の中で訓練している様子を見れば、アインシュタインが頭に描いた映像を実際に見ることができます。アインシュタインが予測したように、カメラを通して映し出されるのは、完全な無重力の空間で、宇宙飛行士と機内の固定されていないものが宙に浮いている映像です。画面には映っていませんが、地球の重力場に逆らって無重力状態を作るために、航空機は自由落下で急速に加速しています。相対性理論の予測通り、重力は速度によって変化可能な状態になるのです。

力としての重力が変化するものだとすれば、不変で信頼できると考えられているその他のものはどうでしょうか？　アインシュタインは、時間に関しても従来の考えを打ち破りました。相対性理論以前に考えられていた絶対時間ではなく、時間とは観察者の基準系や強い重力場に影響を受けるものだ、という新たな発見をしたのです。これは時間拡張と呼ばれています。国際宇宙ステーションの時計は、そこにいる宇宙飛行士には全く正常に動いているように見えるのですが、地球上の時計と比べると、わずかに早く進んでいます。宇宙船のスピードが光速に近づいていくと、宇宙船内の人にとっては時計の動き方に異常は感じられませんが、地球上の観測者から見ると、宇宙船の時計の動きが遅くなっています。強い重力場の近くに置いた時計は、遥か遠く離れた場所から見た場合、時計の動きが遅くなっています。

相対性理論は、普遍的な時間が存在しないことを示しています。宇宙の異なる場所に置かれた時計が、共通の時間を示すことは不可能なのです。極端な例ですが、ブラックホールに接近していく宇宙船は、ブラックホールの巨大な重力の影響を非常に強く受けるため、ブラックホールの縁を突き抜け内側に吸い込まれるまでには、実際にはとてつもなく長い時間がかかり、地球上の観測者からは、宇宙船の時計に劇的な遅れが生じているように見えます。その一方で、ブラックホールに落ちていく宇宙船の乗組員にとっては、巨大な重力に宇宙船が押しつぶされるその瞬間まで、時間は異常なく進んでいるのです。

時間が影響を受けることは、1世紀も前から知られていましたが、現代には新たな重要性が生じています——実際に相対性理論は日常生活に関係があるのです。地球上では、遠く離れた重力のない空間に比べて、時計がゆっくり進みます。したがって、地球の重力から遠ざかるにつれて、時計の進み方が早くなる、正確には、早く進んでいるように見えます。つまり、ＧＰＳ座標に使用される衛星の時計は、地上の時計よりもわずかに早く進むのです。もしもＧＰＳ衛星の時計が地球の時間に合うように調整されていなかったら、車載のＧＰＳで自分の位置を調べようとしても、わずかなずれが生じてしまうでしょう（「わずか」でも、優に数ブロックずれてしまい、ＧＰＳ装置のせいで悲惨な事故を招きかねません）。

アインシュタインのビジュアライゼーション《頭の中で映像化すること》は、相対性理論から特殊相対性理論に向かって進みはじめました。私たちの目的にとって、これは非常に重要な意味を持っています。アインシュタイン自身、純粋に心の中に描いたことが、自然の仕組みと一致すると判明したときにはとても驚きました。しかし、ブラックホールや強い重力が存在する場所での時間の遅れなど、理論が予測したすべてが本当だったのです。アインシュタインは、時間、空間、物質、エネルギーは交換可能であることに気づきました。このひとつの考えが、通常の世界において、五感が見て、聞いて、味わって、触れて、嗅《か》いでいることは、何ひとつ信頼できるものではないということを証言しているのです。

この事実は、ビジュアライゼーションをしてみれば証明できます。あなたが、走っている電車に座っていると想像してみてください。窓の外を見ると、並行して走る隣の線路に別の電車がいるのがわかります。それを見たあなたは、こう判断します。「でも前に進んでいないから止まっているんだな」。実際には、あなたの乗った電車と隣の電車は同じ速度で動いているので、これはあなたの目が嘘《うそ》をついたのです。心の中では、誰もが感覚がつく嘘に適応しています。人は、太陽が東から昇って西に沈むという嘘に適応しています。消防車のサイレンは近づくにつれて音程が上がり、遠ざかるにつれて音程が下がります。しかし心の中では、サイレンの音が変わっていないことはわかっています。音程が上がったり下がったりしたのは、耳がついた嘘なのです。

五感はどれもあてになりません。あなたが「今から熱湯の入ったバケツに手を入れるよ」と言いながら誰かの手を氷水の入ったバケツに入れると、たいていの場合その人は、熱湯に手を入れられたと思って叫び声を上げるでしょう。精神的な期待が原因で、その人の触感が現実を誤ったイメージで脳に伝えたのです。つまり、「考えること」と「見ること」は相互に作用し合う関係で、目で見たこと、耳で聞いたことが正しい情報でないと、心が誤って判断することがあるのです（知り合いに起きた出来事を思い出します。

彼は仕事から帰宅すると妻から、バスタブに大きな蜘蛛《くも》がいるから始末してほしいと頼まれました。彼はすぐさま2階に上がり、シャワーカーテンを開けました。そして階下の妻が聞いたのは、世界一巨大な蜘蛛を見たと思って驚く夫の叫び声でした。でも、実はその日はエイプリルフールで、妻はバスタブに生きたロブスターを置いていたのです！）。

心が感覚を欺《あざむ》くことができ、感覚が心を欺けるとすれば、突如として、現実は実質的でなくなってしまいます。どう動いているかによって、どんな重力場にいるのかによって現実が左右されるものだとしたら、どうすれば外側の「現実」を信用できるのでしょうか？　量子力学が生まれる以前に、アインシュタインほど、すべてのものは目に見えているとおりではないという不安な感情を煽《あお》った人はおそらく誰もいないでしょう。「私は、過去や未来は全くの幻想であるとわかったのです。過去も未来も現在に存在し、あるのは現在だけ、ただそれだけです」。想像を超えた過激な発言ですが、アインシュタイン自身は、日常の世界が、実際にはとても信頼できないことに違和感を覚えていたのです――結局のところ、過去も未来も幻想であるという考えを受け入れることは、時間の経過は完全で本物だという前提で営まれている世界を混乱させてしまうでしょう。

すべてが相対的なのか？

２０１５年には、「一般相対性理論」として知られるアインシュタイン最後の相対性理論の誕生から１００周年の記念の年を迎えましたが、そこに書かれた最も急進的な内容のほとんどが、まだ十分に理解されていません。何が現実で、何が幻想なのかに関しても同様です。相対性理論という言葉こそ使いませんが、人々は日常生活の中でそれを自然に受け入れています。自分の子どもがクレヨンで壁に落書きをしたり、床に食べ物を投げたり、おもらしをしたとしても、隣家の子どもが同じことをしたのに比べれば、自分の子どもには甘く接するでしょう。また、人間は、感覚が感知したことを心が欺くことにも慣れています。あなたはパーティーに向かっているところで事前に、列席者のX氏があなたの住んでいる地域で起きた複数の窃盗事件で公判中だという話を聞かされていたとしましょう。会場に着くとX氏があなたに近づいてきて、「どこにお住まいですか？」と尋ねます。耳の器官から脳に伝わった音は、ほかの誰かが同じ質問をした場合と比べて、全く異なった反応を引き起こすでしょう。

アインシュタインの心の目に見えたのは、ある物体を、光の速さで移動している人から見る場合と、別の移動する物体の上に乗っている人から見る場合では、物体の速さは同じではないということでした。すべての速度は、ある距離を移動するのにかかる時間をもとに計算されるので、突如として、時間と空間が相対的なものである必要が生じてしまったのです。この後すぐに、アインシュタインの複雑な論理の鎖がつながりました――理論の正確な方程式を見つけるために数学者に相談し、１９０５年から１９１５年まで、10年の歳月が費やされました。最終的に一般相対性理論は、ひたむきな努力によって達成された、科学史上最大の成果であると賞賛されたのです。しかし、それはアインシュタインが、視覚的なイメージを頭に描くという経験を繰り返しながら、空間、時間、物質、エネルギー、重力の暗号を解いたということです。

人間が自分の経験に基づいて、個人的な現実を作り出しているということが、これで証明できるでしょうか？　もちろんできます。どんなときでも、自分独自のさまざまなフィルターを通して、現実と関わっているのです。あなたが大好きな誰かのことを、ほかの誰かは好きではありません。あなたが美しいと感じる色は、ほかの誰かは美しいと感じません。突然緊張感の漂う就職面接会場に入っても、自信を持っている応募者ほど怖さを感じないものです。本当の問題は、誰もが現実を創造しているかどうかでなく、あなたがどれだけ深く現実に介入しているかということです。人間とは関係ない「もうひとつの世界」は本当に存在するのでしょうか？

私たちの答えはノーです。原子核から数十億の銀河まで、ビッグバンから予想される宇宙の終焉《しゅうえん》まで、本当であるとわかっているすべてのことは、観察に連動し、人間に連動しているのです。人間の経験を超えたものが真実であるなら、人間はそれを知ることはできません。私たちが非科学的、または反科学的な考え方をしていないことをはっきりさせましょう。アインシュタインが、時間と空間が覆されるイメージを心の目で見ていた頃、ほかの量子物理学の先駆者たちは、日々の現実をさらに急進的に塗り替えていました。相対性理論が主としてひとりの人間（同僚の助けをもありましたが）による成果だったのに対し、量子物理学は、多くのヨーロッパの物理学者たちの協力によって発展したのです。固体の物質は、エネルギーの集まりだと考えられるようになりました。原子構造は、大部分が何もない空間で占められていることが観測されました（陽子がドーム型サッカースタジアムの中心に置かれた砂粒の大きさだとすると、電子は砂粒を中心に天井の高さで軌道を描きます）。

アインシュタインの時代に巻き起こった量子革命によって、「もうひとつの世界」に関して信頼できると思われていたすべてのものが、ひとつ、またひとつと取り除かれていきました。知識人たちにとって、この一連の結果は衝撃的なものでした。天文学者で物理学者のアーサー・エディントンは、量子ドメインの特異性について頭を悩ませていたときに、かの有名な言葉を発しました。「私たちの知らない、未知の何かがやっているのだ」。この言葉は、一般的には過去の時代への皮肉だと考えられています。エディントンは、実際に相対性理論が現実に適合することを証明する最初の証拠をいくつか見つけ出し、この時代の後、物理学は宇宙の全貌《ぜんぼう》の解明——万物の理論——を目指しました。その日が遠くないと信じている人もいます。

しかし、皮肉（エディントンはこれに長《た》けていました）は真摯《しんし》に受け止めなければなりません。スティーブン・ホーキングのような自信に溢れた心の持ち主でさえ、万物の理論をほぼあきらめてしまい、大局的なものでなく、現実の局部的な面の作用について解釈するという、小さい理論のパッチワークに落ち着いてしまっています。しかし、現実の不可解さゆえに、人間がみな、これまでずっと現実について誤解してきたというのは実際本当なのでしょうか？

量子と既成概念

相対性理論はとても難解な理論だったので、一般の人々は、物理学者なら理解できるものなのだろうと考えていました。しかし、全くそんなことはなかったのです。どれが真実であるのかを巡って、厄介にも説が二転三転し、これが量子革命と呼ばれました。これは、アインシュタインの研究と全く無関係に起きたわけではありません。$E=mc^2$という公式には、膨大な知識が含まれています。この公式は、ブラックホールや核分裂といった多様な現象に当てはめることができますが、ある意味、$E=mc^2$という公式で最も驚かされるのが、イコールの記号です。

「イコール」は「〜と等しい」という意味ですから、この公式の場合、エネルギーは物質と等しい、あるいは、質量はエネルギーと等しいという意味になります。五感という点でとらえれば、砂丘やユーカリの木やパン（物質）は、稲妻の放電や虹《にじ》、コンパスの針を動かす磁気（エネルギー）とは全く異なります。しかし、アインシュタインの公式が正しいことは、何度も証明されています（これに端を発して起きた論争に関しては、同じことは言えませんが）。物質がエネルギーに変わる可能性とともに、自然を永遠に変換可能なものとして説明することによって$E=mc^2$は核反応が起きるように、どのようにしてこの作用が起きるのかという疑問を投げかけたのです。

砂丘や木々や虹のある普通の世界を信じている人は不快に感じるでしょうが、自然の基本構成要素であるエネルギーの最小単位、つまり量子《クォンタム》は、時にはエネルギーとして、時には粒子としての性質を示すことがわかっています。その最も一般的な例が光です。エネルギーとして働くとき、光は波のような性質を示します。この波は波長に分けることができるので、虹やプリズムによって、太陽の白い光が個々の波長を持つ多数の異なる色の合成物であると証明できるのです。しかし、光が物質として働くときは、離散的エネルギー塊、粒子（フォトン《光子》）としての性質を持ちます。量子とは、「どのくらい」という意味のラテン語で、１９００年12月に最初の量子革命を起こし、１９１８年にノーベル賞を受賞した物理学者、マックス・プランクによって名づけられました。量子という言葉は、最小単位のエネルギー、あるいは最小パケットのエネルギーという意味を示します。

仮に$E=mc^2$が、原理的には自然は単純な方程式に収められるという意味ならば――アインシュタインは死ぬまでそう信じていました――相対性理論発見の先に待っていたのは、量子論との矛盾でした。量子論は、一般相対性理論とは両立しえなかったのです。

この矛盾は現在なお物理学者を悩ませ、正しい説を巡っては大論争が繰り広げられました。一見すると大騒ぎするほどの難題には思えません。単に「大きなもの」対「小さなもの」の論争です。ニュートンのリンゴから遥か彼方の銀河系まで、すべての「大きいもの」はアインシュタインの一般相対性理論が示したとおりの性質を示します。しかし、量子や素粒子といった極小のものは、異なる法則に従っており、アインシュタインの理論に当てはめると、全くおぞましく、気味の悪いものになってしまうのです。

気味の悪い性質については後で詳しく話すとして、まずは全体像を見ることが重要です。1920年代後半には、相対性理論と量子理論それぞれが、とても大きな成功を収めていることを誰もが納得していましたが、同時に、この2つが噛《か》み合わないことも納得していました。激しい論争の的となったのは、重力とその驚くべき非線形の（曲線の）性質でした。アインシュタインが自由落下する人間を想像したことは前述しましたが、想像はそれだけではありませんでした。上向きに加速するビルのエレベーターの中に立っている人間がどうなるかと想像したのです。その人は体がだんだん重くなっていくように感じますが、エレベーターの内部しか見えないので、なぜ自分が重くなっているのか知る方法がありません。エレベーターの中の人にとっては、原因が重力の変化によるものとも、加速によるものとも考えられます。どちらが原因だとしても説明がつくことからアインシュタインは、重力は力として絶対的なものではないと理由づけたのです。

その代わりに、重力は変化し続ける自然の一部で、このケースで変化しているのは、物質がエネルギーに変わり、再び物質に戻ったものではないと考えました。一定の力と考えられていた重力を、場所によって異なる、時間と空間の「歪み」という定義に変えたのです。冬の日、雪で覆われた平地を歩いていると想像してください。突然、足を滑らせ、雪で隠れていた用水路に落ちてしまいます。即座にあなたは用水路の斜面に体を倒します。その動きは雪の上を歩いていたときよりもずっと素早いでしょう。そして用水路の底にぶつかったとき、体重が重くなっていることに気づくのです。同様に、空間は星や惑星といった大きな物体の周りで湾曲します。直線に進んでいた光が大きな物体に近づいたとき、歪んだ空間の重力が光の進行を歪ませる、とアインシュタインは理論づけています（1919年に彼が予測したことが証明されたときは、大きな興奮に沸き返りました。これについては後の章で述べます）。

アインシュタインは、重力を、「力」から一気に「時空幾何学の真相」に変えたのです。しかし、量子研究においては、物理学者は今でも、重力とは「自然界の4つの基本的な力」のひとつであると言及しています。残りの3つの力——電磁力、強い力（強い核力）、弱い力（弱い核力）——は、時に光として、時に波として、時に粒子としての性質を持つことがわかっています。しかし、重力波や重力の粒子（既に重力子と名づけられていた）は、数十年間も発見されていなかったのです。それだけに、２０１５年の後半に重力波が確認されたことは、本当に感動的なニュースでした。

アインシュタインの時代には、そのような波の検出方法がわかる人はいませんでしたが、驚くことに、一般相対性理論はその波を見事に予測していたのです。高度に洗練された現代技術をもってさえ、重力波は弱く、検出するのは不可能に近いものです。１３７億年前にビッグバンから宇宙組織に波動が送り出される様子を、最も単純な形で想像することができても、その波を検出しようとする試みは、常に問題に突き当たっていたのです。障害のひとつは宇宙背景放射（訳者注：天球上の全方向からほぼ等方的に観測されるマイクロ波）でした。おおまかに言えば、重力波を正確に突き止めることは、荒れ狂う海に小石を落として、その石が作り出した波だけを取り出そうとするようなものなのです。

その後、レーザー干渉計重力波観測所（ＬＩＧＯ）のプロジェクトが掲げた、ビッグバンから、あるいはほかの宇宙線源から出た重力波をとらえるために、原子核の半径の１０００分の１以内の大きさまで測定できる、２キロメートルの巨大な測定装置を建造するという大きな計画に資金がつぎ込まれました。理論上、宇宙の莫大《ばくだい》な変動によって重力波が発生する可能性はあったのです。

ＬＩＧＯが稼働を開始して数日後の２０１５年9月、13億年前に2つのブラックホールが衝突したときの重力波が地球を通過し、偶然にもＬＩＧＯはその重力波をとらえました。このような波は、光速で移動しながら時空に波紋を広げます。星を貫通する重力波は、目に見えない星の核心の解明につながることから、ＬＩＧＯの成功は新しい宇宙測定法の幕開けを意味しています。これによって宇宙学者は、ブラックホールの形成などの新しい手掛かりを見つけながら、本当の宇宙の始まりにたどり着けるかもしれません。

しかし、その他の点について言えば、重力波は、現代科学がいる一般的な状況とは無関係です。重力波は、現実のとらえ方に関するパラダイムを変えうる未解決のミステリーから、目を逸《そ》らす結果を招いています。ひとつ言えば、宇宙を理解するという点では、重力波の観測は驚くことでもなければ、大発見でもなかったのです。ＬＩＧＯはほぼ1世紀前に予測されたことを実証しましたが、物理学者の大多数は重力波が絶対に存在すると考えていました。宇宙に関する新しい事実が得られたわけではなかったのです。

ほとんどの物理学者が、現実に関する見解には、いまだ亀裂《きれつ》があることを認めるでしょう。そうなれば、この亀裂が大きな可能性を導きます。つまりそれは、絶え間なく頭の中に流れる平凡な思考も含めて、人間の心が「もうひとつの世界」の現実に影響を与えている可能性があるのです。例えば、あなたの心の目でレモンをビジュアライズしてみてください。艶《つや》やかで薄黄色をしたレモンの皮を思い描きます。レモンを半分にカットするナイフを想像してください。ナイフで淡い色のレモン果肉を切り落とすと、果汁のしずくが溢れ出てきます。

このビジュアライゼーションで、唾液《だえき》が出てきたことに気づきましたか？　唾液が出たのは、心の中にレモンのイメージを描くだけで、実際のレモンと同じ物理的反応が生じたためで、予測可能な反応です。これは「この世界」の事象が、「もうひとつの世界」の事象を引き起こしている例です。脳から唾液腺にメッセージを送る分子は、レモンや岩や樹木の中の「もうひとつの世界」の分子と何ら変わりありません。結局のところ、人間の体は、物理的な物質と同じ状態を保持しているのです。人間は常に、「肉体（物体）に勝る心（思考）」とよく似た技を使っています。すべての思考は、脳内の遺伝子の活動に至るまでの物理的変化を必要とします。マイクロボルトの電気が数十億のニューロンに沿って火花を散らし、脳細胞を隔てるシナプス（接合部）に科学反応が起こります。これは自動的に起きるのではありません。世界の経験のしかたによって変わるのです。

「肉体に勝る精神力」は、観察行為——単に見ること——が実は受動的ではないという発見を通じて、物理学の既成概念を揺るがしました。今この瞬間にあなたが座っている部屋を見回すと、あなたが観察しているもの——家具、照明器具、本——は変化しません。あなたの「観察」は完全に受動的なものに思えます。しかし、「この世界に」起きていることに関して受動的な観察などないのです。普通とは異なるものが目に留まると、脳の視覚野の活動に変化が起きます。部屋の隅にネズミがいるのを偶然見つけてしまったら、脳内で騒乱が起こるかもしれません。しかし人間は、見ることは「もうひとつの世界」では受動的であると思い込んでいるのです。量子力学の理論は、ここに動揺を引き起こしたのです。

もしも大きいものから小さいものに移動していったら、光子や電子などの亜原子粒子を観察することで、観察者効果と呼ばれる神秘的な現象が生まれます。光子やほかの素粒子が波のような側面と粒子のような側面を持っていることは既に述べましたが、同時に両方の側面を持ち合わせることはありません。量子論によれば、光子や電子は観測されない場合には波として働きます。波の特徴のひとつは、あらゆる方向に広がることです。光子が波のような状態のとき、光子の正確な位置は存在しません。しかし、光子や電子は観測された途端に、電荷や推進力といった特徴とともに特定の位置を示し、粒子のような性質を持つのです。

量子の性質を理解するうえで重要な、「相補性」と「不確定性原理」の2つについては後で詳しく説明します。今ここで注目したいのは、「もうひとつの世界」にある極小のものが、「見る」という精神的な行為だけで変わりうるという可能性です。「見ること」は受動的な行為であると仮定することに慣れてしまっているため、人間の常識はこれを受け入れ難いと感じます。部屋の隅にいたネズミの話に戻りましょう。あなたがネズミに目を向けると、ネズミはいったん動きを止めた後、潜在的な攻撃から身を守ろうとして、全速力で逃げ去ることがよくあります。これは、あなたがネズミを見ることによって、ネズミが見られていることを感じ取ったという単純な理由によって生じた行動です。光子や電子は、科学者に見られていることを感じ取れるのでしょうか？

少なくとも、地球上で人間を進化に導いたような幸運な偶然が重ならない限り、本来自然に心などないと考えている科学者や大多数の人たちにとっては、まさにこんな質問は不合理に思えるでしょう。数世紀にわたって真実であると信じられてきた科学的信条によれば、自然とは無作為で心が存在しないものなのです。だとしたら、どうしてフリーマン・ダイソンのような優秀な現代物理学者が、次のように言っているのでしょうか？

実験室の原子は奇妙なもので、不活性物質ではなく活性物質のようにふるまいます。原子は、量子力学の法則に従って、いくつもの可能性の中から、予測不可能な選択をします。

選択をする能力が示すように、心は、多少なりともすべての原子に内在しているように見えるのです。

ダイソンは、2つの大胆な発言をしました。ダイソンは原子が選択をすると主張していますが、これは心がある証拠です。また、宇宙そのものが心を示すとも言っています。一瞬で、大きなものの性質と小さなものの性質の間の隔たりを埋めたのです。原子が、雲や木、ゾウ、惑星ごとに全く異なるふるまいをしているのではなく、異なって見えるだけなのです。太陽光線に照らされて舞っている埃《ほこり》の動きは、完全にランダムに見え、これは、運動体に関する物理学で説明することができます。しかし、ビジュアライゼーションをすることで、この状況をより明確に理解できます。

あなたが、物理学者と一緒に、エンパイア・ステート・ビルの展望台にいるとしましょう。ふたりとも、眼下の道を見下ろしています。どの交差点でも、ある車は左折し、ある車は右折しています。このパターンはランダムですか？　物理学者は、そうだと答えます。統計データは、ある期間にわたって、左折した車と右折した車が同数であったことを示す図表を表すはずです。さらに交差点に進む車が、右折するのか左折するのかを確実に予測することはできません――確率は五分五分です。しかしこれは、見た目に欺かれているケースであることはわかっています。車を運転しているすべての人が、右または左に曲がる理由があるのです。したがって、左折と右折はランダムではありません。選択と可能性の違いを知らなくてはなりません。

　科学では、可能性の概念があまりに支配的なので、物理的な対象物に関係する選択の可能性に言及することは、ほとんどばかげたことだと考えられています。私たち自身が住んでいる惑星について考えてみましょう。鉄と同じぐらい、あるいはそれよりも重い元素――一般的な金属や、ウランやプルトニウムのような放射性元素を含むものなど――は、超新星と呼ばれる巨大な星の爆発に由来しています。

　それほどの爆発がなければ、原子を結合して重たい元素にすることはできません。太陽のような普通の星の内側の超高熱でさえ、これには十分でないのです。超新星が爆発すると、重元素が宇宙塵《うちゅうじん》になります。塵が集まって星間雲《せいかんうん》となり、太陽系の場合は、この雲が融合して惑星になりました。地球の溶融炉心は鉄でできていますが、内部には流れがあり、これによって鉄の一部が惑星の表面まで運ばれます。少量の鉄が、海洋や土壌の上層にも浸出するのです。人間の血が赤いのも、酸素を吸って呼吸できるのも、この鉄があるからです。

太陽光に照らされて浮いている埃の動きは、銀河でランダムに浮遊する星の塵と全く同じとはいえ、星の塵には独特な特徴があります。塵のいくつかは、地球上の生命にとって重要な側面を持っているのです。人間という創造物は、目的、意味、方向性、意図を持って行動します――ランダムとは正反対です。どのようにしてランダムなものが、ランダムでないものになったのでしょうか？　意味を持たない粉塵がどのようにして、人生の意味を求める追求心の媒体である、人間の体を作ったのでしょうか？　フリーマン・ダイソンが正しければ、その答えは「心」です。心が小さなものと大きなものを結びつけるならば、宇宙をランダムな事象とランダムでない事象に分けることは、論点がずれています。大事なのは、心はどこにでもあるもので、人間がたまたまこの事実を映し出したということです。

抜け道は詩人が見つける

アインシュタインは、大偉人の象徴とも言える人物なので、弱冠30代半ばで一般相対性理論の大成功を収めた後、現代物理学が示した結論を受け入れることができず、これに反対する立場をとっていたことはほとんど知られていません。アインシュタインの「神は宇宙についてサイコロを振らない」という有名な言葉は、量子の無秩序さや不確実性に対する反論を述べていたのです。彼は亡くなるまで、亀裂や分裂なく行われた、統一された創造があったと信じていました。

アインシュタインは、１９５５年に生涯を閉じるまでずっと、真実は２つではなくひとつであるという考えを証明しようと努めていましたが、この試みは物理学の主流から大きくかけ離れており、１９３０年代以降は取るに足らない思想家だと考えられていました——アインシュタインを崇拝している人たちでさえ、陰では、大偉人が到達できないもの《ウィルオウィプス》を何十年も追い続けていることに首をかしげていました。しかし、あることがきっかけでアインシュタインは、相対性理論と量子力学によって仕掛けられた罠《わな》から抜け出すヒントを見つけたのです。しかし、その抜け道は科学ではなく、詩の中にあったのです。

1930年7月14日、都会の喧騒《けんそう》から逃避した多くの富裕層が暮らすベルリン郊外の村、カプスにあるアインシュタインの家の外には、世界中から多くの報道陣が詰めかけていました。当時アインシュタインと並ぶ名声を得ていたインド人の詩人、ラビンドラナート・タゴールがこの家を訪問したからです。アインシュタインより20年ほど早い、1861年にベンガル州の名家に生まれたタゴールは、1913年にノーベル文学賞を受賞したことをきっかけに、西洋人の想像力に影響を与えるようになりました。タゴールは哲学者で音楽家でもあり、彼のことをインドの精神的伝統の化身だと考える西洋人もいました。世間で「世界で最も偉大な科学者」だと考えられている――それは間違いないでしょう――アインシュタインをタゴールが訪問した目的は、現実の本質について対談をするためでした。

科学が宗教的世界観に大きな疑問を投げかけるとき、タゴールの詩を読んだ人は、タゴールが、神秘的でとても個人的な高次元の世界とのつながりを楽しんでいるように感じます。彼の作品を断片的に読んだだけでも、そこから受ける印象は現在でも変わることがありません。

内側に感じるこの痛み――
私の魂が飛び出そうとしているのか、
それとも世界の魂が入り込もうとしているのか？
私の思考は、輝く葉とともに震え、
私の心は、一縷《いちる》の陽の光とともに歌い、
私の命は、すべてのものとともに浮かび、
空間の青さと時間の暗闇《くらやみ》になることを喜んでいる。

7月のその日、後世への記録として録音されていた会話を聞けばわかるように、アインシュタインはタゴールの世界観に対して、丁重に興味を示すだけに留まりませんでした――もうひとつの現実の魅力を受け入れていたのです。

アインシュタインが最初の質問をしました。「神とは、この世界から隔絶したものだと信じておられますか？」

華麗なインド英語で発せられたタゴールの答えは意外なものでした。「隔絶してはいません。人間の無限の人格は宇宙を包含しています。人間の人格に包含されないものなどありえません。（中略）宇宙の真実とは人間の真実なのです」

この後タゴールは例えを用いて、科学と神秘主義の両方に触れました。「物質は陽子と電子から成り、それらの間には隙間がありますが、それでも物質は固体のように見えるでしょう。個々の陽子と電子をつなぐ空間がなければ（中略）それと同じように、人間ひとりひとりが宇宙全体とつながっているのです――それがヒューマン・ユニバースです」

ヒューマン・ユニバース――この短い言葉で、タゴールは唯物主義に対して、究極の挑戦状を叩《たた》きつけました。物質主義では、人間とは数十億の銀河の中に浮かぶ斑点《はんてん》ほどの惑星で起こった偶発的な創造物だと考えます。宗教は、文字通りに忠実に解釈すれば、神の心は人間の心から遥か遠くにあるものだとしています。この神の世界に対する大事な信条をも批判したのです。タゴールはこのどちらも信じていませんでした。そして、録音音声に残されているとおり、アインシュタインは即座にこの考えに引き込まれたのです。

アインシュタイン「宇宙の本質に関しては、2つの異なる考え方があります――人格に影響を受ける単一のものであるという考え方、そして、人的な要因に影響を受けない現実であるという考え方です」

タゴールは、この主張に対して、二者択一をすることはありませんでした。

タゴール「宇宙が、永遠なるもので人間と調和しているとき、人はそれが真実だとわかり、それを美しいと感じるのです」

アインシュタイン「それは、宇宙に対する、全く人間的な考え方ですね」

タゴール「これ以外の考え方など存在しません」

タゴールは、詩的な空想も、あるいは神秘的な教義さえ語ることはありませんでした。タゴールは――優雅なローブと賢者の長い髭《ひげ》にもかかわらず――70年にわたって現実に対する科学的な見解に妥協してきましたが、より深く、より真実に近い何かで、これに対抗できると感じたのです。

タゴール「この世界は人間の世界です。（中略）人間から切り離されたものなど存在しません。現実は、人間の意識に委ねられた、相対的な世界なのです」

タゴールが語った「ヒューマン・ユニバース」が意味することを、アインシュタインが理解したことは明らかですが、アインシュタインは、これに対して冷笑することも、批判することもありませんでした。しかし、それを受け入れることもできなかったのです。この後すぐ、最も辛辣《しんらつ》なやりとりが続きました。

アインシュタイン「つまり、真実や美は、人間から独立したものではないとおっしゃるのですか？」

タゴール「そのとおりです」

アインシュタイン「人間がいなくなったら、ベルヴェデーレのアポロン（バチカンにある有名な古代像）は、もはや美しいものではなくなってしまうのですね」

タゴール「そのとおりです！」

アインシュタイン「美に関するこの考え方には納得できますが、真実に関しては納得できません」

タゴール「どうしてですか？　真実は、人間によって認識されるものです」

アインシュタイン「私の考えが正しいことは証明できませんが、それが私の信条なのです」

真実が人間から独立したものであることは、言うまでもなく客観科学の基軸ですから、これをアインシュタインが証明できないと言ったのは驚くほど控えめなことでした。水がH_2Oであるために、あるいは、重力が星間の塵を引きつけて星を形成するために、人間が存在する必要はありません。そつのない信条という言葉を使いましたが、実際にアインシュタインはこう言ったのです。「私がそれを証明することはできませんが、本当に客観的な世界があるという信念はあります」

かつて世界を騒がせたふたりの偉人の対談は、今ではすっかり忘れられてしまっています。しかし驚くことに、それは予言的なものだったのです。なぜなら、存在そのものが人間に委ねられているヒューマン・ユニバースの可能性は、今や大きく迫ってきているのです。人間が現実の創造者であるという、大きな夢のような可能性は、もはや夢ではないのです。結局のところ、「信じる」「信じない」も、人間が作り出したものなのです。

PART 1

究極のミステリー

1　ビッグバンの前には何があったのか？

時間と空間は、たるんだ物干しロープのように歪んでいると考えられるようになりましたが、ロープがちぎれてしまう可能性など全く存在しなかったため（空間と時間をねじ曲げるブラックホールの存在が登場するのはその後のことです）、物理学に大きな混乱が生じることはありませんでした。見事な方程式というのは、どれも現実を損なわないようにできているものです。つまり、数学が非常に難解だったという事実こそが、人々を不安から遠ざけていたのです。しかし、これがビッグバン理論の登場とともに一変しました。一瞬にして、時間が2つに折れてしまったのです。ビッグバンで出現した、人間が認識している時間のほかに、それとは異なるもの——奇妙な時間？　時間以前？　無時間？——が宇宙に存在していたのです。

それでは、私たちの宇宙の外の現実を見てみましょう。便宜上こんな謎解《なぞと》きをしてみます。「ビッグバンの前には何があったでしょうか？」。その答えを知るためには、想像上のタイムマシンに乗って、137億年もの年月を遡《さかのぼ》るしか方法はありません。宇宙誕生の想像を絶する大爆発に近づくにつれて、タイムマシンは大きな危険にさらされていきます。超高温の生まれたての宇宙が冷却されて最初の原子が結合するまでには、何十万年もかかりました。しかし、私たちは初めから想像上のタイムマシンに乗っているので、溶けることも、砕け散って亜原子粒子になることもなく、灼熱《しゃくねつ》の空間を惰性で進んでいると考えられます。

ビッグバンから数秒、あるいはそれ以下になると、目標に近づいていることが感じられます。「秒」と言うからには時間は存在し、目下、唯一の課題は数百万分の1秒、数億分の1秒、数兆分の1秒と遡っていくことです。人間の脳は、これほど微細な尺度に対しては機能しませんので、1兆分の1秒を人間の時間に変換できるコンピューターを搭載しているとしましょう。とうとう私たちは、考えられる最も小さな時間の単位（および空間）に到着します。ウィリアム・ブレイクの有名な詩の一節、「あなたの手のひらに永遠をのせ／1時間で永遠をつかむ」と同じことが実際に起きていますが、1時間はとてつもなく長いのです。この時点で、宇宙の規模が極小の場合には、搭載したコンピューターは期待外れの役立たずで、何もはじき出しません。

私たちが基準にしている、すべての枠組みが消滅していきます。宇宙創造の始まりには、今日観察されている物質の類は全く存在せず、ただ渦巻くカオスがあるだけで、このカオスの中には、現在「自然の法則」と呼んでいるルールのようなものは存在していないと考えられています。ルールがなくては、時間そのものがばらばらになってしまいます。タイムマシンの船長は、状況がどれだけひどいか乗客に伝えようとしますが、残念ながら、いくつかの理由から伝えることができません。時間の崩壊に伴って、「前」や「後」といった概念も崩れるのです。もはや船長には、宇宙船がある時間に地球を出発し、その後にブラックホールに到着したという概念もないのです。すべての事象が、想像できない形でくっついてしまいます。既に空間は消滅し「中」「外」という概念も無意味なものになってしまい、乗客たちは「ここから出して！」と叫ぶこともできません。

タイムマシンは想像上のものですが、創造の入口では、このような概念の崩壊が実際に起こります。どれだけ努力しても、どれだけ近づいても、出発点を越えることはできません――通常の方法では。なぜなら、ビッグバンは「すべての場所に起きた」ので、私たちが行ける「どこか」ではないのです。

残された選択肢は2つです。「ビッグバンの前に何がありましたか？」という疑問は解答不可能だと考えるか、あるいは、とてつもない方法を発見して答えを解明するか。しかしひとつはっきりしているのは、時間と空間は、時間と空間から生まれたのではないということです。それは想像の域を超えた場所で生まれたのですから、私たちにとって幸運なことに、想像の域を超えた答えを出したとしても見当外れではないのです——求められているのはそういう答えです。これを念頭に置きながら、宇宙の謎解きを始めましょう。

ミステリーの解明

「前」と「後」という概念は、時間と空間の枠組みの中でのみ意味をなします。あなたは生まれ、その後歩きはじめました。これから中年を経て老人になるでしょう。同じことが宇宙の誕生には当てはまりません。ビッグバンで時間と空間が生まれたことは広く理論化されています。それが真実だとしたら——単なる可能性で、不動の仮定ではありませんが——「時間が生まれる前に何があったのですか？」というのが本当の質問になります。これなら最初の質問よりいいですか？

よくありません。「時間が生まれる前」とは、「砂糖が甘くなかったとき」というのと同じ自己矛盾です。私たちは手に負えない疑問に囲まれていますが、それは早々にあきらめてしまう理由にはなりません。量子物理学者は、ルイス・キャロルの『鏡の国のアリス』の中のアリスと赤の女王との会話を真剣に受け止めました。アリスが7歳半だと言うと、女王は101歳5か月1日だと言い返します。

「そんなの信じられないわ」アリスが言いました。

「どうして？」女王は憐《あわ》れむように言いました。

「もう一度、大きく息を吸って、目を閉じて」

アリスは笑いながら言いました。

「そんなの無駄だわ。人間はありえないことは信じられないのよ」

「まだ経験が足りないのね」女王は言いました。

「私があなたくらいの年の頃には、1日30分、毎日やっていたのよ。だから時には、ありえないことを6つも信じることができたわ」

量子の性質を見れば、ありえないことを受け入れずにはいられません。ビッグバンが起きている状況下では、普通のものなど何もないのです。不可能に思えることを理解するためには、大切にしている信条に対して疑問を抱き、それを手放さなければなりません。まず理解しておかなくてはならないのは、ビッグバンは宇宙の始まりではなく、現在の宇宙の始まりだということです。現在の宇宙は別の宇宙から作られたものなのかという疑問を今無視していたら、物理学が実際に、絶対的な宇宙の始まりにたどり着くことはできません。測定する対象があるからこそ測定が可能なのであり、本当の始まりのときには、どんな類の規則性もない、無限小の何かの断片があっただけです。物質も、時空の連続体も、自然の法則も存在しませんでした。つまり、純粋なカオスだったのです。このような想像を絶する状態の中に、銀河数千億個分に匹敵するすべての物質とエネルギーが圧縮されていました。これが一瞬で、桁外《けたはず》れのスピードで膨張したのです。インフレーション《膨張》は10の36乗（分子は1で分母は1のあとに0が36個ある数）から、およそ10のマイナス32乗秒まで続きました。インフレーションが収束すると、宇宙はおよそ10万分の1の温度に冷却され、10の26乗倍という驚異的な大きさに拡大しました。一般に認識されている（決して確定的ではない）宇宙誕生のシナリオは、次のようになります。

- 10のマイナス43乗秒——ビッグバン
- 10のマイナス36乗秒——宇宙が超高温になり、原子の大きさからグレープフルーツの大きさに拡大するほどの急激な宇宙のインフレーションが起きる。しかし、原子も光も存在しない。カオスに近い状態では、定数や自然の法則は常に流動的であると考えられる

- 10のマイナス32乗秒——想像を絶する高温はさらに続き、宇宙は、電子やクォーク、その他の粒子とともに煮えたぎっている。これまでの急激なインフレーションは緩やかになる、あるいは収束するが、その理由は完全には解明されていない
- 10のマイナス6乗秒——生まれたての宇宙は急激に冷却され、一群のクォークから形成される陽子と中性子が生じる
- 3分——荷電粒子は存在するが原子はまだ存在せず、漆黒の霧となった宇宙から光は脱出できない
- 30万年——電子、陽子、中性子から、水素原子とヘリウム原子が形成される温度まで冷却が進む。ついに光が飛び出すが、この時点から、この光が届く距離が、可視宇宙の外縁（事象の地平面）を決める
- 10億年——重力に引きつけられ、水素とヘリウムが融合し、星や銀河を生み出す雲が生まれる

この一連の流れは、ビッグバンによって生じた推進力に従います。推進力は、たとえ宇宙が原子ひとつ分の大きさだったとしても、遥か後に、今日観測されるような何億もの銀河を形成できるほどの威力があります。最初の巨大爆発に続いて起きるインフレー

ションによって、宇宙は引き伸ばされ続けます。最初から多くの複雑な事象が発生し続けています（本書全体では、宇宙創造の最初の3分間の解説に専念しています）が、私たちの目的のためには、概要がわかっていれば十分です。

ダイナマイトの爆発や火山の噴火は誰にでも想像できるので、ビッグバンも常識的な現実に当てはめることができそうに思えます。しかし、ビッグバンで何が起きたのか、現在わかっていることは脆弱《ぜいじゃく》で根拠に乏しく、実際、宇宙創造の最初の数秒間については時間、空間、物質、エネルギーなど、私たちが理解しているほぼすべてのことが謎に包まれています。どうして無から何かが創造できたのかという疑問は、宇宙誕生の大きなミステリーであり、これを本当に理解できる人など誰もいません。何しろ「無」とは、どのような観測方法でも調べることができないものです。さらには、生まれたての宇宙の最初のカオスは、原子や光、そしておそらく自然の4つの基本的な力さえも欠いている、全く異なる状態なのです。

謎のすべてを避けて通ることはできません。なぜなら、同じような誕生のプロセスは、今も、そして常に原子のレベルで続いているのです。今が創世記です。宇宙を構成している亜原子粒子は、絶え間なく生まれては消え続けています。無（いわゆる真空状態）を、物理的な物体で溢れる海に変える、宇宙のスイッチのようなメカニズムがあるのです。私たちが常識だと考えている現実に見えるのは、冷たい虚空に浮かぶ星です。しかし実際には、虚空は創造的な可能性に溢れており、その可能性は私たちの周りのいたるところで戯れているのです。

話が抽象的になって、ヘリウムガス入りの風船のように浮遊してしまいそうですね。そうなっては困りますので話を戻しましょう。すべての宇宙のミステリーは、ひとつひとつが人間の顔をしています。夏の日、屋外でビーチチェアに座っていると想像してください。心地よいそよ風に眠気を誘われ、あなたの心は、頭に浮かんだイメージが半分と、自覚のある思考が半分とで満たされています。突然、誰かに声をかけられます。「夕食は何がいい？」あなたは目を開けて「ラザニア」と答えます。この短いシナリオにはビッグバンの謎が凝縮されています。あなたの心は空っぽ、真っ白になることができます。そこに入ってくるのが、混沌《こんとん》としたイメージと思考です。しかし、あなたが声をかけられて返事をしたとき、この空っぽの心が意識を取り戻します。無限の可能性の中から、あなたはひとつの考えを選び、それが自然に心の中に現れるのです。

大事なのは、この最後の部分です。あなたが「ラザニア」――あるいはほかの言葉――と言ったとき、その言葉は、小さなものから作り上げられたのではありません。そもそも、あなたがそれを作り上げたのではなく、ただ頭に浮かんだだけです。例えば、言葉を文字に分解することができるように、物質は原子に分解することができます。しかし、当然のことながら、これは創造のプロセスのレベルに当てはめることはできません。創造とはすべて、無から何かを生み出すことです。私たちは、無限の言葉や思考にどっぷりと浸かったクリエイターであることに満足していたとしても、それがどこから来たのかわからないと思うと、プライドが傷つく感じがしますね。アインシュタインでさえ、最も輝かしい発見について、幸せな偶然だったと言っています。要するに、無から何かを創造することは、遠い宇宙で起きた事象ではなく、人間が行っているプロセスなのです。

無が何かに変わると、必ず同じ結果がもたらされます。つまり、可能性が事実になるのです。物理学は、驚くほどの精度でこのプロセスを非人間化します。想像がつかないほど小さな時間の単位系では、量子の振動は虚空から現れ、その直後に虚空に戻りますが、この量子のオンとオフのサイクルは全く目に見えません。物理学上の創造を支配する法則は、推論しかないのです。ドーム型のサッカー場の外側に聴診器を当ててサッカーの法則を見つけることはできませんが、それこそ本質的に、宇宙の起源を説明しようと宇宙学がやっていることです。論理的な推論はすばらしいツールですが、これは、問題を解決したらさらに多くの問題が生まれるというケースかもしれません。

不可解な始まり

ビッグバン以前に宇宙には物体が存在しなかったということは、ほとんど疑う余地がありません。しかし、空間と時間（専門的に言えば「時空連続体」）もビッグバンで生まれたのでしょうか？　標準的な考え方では、答えは「イエス」です。物体がなかったのであれば、空間も時間もなかったのです。それでは、時間と空間が創造される前というのはどのような状態だったのでしょうか？　そこには内も外もありません。それらは空間があってこそ存在するものです。生まれたての宇宙が膨張していたとき、周囲のものは一緒に膨張していませんでした。現在、宇宙空間には数十億の銀河が活動していますが、宇宙は風船のように外面があるものではありません。前にも述べましたが、内と外という概念も、前と後ろという概念も当てはまらないのです。

私たちが拠《よ》り所にできるものが、ほかに何か残っているのでしょうか？　かろうじて少しだけあります。「存在する」ということは、時間と空間がなくても、物事が起こる可能性を示唆しているのです。では、わかりやすく例えてみましょう。あなたは、部屋の中に座っているとしましょう。そこで、部屋の中の物がわずかに動いていることに気づきます。シリアルボウルのミルクが上下に揺れ、床から振動を感じます。

こんな状況になっても、あなたの聴覚はそこまで微細ではないので、部屋の外壁が打ち付けられているのかどうかを知る方法がありません（体に振動を感じるほど敏感な人もいるということはさておき）。しかし、シリアルボウルの中の波や、床、天井、壁などの物体の振動を測定することはできます。おおまかに言えば、宇宙学者はこのようにしてビッグバンと向き合っています。宇宙は数十億年前に放出された振動と波動に満ちていますこれらを測定し、推論しているのです。これは例えると、「生まれつき耳の聞こえない人は、実際、音がどんなものなのか推論し、わかるものでしょうか？」「音の振動は数値化できますが、振動を感じても、バイオリンのソロや、エラ・フィッツジェラルドの声、ダイナマイトの爆発音を聞いたときとは同じように感じられません」というやりとりに似ています。

同様に、現在の宇宙の中で、高速で動く銀河から放たれた光やマイクロ波背景放射（この放射線はビッグバンの残照）を計測しても、宇宙の始まりについて知ることはできないのです。推論をもとに研究に取り組んではいますが、推論にしか頼れないことは、宇宙の起源を解釈するうえで致命的な弱点とも言えるでしょう。

それでも、今いるこの時空から、外の時空を支配する自然の法則の発見に取り組むことはできます。特に物理学は、別の宇宙でも数学は左右されないという期待を持って、数学の言語に依存しています。その結果として生まれた推論のほとんどは、永遠に有効だと考えられる数学のルールに従っています。たとえ時間が逆向きに進んで、人が天井を歩くような別の宇宙に行ったとしても、1個のリンゴに1個のリンゴを加えたら、合計は2個ではありませんか？

しかしながら、このルールが実際に有効であることを証明した人は誰もいません。例えば、ブラックホールに適用可能な数学は、ブラックホールが完全に入り込むことのできない場所であるために、推論の域を出ないのです。数学は人間の脳が作り出した産物かもしれません。数字のゼロを使うこと。それは、昔からずっとあったわけではありません。古代エジプト人とバビロニア人は、紀元前1747年までには、概念としてのゼロを書いていましたが、計算を目的にしてゼロが初めて使われたのは、ギリシア文化やローマ文化の全盛期を遥かに過ぎた7世紀初頭のインドでした。

ゼロはそこに何もないことを意味しますが、数学において「何もない」というのは、単なる数字のひとつであり、存在に対する絶望のしるしではありません。「私は人生でゼロしか達成できなかった」と言うと絶望的ですが、「1－1＝0」はそんなことはないのです。量子物理学における時間の概念は、自己の存在について誰も悩ませることなく、独特の方法で弄《もてあそ》ぶことができます（日常生活で時間が独特な方法で動きはじめたら、それは別の話ですが）。2つの世界の間を漂う時間とは、どこか不思議なほど人格があり、これを解明することなくヒューマン・ユニバースを理解することはできません。

現時点での最良の答え

明らかに、初期のカオスから現在の秩序ある宇宙が生まれるまでの過程は謎に満ちています。空間と時間が分解するレベルは、プランク単位系（量子力学の父、ドイツの物理学者マックス・プランクに因《ちな》む）と呼ばれ、これは原子の核よりも20桁（つまり10分の1の分母にゼロが20個）小さい単位系です。すばらしいことに、測定可能という点では「カオスに近い状態」の存在は、人間の理解を妨げていません。まだ人間の心は、確かなものを見いだすことができるのです――おそらく。

これだけ微小の単位系に関する測定でも、創造物の最も基本的な側面に関連した3つの定数である、重力、電磁気、量子力学によって定義されています。ビッグバン誕生の瞬間の、想像がつかないほど短い時間区分であるプランク時代では、馴染みのある定数や力は非常に異なっていた、あるいは、まだ存在しなかったため、とうてい造物主が認識できるようなものではありませんでした。いわゆるプランク次元では、空間は「泡立ったもの」で、「上」「下」といった方向感覚が存在しない不明瞭《ふめいりょう》な状態です。時間の長さを表すプランク時間――プランク時代を象徴する単位――は、現在のナノサイエンスにおける最速の時間の単位系よりも30桁も速く、1ナノ秒は10億分の1秒です。

したがって、「ビッグバンの前には何が存在していたのか」という疑問は、「プランク時代以前に何が存在していたのか」という疑問と等しくなります。図らずも物理学は、プランクを超えた領域について実際に調べることができるのです。数学的な法則は重力、電磁気、強い核力、弱い核力の、4つの基本的な力を支配していることが知られています。これが、数学の教義が完全に正当化される理由のひとつです。既知のある定数は、この4つの力が私たちの宇宙で価値を持っている理由を教えてくれます。どこか――火星、数光年離れた遠い星、あるいは微視的な大きさの原子――で重力を計算すると、どれだけ異なる環境でも、重力に適用される定数は変わりません。定数を信頼することで、地球上の物理学者たちは、精神的にはどれだけ遠い時空にも移動できるのです。

それでも、私たちの宇宙から遥か遠くの時間がない場所で、これらの同じ定数は存在しうるのでしょうか？　今日の物理学では、明確な答えは出せません。しかし、定数が時代を超越するものならば、私たちの現実と目に見えない次元の間との連続性を想像することはできます。たとえそれができなかったとしても、時間を超越した定数の魅力はわかるはずです。定数は、混乱するカオスの中で、現実に安定をもたらすものです。時間を超越した定数は、言葉が崩壊しても生き残る言語、数学に支えられています。例えば「以前」という言葉が意味をなさなくなってしまっても、パイ（π）と$E=mc^2$の値は残ります。ただしこれもまた、プランク時代の入口を超えると、幻想となってしまう可能性があります。何しろ、時代を超越した定数は、私たちが探そうとしている起源の物語を語ることもなく、時代を超越した定数がどこから来たのかという質問を投げかけているからです。

創造の始まりの瞬間について可能な限りの探求を進めていくと、人は量子真空のような創造以前の状態を確認したい気持ちに駆られます。古典物理学では、真空は真に無です。皮肉にも、そのような純粋な無は、宗教的な創造の物語に合致しています（「そして、地球には形がなく、空っぽであった。暗闇が深い淵《ふち》の表面を覆っていた」――創世記１：２）。しかし、量子論とその派生では、真空とは決して空っぽの状態などではなく、量子という「充填物《じゅうてんぶつ》」で満たされていると言明しています。実際、最大限の量子で満たされた量子真空には、観測可能な宇宙では現れない、膨大な量のエネルギーが含まれています。したがって、少なくとも潜在的なエネルギーが十分に利用可能であるならば、量子真空から宇宙が生まれたとしても問題はないのです。また、宇宙の最も初期の段階を追い求めることは、間違いなく（量子）真空の物理学を巻き込むことになるでしょう。それでもなお、プランク時代は、「始まり」の解明を阻む不可解なベールに包まれています。ひとつの賢い策略は、「始まり」を全く無視してしまうことで、奇妙にもこれが一般的な概念になっています。

ビッグバンは必要なのか

理論的にはビッグバン以外の可能性はあります。ビッグバンが本当ならば、これはおかしな話でしょう。しかし、宇宙の始まりの大爆発は、ダイナマイトの爆発とは異なることを思い出してください。物質やエネルギーといった、現在の世の中に溢れている創造物はなかったのです。テレビの科学番組で見るような、漆黒の空間に包まれた星が大爆発する映像は、そもそも最初に空間は存在していなかったのですから、誤解を招いてしまいます。宇宙が別の方法で生まれるのなら、話はもっと簡単になるでしょう。

まさしく宇宙の起源や、始まり以前には何が存在していたかという問題を避けるために、1948年、ヘルマン・ボンディ、トーマス・ゴールド、フレッド・ホイルによって定常宇宙論が提唱されました。定常宇宙論では、宇宙はビッグバンと同じく永遠に拡張し続けますが、それは常に同じように見えることを条件として加えました——これは完璧な宇宙原理に従っています。つまり、宇宙はいつでもどこでも同じように見えることを意味しています。言い換えれば、どの場所から見ようとも、どれだけ時間を遡っても、宇宙は同じに見えるということです。これは、たとえ時空が拡張していても、その中で物質の創造は絶えず起こるという意味を含んでいます。

ビッグバン理論では、宇宙は一度に創造されたと言っています——「無」から「すべて」に変わらなくてはなりません。では、どちらの理論が本当なのでしょうか？　初期状態の宇宙から発せられた遠い光源の観測は、進化的な新しい理論を支持しており、これによりオリジナルの定常宇宙論は衰退することとなります。ホイル、ジェフリー・バーブリッジ、ジャヤント・ナーリカーによって1993年に提唱された最新の理論は、準定常宇宙論と名づけられ、宇宙で「ミニバン」が繰り返し発生すると想定しています。カオス的インフレーションで有名なもうひとつの宇宙論は、定常宇宙論とかなり似ていますが、遥かにスケールの大きいインフレーションを想定しています。**カオス的**

インフレーションは、のちに、その基本的な本質を示す**永久インフレーション**に置き換えられました。永久インフレーションは、量子場の中の特定の「ホットスポット」に十分なエネルギーが蓄えられると、このエネルギーが「ポン！」と創造を起こすというもので、この最初の炸裂は、一瞬にして宇宙全体が誕生するのに十分な推進力をもたらすと考えられています。

永久インフレーションが大きな支持を集めている理由はさまざまですが、最大の理由は、一度の創造の起源によって、密度の安定した量子真空の性質が作られるということです。本質的に、真空が極小のもの（亜原子粒子）で溢れているのなら、真空が非常に大きなもの（宇宙）で溢れている可能性もあるはずだと思いませんか？　インフレーション理論はビッグバン理論をすべて受け入れている一方で、始まり（そして終わり）の問題を残しています。永久という言葉の定義には、始まりも終わりも含まれません。永久インフレーションの原理によれば、時空は宇宙バブルバスの如《ごと》く、巨大なインフレーションとともに、さまざまな場所で常に泡立っています。これは、宇宙の泡構造と言われます。このような事象が光速で起こり、永遠に続くのです。

優秀な物理学者の中には、永久インフレーションにすっかり魅了されている人もおり、哲学者のように時代遅れの古びた考えでは、この理論は崩せそうにありません。とはいえ哲学こそ、「存在」「永遠」といった言葉に大きな関心を持ち、結局この2つがとても巧妙な言葉であることをわかっているのです。

マルチバース《多元的宇宙論》への移行

永久インフレーションは、今日支持を集めているもうひとつの理論、マルチバースと結びついています。この理論では、私たちの宇宙が唯一無二のものではなく、数多くの宇宙のうちのひとつの宇宙——バブルバスの中の泡——であり、その数はほぼ無限であるとしています（詳細は後で説明します）。ビッグバンが広く受け入れられているため、永久インフレーションの可能性は、定常理論よりも大きな支持を集めました。ひとたびドアが開かれれば、望む人生に合った宇宙を創造できるまで、何度でも賭《か》けることができます。宇宙のカジノでは、自然は宇宙とともに泡と消え、可能性としては、最終的には狙《ねら》った目——私たちの宇宙——が出るでしょう。結局のところ、サイコロは何度でも無限に振ることができるのです。宇宙カジノは、宇宙の働きを支配する規則（つまり、自然の法則）さえも、無限に変化させることも可能なのです。重力、光の速さ、量子そのものまで、好きなように変えることができます——と、マルチバースは語っています。

しかし、隣に友人を乗せてナビゲーターになってもらい、あなたが車を運転していると想像してみてください。知らない場所なので、次の交差点でどちらに行けばいいのか友人に尋ねます。すると彼はこう答えます。「次の交差点を曲がる方法は無限にあるけれど、心配はいらないよ。そこを曲がれば無限個の交差点につながって、無限回の右左折ができて、きっと最終的にはカンザスシティに着くよ」。物理学では、マルチバース、永久インフレーション、そして宇宙カジノを扱うとき、ついこのような話し方をしていることがわかります。最もばかげているのは、理論上のマルチバースが現実に適合することを示すデータや検証がないという事実に加え、これまでの誰の地図より良い地図だと言いながら、無限の選択という地図を人の鼻先に広げていることです。

おそらく準定常宇宙論も含めたいくつかの異なる宇宙論を組み合わせたものならば、まだ存続可能かもしれない、というのが宇宙学者たちの標準的な考え方です。しかし、たとえどれだけ多くの宇宙があったとしても、この理論では、創造のプロセスが始まる前に何があったのかという疑問は依然として残ります。「前に」というのはここでも無意味な言葉ですが、「すべてがこうである」「すべてがこうだった」「すべては常に」と言い張るのは、直感的に無理があるように感じます。

「始まり」に関する質問を避けるには、ほかにも方法があります。「宇宙のインフレーションを伴うビッグバン」の理論が確立される以前、多くの宇宙学者が支持していたのは、宇宙には、始まり、終わり、再び始まる、膨張と縮小のサイクルがあるという考え方でした。東洋の精神的伝統では、創造物は生まれ、死に、再び生まれ変わるという命のサイクル（循環）という考え方があったため、循環する宇宙は一般概念として受け入れられました。類似性は科学的証拠とは同じではありませんが、忘れてはならないのは、ヒューマン・ユニバースにおいて、もうおわかりのように、命を支配するプロセスは、宇宙規模の創造の仕組みとつながりがあるはずだということです。

新しい循環宇宙論には、無から「ポン！」と現れるビッグバンは含まれず、現在の宇宙については一般相対性理論で説明しています。具体的にはロジャー・ペンローズが、無限の時間に向かって伸びるひとつながりの宇宙を提唱しています。現在の状態は、その前にあった宇宙から、最も重要な現在の自然界の物理法則と物理定数を含めたすべてをリサイクルして現れたものです。無限のサイクルでひとつのビッグバンが別のビッグバンを引き起こし、創造前の状態は、その前の宇宙の末尾に過ぎません。相次いで起こる創造では、ひとつのサイクルから次のサイクルに、ある種の記憶が引き継がれます。ペンローズが提唱した興味深い概念、宇宙にあるエントロピー（無秩序性）が基本的な役割を果たします。物理学には、「時間の経過とともに宇宙全体の無秩序性が増大する」という法則があります。言葉は抽象的ですが、超高温の初期の宇宙が冷却された仕組み、星が死ぬ仕組み、暖炉の薪が煙になり灰が残る仕組みを支配しているのがこの法則です。規模の大きい小さいにかかわらず、エントロピーは増大するのです。

宇宙には負のエントロピーの島があり、そこでは、エネルギーは弱められることも分散させられることもなく、生きる生態系のように、もっと秩序ある方法で使うことができます。秩序の島はあなたです。あなたが食べ物、空気、水を消費し続ける限り、体は秩序の島であり、原料エネルギーは、数え切れないほどの細胞を再生、修復する秩序あるプロセスに変わるのです。光合成が数十億年前に始まったとき、地球は負のエントロピーの島になりました。人間の体と同じように、植物は太陽光を秩序あるプロセスに変換します。エネルギー損失者でなく、エネルギー消費者になることが重要なのです。無秩序は、焚《た》き火から放たれる熱のように、エネルギーを熱として消散させます。このエントロピーと戦うために、命ある創造物は消散に対抗するため、さらに多くのエネルギーを消費します。森の倒木は、太陽からエネルギーを得る力を失ってしまったため、崩壊し腐敗しはじめるのです。

ペンローズは、熱力学第二法則には異議を唱えませんでした――彼は宇宙全体が冷却され、広がり、無秩序になっていることを認めています。彼が特に異議を唱えた対象は、宇宙のインフレーション理論でした。時間の経過とともに無秩序が増大するならば、その逆も真実でなければならないと指摘したのです――もし時間を遡ったら、遡った分だけ体系的な秩序を保っていることでしょう。例えば、時間を巻き戻したら、焚き火の煙と灰は木片に変わり、腐った木は生き返って成長します。そうなると、初期の宇宙は、すべての秩序が保たれた状態のはずです――しかし、そうではなかったのです。プランク時代は純粋なカオスの時代でした。だとしたら、地球上の生命に進化をもたらした宇宙の「特別性」（ペンローズが使った言葉）はどこから生まれたのでしょう？　絶対的なカオスの瞬間から、前もって初期の宇宙が、この惑星の生命を喜ばせるような銀河の進化の道を準備していたとは思えません。

懐疑的な宇宙学者たちは専門的な考察を続けていますが、普通の人々にはインフレーション理論に対するペンローズの反論は、とても説得力があるように聞こえます。彼はさらに鋭い2つ目の指摘をしています。仮に、地球上の生命はとても特別なものなので、初期の宇宙は特別なお膳立てをしなくてはならなかったということを受け入れたとしましょう。さらに、宇宙が超高温で無限小だったとき、ある特別な条件が現れたことも受け入れたとしましょう。では、膨大な宇宙のほかのすべての場所はどうだったのでしょうか？　私たちの惑星の生命体は、ほかの銀河で起きていることに関係なく進化をしたのです――ほかの銀河で起きていることを必要としなかったのです。これが真実だとすれば、宇宙は私たちの進化を助けるようにできているのに、ほかのすべての場所は特別だと見なさないなどということがあるでしょうか？　ペンローズは、「地球上の生命体の条件が、後になって特別になったと考えたほうがずっと可能性が高い」と述べました。おそらく、単にランダムな可能性の問題です。科学者が選ばなくてはならないのは、もっと可能性のある説明です。

天文学者たちが最近、惑星系を持つ何千もの恒星を発見しました。これにより、ペンローズの反論に対する評価が幾分下がることとなりました。これらの恒星の中には太陽によく似ており、惑星にこの地球と似たような生命体を育《はぐく》めるものがあったのです。地球以外にも生命体がいる可能性があるというニュースは、人々を大きく沸き立たせました。しかし、「可能性がある」という言葉では、化学物質が生命に進化した理由の説明にはなっていないという指摘をすれば、良いムードは興ざめしてしまいます。可能性はとても低いはずで――何百万分の１――遥か彼方の銀河にある数多くの太陽でさえ、生命の魔法の鍵を見つけるには十分ではありません。反論に異議を唱えることも、反論を証明することもできないのです。しかし可能性と見込みについて言及すれば、生命はランダムに進化したと推測でき、「特別性」は強力な打撃を受けるのです。

独創的な情報理論

いいえ、そうとも限りません。宇宙の進化の様子について、ビッグバンに匹敵するくらい見事に説明できる理論に、異議を唱えるにも慎重さが求められます。それは繕うことのできる小さなほころびを指摘しているに過ぎないかもしれません。もちろん異論を唱えれば、１９７０年代から慎重に築き上げられた構造全体に致命的な打撃を与え、打ち砕いてしまうでしょう。しかし、熱力学第二法則についてのペンローズの論拠は非常に基本的なものなので、構造全体の崩壊を招きかねないのです。宇宙のインフレーションの問題は、科学的な理論における自然進化として現れたのでなく、古いビッグバン宇宙論で生じた不可解なミステリーを説明するためにまとめ上げられたものです。インフレーションは、精度の高い測定によって裏づけられています。これは明らかなカオスから地球を救おうという思いをおもな推進力にして進められていますが、私たちが知りたいのは、数字をランダムに投げ捨てるビンゴマシンよりも高度な、秩序性を生み出した源なのです。

著名なアメリカ人宇宙学者リー・スモーリンは、プランク時代のジオメトリーについて、初期の宇宙を純粋なカオスから救う可能性のある興味深い考えを提唱しています。たとえその期間、物理的なレベルではカオスだけだったとしても、おそらく非物質的な何かが無秩序の源であったのかもしれません。ペンローズもスモーリンも、鍵を握る要素として情報を挙げています。これは興味深い展開になりそうです。なぜなら、ほかの物理学者は、すべての物質とエネルギーはブラックホールに吸い込まれ消滅し、情報は何とか生き残るだけだと理論化しているのです。ブラックホールの中には入れないのですから、これを証明することは難しく、むしろ不可能だとも言えますが、エントロピーの「熱死」を回避するための興味深い方法です。情報が、最も極端な物理的条件でさえ影響を受けないとしたらどうでしょう？　1と0に置き換えられる情報は、凍って死ぬことも、燃えて灰になることもありません。おそらく創造前の状態には、ビッグバンの瞬間に適用される第二法則の影響を受けない情報が豊富にあったのです。

例えば、あなたが心の中に持ち歩いている情報は、どんな種類の物理的な脅威からも生き残ることができます。その情報のひとつがあなたの名前です。熱が名前を沸騰させることも、寒さが名前を凍らせることもないので、あなたが自分の名前を知っている限り、蒸し暑い熱帯に旅行しようが南極に旅行しようが、名前は影響を受けません。デス・バレーの底に降りても、エベレストに登っても名前は影響を受けないのです。一般的に、この個人的な情報の一部を奪う可能性があるのは、死、あるいは極度の脳の外傷だけです。人間の心の記憶容量は膨大であるため、もっと複雑な情報にも同じことが当てはまります（稀《まれ》に、何年も続く深い昏睡《こんすい》状態から目を覚まし、記憶を回復させ、人生を再開させるケースもあります）。

人間の持っている情報が生き残るということは、循環宇宙の可能性が本当にあるようにも思えます。前の宇宙が私たちを生み出したのであれば、おそらく定数や自然の法則は、基礎的な数学が関わらなくてはならないため、特に数学的な情報という形で引き継がれたのかもしれません。ただしこの考え方では、数学を物理的性質と呼ぶことは避けていますす。スモーリンの宇宙論では、宇宙のバトンが手渡されるのは、ブラックホールの特異点から新たな「イオン」が出現するときです。イオンとは、宇宙の時間の単位です。特異点とは、すべてがブラックホールに吸い込まれたときに残った小さな点です。理論的には、そのような点は違いを生み出すもの——空間、時間、物質、エネルギー——を排除しないことが特異なのです（特異性は数学的には実際に妥当だと考えられますが、実際に存在するという確たる証拠はありません）。この理論では、宇宙が崩壊し、最終的には物質、エネルギー、自然の力、時間がひとつの点（特異点）に消え、最終的に新しい特異点から再び現れると考えられています。

言い換えれば、ビッグバンの前には、ビッグクランチがあったのです。私たちはブラックホールについて十分にわかっていないため、すべてのものが生き残れない中、情報がどうして生き残れるのか説明できず、特異性は理論的な枠組みに留まっています。ということは、現状で、初期の宇宙の大釜《おおがま》の中でも情報は破壊されなかったと主張することは、これもまた無理があるように思えます。いずれにせよ、ブラックホールで何が起こっていようと、宇宙の始まりのプランク時代と同じように到達できないものなのです。同じ侵入不可能な壁が、私たちの行く手を阻んでいるのです。

弾《はじ》ける超ひも

多くの人々は高等数学に恐れをなしていますが、高等数学があるからこそ、数学で公式されたあらゆる現実や、概念としての存在を知ることができるのです。この概念が理解できれば、多くの場合、数学が伝えようとしていることの核心まで一気にたどり着くことができます。数学は実際に、簡略化された世界共通語なので、いわゆる物理的プロセスや、さらには自然との相互作用の解釈をも説明することが可能なのです。もちろん、最高水準の高等数学でも、誤った考えを補うことはできません。ビッグバンを含む宇宙論とそうでない宇宙論の間の論争は、真偽を見定めるのは容易ではありません。宇宙論が今でも数学を拠り所にしているのなら、数学に全負担を負わせればいいではありませんか？　違いますか？　おそらく、創造前の状態を説明する一番確実な方法は、現実を純粋な数学だけが導ける場所だと説明することです。さらに言えば、創造前の状態は、ほかでもなく数学のみによって構成されているのです。おかしな主張に聞こえるかもしれませんが、そうなることを望んでいる理論もあるのです。

その最たる例が「ひも理論」で、意欲的に対象を広げ、のちに「超ひも理論」に進化しました。超ひも理論は、重要でありながら謎に包まれていた量子の問題を解決するために誕生し、光子、クォーク、電子といった素粒子が、粒子としての性質と、波としての性質を兼ね備える謎に対して解釈の幅を広げました。多くの物理学者はこれを量子力学の中心課題だととらえています。粒子はネットを越えて飛んでいくテニスボールに似ています。波は、伴流を残しながら旋回する空気のようなものです。この2つは全く異なるものですが、テニスボールと旋回する空気が、ある共通の性質に還元できるとすれば、これが問題を解決するかもしれません。

ひも理論では、ある共通の特性とは振動であると言っています。バイオリンの弦の振動が、音響を生み出すのを想像してみてください。バイオリニストが指を置いた場所によって、ひとつの音響が決まるのです。同様に、ひも理論では、波は目に見えないバイオリンの弦の振動で、粒子は時空で特定の「音響」になると考えています。音楽に例えたことはとても説得力があり、亜原子粒子の「ハーモニー」(互いに響き合う振動)の中で、クォークや光子、重力子などのボース粒子や、ほかの特定の粒子が互いに関連し合って、複雑な構造が決まると考えられています。西洋の音階の12個の音響が無数の交響曲などの楽曲に変わり、事実上この12個の音符の配列が無限にあるのと同じように、数種の振動する弦が、光速粒子加速器の中で発見される亜原子粒子の拡散のベースとなっているかもしれないのです。

懐疑論者なら、観察可能な現実のレベル以下で振動する弦なんて、想像上の作り話かもしれないと主張したいでしょう。しかし、ひも理論の魅力は、純粋な数学を引き合いに出していることです。超ひも理論として知られる進化した理論では、必要とされる方程式が、より複雑になりました。初めのうちは、異なると思われる5つの超ひも理論がありましたが、1990年代半ばになって、それらは微妙で複雑な類似点を有していることが示されました。数学的宇宙論の頂点として登場したのは、Mの理論でした。理論を提唱したエドワード・ウィッテンが冗談交じりに言うには、Mは「マジック」「ミステリー」「メンブレン(膜)」の頭文字だということです。

M理論には実験や観察の土台がない代わりに、魔法《マジック》と謎《ミステリー》が登場します。自身では実験や観察をしていない、それまでのひも系の理論と調和させることによって、数学のウサギを帽子から出したのです。M理論がこのようなすばらしい成果を——机上で——上げているという事実こそ、魔法や謎に思えます。究極のトリックは、誰かが離れた場所から引っ張ることなく、宇宙が実際に紙上と同じような動き方をすると示すことでしょう（3つ目のM、メンブレンとは、特定の量子物体がシートや振動膜のような空間でどのように拡張するかを説明するための、物理学の専門用語です。さあ、私たちは高等数学によってのみ理解できる非常に複雑な方程式の一端を歩いています。でも大丈夫。あなたには概念の大枠だけをお伝えすることができます）。

すべてはどこへ行ったのか？

どのようにして現実が、数字に還元されなければならないほど大きな謎に包まれたものになったのでしょう？　物理学は物性に関するものですが、もうおわかりのように、物性は量子革命で消えてしまいました。ここで言っているのは、岩を蹴《け》ったら五感が硬いと感じ取るといった類の基本的な物性のことです。量子物理学が扱う亜原子粒子や波のような微小で微妙な物性は残っていましたが、関連する2つのハードルが克服できませんでした。

最初のハードルは、先に触れた、大きいものと小さいものの関連性のなさに関係しています。アインシュタインの一般相対性理論は、惑星、星、銀河や宇宙そのものといった大きいものについて偉大な貢献をしています。相対性理論は、重力や時空の歪みを理解することによって、マクロの世界や、宇宙そのものに対する深い理解をもたらすものとして受け入れられています。その対極にある量子力学（QM）は、自然界で最も小さな物体、特に亜原子粒子の理解に関して、同様に大きな成果を上げています。一般相対性理論とQMは、誕生したときから噛み合うことがありませんでした。それぞれの領域では、どちらも正確な予測をしています――実験や観察で検証できます。宇宙で最大の物体と最小の物体の関連性を見つけることは、困難を極めているのです。

2つ目のハードルはこのジレンマから生まれました。重力、電磁気、強い核力、弱い核力からなる4つの基本的な力が存在することが立証されると、それらをひとつにつなぐ統一の理論がある可能性が生まれました。70年代後半には、クォークの発見とともに、いわゆる標準モデルが登場し、量子の世界を3つの領域に統合したのです。光、磁気、電気（電磁気）に関わる力は、原子をつなぐ2つの力（強い核力と弱い核力）に統合されました。極小の物質の世界は、数学的整合性に降伏したのです。このステップが標準モデルとして知られ、ここにどれだけ多くの知力が注がれたかと考えると、3つの基本的な力を統合したことは偉大だといえます。

この「ほぼ万物の理論」(万物の理論という聖杯に一番近いと期待できるもの)の完成には、重力だけが残されていました。例えば、誰かが自由の女神のジグソーパズルを作っていると想像してみましょう。トーチのピース以外はすべてはまりました。箱の中には何も残っていないので、そのピースを捜しはじめます。すると誰かがこう言います。「心配いりませんよ。たったひとつじゃないですか。そのピースがはまれば、もう絵は完成するのですから」。しかし、みんなでどれだけ捜しても、欠けているピースを見つけることができません。パズルに戻ってみると、困ったことに、自由の女神は濃い霧に囲まれてぼやけた輪郭しか見えないのです。

現代物理学は2つの陣営に分かれています。宇宙のパズルは完成間近で、足りないピースがひとつあっても、調査を続けていけばいつか見つかるだろうと考える陣営。もうひとつは、足りないピースのために、全体像が不明瞭で信頼できないものになってしまっていると考える陣営です。この2つは、「従来型の陣営」(巨大な加速装置を建造し、高度な望遠鏡を開発し、多くの計算をし、多額の予算を費やす)と、「革命の陣営」(原点に返って新たな宇宙論を探そうとする）とも呼ぶことができます。「従来型の陣営」は、自分たちのやり方のほうが現実的だと考えており、「黙って計算しよう」というスローガンを掲げています。

「従来型の陣営」が最終的に勝利するためには、量子構造に頑強に埋め込まれたいくつかの粒子を取り出さなくてはなりません。そうすることでしか、計算が有効であると実証できないのです。現状では、これらの粒子の中で最も重要なもののひとつ、ヒッグス粒子が2012年に観察されたことから、楽観主義が高まりを見せています。量子真空が亜原子粒子で溢れていることは既にお話ししました。亜原子粒子のいくつかは非常に捕まえにくく、それを取り出すには巨大で高額な加速器が必要です。超高エネルギーで原子をぶつけることにより、量子真空は時おり新しい種類の粒子を放出します。正確さが求められるたいへんな作業ですが、次世代の理論が予測したこれらの新しい粒子は、既存の理論が実際に正しいかどうかを証明することになります。ヒッグス粒子が存在することは予測されていたので、その発見によって存在が裏づけられれば、標準モデルが現実と一致することを示すでしょう。しかし、標準モデルが最終型ではありません。まだ大統一ではないのです。

ヒッグス粒子の働きは、量子場のほかの波動に質量を与えることで、これは私たちがあれこれ悩む必要のない専門知識です。しかし、この働きが、創造されたすべての物理的物質の存在の基本なのです。ヒッグス粒子が多くの物理学者を悩ませていることから、メディアはこれに「神の粒子」という愛称をつけました。最後まで残された基本的な粒子だったので、物理学者にとって、ヒッグス粒子の検証は勝利を意味していました――自由の女神のトーチのピースが見つかり、理論という絵は限りなく完成に近づいたのです。イギリスの物理学者ピーター・ヒッグスらが、いわゆるヒッグス場が存在することを最初に提唱して以来、欠けた最後のピースが発見されるには50年もの歳月が費やされました。

この発見は、馴染みのあるパターンにぴったり適合します。現代物理学の歴史は、理論的な予測と合致することを証明する勝利のパレードです。ヒッグス粒子は、4つの基本的な力の結びつき方に重要な関わりを持っているかもしれませんが、重力が含まれることは実証が不可能だと考えられることから、パレードはこれで終わってしまう可能性もあります。重力子は、励起されたときに重力場から飛び出す理論上の粒子であり、とうてい観測できるものではないのです。できない理由のひとつは技術力です。物理的現実の起源に近づくために必要な加速とエネルギーを作り出す加速器は、地球の円周よりも大きくなければならないという目算もあります。

しかし、規模が大きいという理由であきらめる必要はありません。数学は日常の困難に打ち勝つことができるのです。シロナガスクジラの重さを量る体重計がなくても、サイズ、質量の密度、小さなクジラやイルカとの比較といった数値を計算することによって、体重は求めることができます。しかし、「従来型の陣営」は、数学の沼に腰までどっぷりと浸かり、ひも理論、超ひも理論、M理論は複雑に層を積み重ねているのに、現実の生活では何も証明できていないのです。

とても基本的な困難から抜け出せないために、宇宙全体が謎に包まれるとは奇妙な話です。しかし、真実は2つではなく、ひとつです。小さいものと大きいものは、何らかのつながりがなくてはならないのです。つながりが見えないという事実では、数学を止めることはできません。しかし数学はたいへん複雑で、禿《は》げている場所にあてがったカツラと、自毛の間には大きな差があり、現実からかけ離れていると、たとえ数学でも救済には行けないというような印象を強めます。もちろん、物理学者が言うように、数学がとてつもない力を持っており、宇宙に由来する数学の精神的な本質に通じると認めるなら話は別です。

2

なぜ宇宙はこれほど整合性が取れているのか？

宇宙は爆発で始まったと簡単に言っていますが、実際には初期の宇宙は、更衣室から出てきた恥ずかしがり屋の役者のようでした——衣装の折り目や縫い目が、初期の宇宙の体にぴったり合うまでには、長い時間を要したのです。何十億年も後になって、人間が考えを巡らし、なんと人の生活に適した、完璧な——むしろ完璧すぎる——宇宙に住んでいることかと驚くのです。ビッグバンが、どのようにしてすべての折り目と縫い目を然《しか》るべき場所につけることができたのか、合理的な説明はありません。それはまるで、レオナルド・ダ・ヴィンチが、絵の具を壁にランダムに投げつけ、最高傑作になることを願いながら《最後の晩餐《ばんさん》》を描いているようなものです。

しかし、今日の宇宙論では、初期の宇宙はランダムな可能性を経て成長せざるを得なかったと主張しています。デザイナーはいなかったのです。もちろん舞台裏にも。科学が創造を扱うとき、いかなる形でも神は除外されます。しかし、どのようにして1本の宇宙ダイナマイトから、30億もの基本的な化学物質を持ち、驚くほど秩序のあるDNA

を人間は持つことができたのでしょうか？　言い換えれば、どのようにしてカオスから秩序性が生まれることができたのでしょうか？

その答えは、かなりの脳の力を使わなければ見つかりませんが、脳の仕組みこそが、カオスを秩序に変える最たる例なのです。あなたがこのページに書かれた言葉を読むためには、脳の視覚野で非常に正確なプロセスが踏まれなくてはならないのです。ページについたインクの染みが、意味のある情報として登録されなくてはなりません。情報は理解できる言語で書かれていなくてはなりません。目で順に単語を追うごとに、単語の意味が次の単語と結びつき、その後、文字が視界から消えても心からは消えないのです。

このことも奇跡ですが、本当の謎は、各脳細胞内の分子が、これから取る行動や反応に鍵をかけて固定してしまうことです。鉄を酸素の自由原子に接触させておけば、例外なく、鉄の酸化物や錆《さび》が発生します。このとき鉄には選択肢がありません。代わりに塩や砂糖を作ることもできません。ところが脳の中は、化学の法則に固定されているにもかかわらず、今日を昨日や明日とは違う一日にするためのユニークな方法で脳を混乱させながら、毎日何千もの新しい経験をすることができるのです。

つまり、脳が示しているのは、カオスと秩序は必ずしも単純な関係である必要はないということです。化学はあらかじめ完全に決められていますが、思考は自由なものなのです。化学と思考の関係が解決できれば、宇宙の最も深いところにあるすべての秘密が解き明かされるかもしれません。さらには、もっと重要な、心の作用のしかたも発見できるかもしれません。はっきり言って、大半の人にとっては、こちらのほうがビッグバンより関心があるでしょう。

ミステリーの解明

物理学では、「ランダムな宇宙が、なぜこれほど見事に整合性が取れているのか？」という謎解きのことを微調整問題と呼んでいます。しかし、科学に飛び込む前に、もっと古くからある手掛かり――創造神話――を探ってみましょう。どの文化にも独自の創造神話があり、それらは何世紀にもわたって語り継がれていますが、すべての創造神話は大きく2つに分類できます。ひとつ目は、人々が関わっている身近な行動を通して創造について説くものです。例えばインドのある神話では、光の力と闇の力が、牛乳桶《おけ》の中に櫂《かい》を入れて撹拌《かくはん》すると牛乳の海が凝固してバターになるように、須弥山《しゅみせん》を櫂として使い世界を創造したと言います。

2つ目は、世界が完全に超自然的な方法で創造されたことを示すため、インドの神話とは正反対のことを行うことで、創造を謎に包む神話です。創世記に書かれたユダヤ教とキリスト教の創造論は、このパターンに忠実です。ヤハウェは、最初に空から始め、それを魔法のように光に変え、天と地と、地上のすべての生き物に変えたと言います。バター作りのような日常生活とは何の類似点もありません――今のところは。今日の宇宙論は、無から何かが現れて宇宙が生まれたと仮定している点では、創世記と似ています。これを魔法とか超自然などと呼んでは、科学者の気分を害してしまいそうなので、神秘的と呼ぶことにしましょう。これはcentury（世紀）の控えめな表現です。

創造は壮大です。目や望遠鏡を通して観測可能な宇宙は、潜在的に460億光年の果てまで続いていると考えられています。これは、ビッグバンが始まってから光が移動した距離です。生まれたての宇宙は膨張を続けながら、無計画に飛び散っていたのではありませんでした。数学的な正確さで定式化できる、自然の定数と呼ばれる法則に従って形成されていたのです。これらの定数のうち、いくつかは既に本書に登場しています。具体的には、光速の定数と重力の定数です。

毎晩同じ時間にテーブルに座って夕食をとるのが義務だと考える、昔ながらの母親のように、定数は自然に秩序を与えます。問題は、秩序とパターンはどこかで生まれなくてはならないということと、それを証明できる唯一のものがビッグバンだということです。しかしビッグバンは、突然カオスでなくなるまで完全なカオスだったのです。言うまでもなく、何もしないで待っている以外の何かが必要で、同じことが宇宙にも当てはまります——でも何が必要なのでしょう？

物理学界は、微調整が存在することを認めています。重力が多すぎても少なすぎても、質量が多すぎても少なすぎても、電荷が多すぎても少なすぎても、生まれたての宇宙は自ら崩壊してしまうか、原子や分子が形成されるには速すぎるスピードで飛び散ってしまうのです。そうなれば、安定した星は形成されず、要するに宇宙の進化において、いかなる複雑な構造体も形成されることはなかったのです。星間塵《せいかんじん》の中にあると考えられるタンパク質の構成要素、必須アミノ酸の存在をはじめとした数々の宇宙の偶然性がなければ、遥かのちの未来に、地球上に生命が誕生する可能性はなかったのです。

物理学者たちも、自然の定数がどこから来たのかを見つけ出さなくてはならないという考えに賛同しています。正確な数学の法則は、重力、電磁気、強い核力、弱い核力の4つの基本的な力を支配しています。例えば火星や何光年も離れた星など、遠く離れた場所で重力を測定する場合、それがどんな環境でも、重力に適用される定数は変わりません。定数に依拠することで、物理学者は精神的に、遥か彼方の時空にも旅することができるのです。

物理学者が精神的に時空を旅すると、いくつかの驚くべき偶然が生まれます。例えば、遥か遠くの宇宙空間にある非常に大きな星、巨大超新星の爆発を、地球上から、あるいは地球を周回する軌道上から、強力な望遠鏡で観測することができるのです。カルシウム、リン、鉄、コバルト、ニッケルをはじめ、その他多くのすべての重元素の形成は、数十億年前に起きた超新星の爆発によるものです。これらの元素の原子は、初めのうちは星間塵として循環し、重力によって凝集され、最終的には、太陽系星雲の中に巻き込まれ、私たちの星を含むすべての惑星が形成されたのです。人の血を赤くする鉄は、遥か昔に自己崩壊した超新星に由来します。爆発の特質は、極小の原子核の中に存在する弱い力と強い力によって決定します。もしこれらの力が1パーセント程度でも違えば、超新星爆発は起こらず、重元素も形成されず、ゆえに私たちが知っているような生命は存在しないことになるのです。弱い力を支配する特定の定数が、結果を導くものと完全に一致しなくてはならなかったのです。

物質が原子と分子から難なく構成されている日常生活のレベルで、微調整の具体的なケースを考えてみましょう。微細構造定数と呼ばれる定数は、物質の原子や分子の性質を決定します。定数はシンプルな数字、約137分の1です。微細構造定数にわずか1パーセント程度の違いがあったら、われわれが知っている原子や分子は存在しません。

地球上の生命に関して言えば、微細構造定数は、太陽放射がどのように大気中に吸収されるかを決定し、植物の光合成の作用の仕組みにも適用されるのです。

太陽放射の大部分が、偶然にもある一部のスペクトル（波長）で放たれていて、これを偶然にも地球の大気が吸収したり偏向したりせずに通過させています。ここでもまた、自然界の対極的な2つのものが完璧に一致していますね。このケースでは、完璧な一致によって、植物が育つのに適した量のスペクトルが地上に到達できるのです。重力定数（太陽の放射を支配する）はマクロの値ですが、一部の波長のみが通過できる太陽光の大気透過率は微細構造定数によって決定され、ミクロの値に適用できるのです。

非常に大きなものと非常に小さなものを別々に支配する2つの定数が噛み合うことに、明確な理由はありません（子どもの指紋を見て、将来脳外科医になれるか知ろうとするようなものです）。しかし、この2つが及ぼす影響が完全に噛み合っていなかったら、私たちが知っているような生命体は存在しなかったでしょう。生物学にも責任があるとはいえ、最もな理由から、微調整問題は物理学最大の恥のひとつと呼ばれてきました。生命は脆弱なバランスの定数にも依存しているのです。実際のところ、DNAの存在はビッグバンまで遡り、あまりにも多くの偶然が関わっているのです。研究者たちは、これらの偶然性が実際に、奥深くに潜んでいた統一が見逃されていたことを示す重要なものであるのかを検討しはじめました。この隠された統一の鍵は、どうやら微調整定数が握っているのではないかと考えられています。とはいえ、これは、ほかの類の偶然性にも言えることです。

宇宙の微調整問題の解明には、多くの天文学者が関心を寄せており、概して、宇宙を全くの偶然から生まれたものだと結論づけることに、ずっと違和感を覚えています。これは高名な天文学者、フレッド・ホイルの有名な言葉です。

> がらくた置き場に、ばらばらになって散乱したボーイング７４７の残骸《ざんがい》が置かれています。
>
> そこに偶然竜巻が通過します。竜巻が去った後、飛行機が元通りに組み立てられ、今にも飛べる状態で置かれている可能性はどのくらいあるでしょうか？　たとえ竜巻が宇宙を埋め尽くすほどのがらくた置き場の上を通過したとしても、可能性はないに等しいでしょう。

ＱＭの基本的な方程式と優れた予測力が、偶然を不確実性による作用だと決定づけていることから、現役の物理学者の大多数は、ホイルの例えは理屈に合っていないと考えています。とはいっても、定数がこれほどまでに微調整されている理由は、現在の知識では説明がつきません。人類が存在するために微調整されたに違いない、という興味深い可能性さえもあるのです。もしも偶然など無関係だったとしたら……？

現時点での最良の答え

「人間原理（アンソロピック・プリンシパル）」の視点から、微調整の原因を解き明かそうとする試みが行われています。人間原理という言葉は、1972年、コペルニクスの生誕500年を記念した会議で初めて使われました。人間原理とは、ギリシア語で人間を意味する「アンソロポス」に由来しています。コペルニクスとのつながりは、コペルニクスが地球は太陽を中心に回る惑星系だと唱え、創造において人間を中心に置く考え方を取り払ったことにあります。人間原理に関する本を多数執筆している、天体物理学者のブランドン・カーターは、「人間が必ずしも中心にいる必要はないとはいえ、人間の立場は、必然的にある程度の特権が与えられている」と主張しています。どんな信条を持っているかによって、彼の主張は、発見にも取れるし、侮辱にも取れます。少なくとも、人類を何十億光年分の大きさの宇宙の中の、特権的な場所に戻したことは冒険的でした。人間原理が意味することを穏やかに説明するため、再び、物理学者で数学者のロジャー・ペンローズを登場させましょう。

ペンローズは、1989年に出版され話題を呼んだ著書、『皇帝の新しい心』（林一訳、みすず書房、1994年）の中で、人間が特権的な地位を与えられたという主張は、「どうして条件が、今の地球上の（知的な）生命体の存在に適したものになったのかを説明する」うえで役立つと述べています。物理学はランダム性の主張に忠実であるにもかかわらず、ペンローズは、物理的定数（重力定数、陽子、宇宙の年齢など）、陽子の塊、宇宙の年齢などの間に、数え切れないほどの関連性があることを挙げ、不可解にも、いくつかの関連性は地球史上で今の時代にしかないと指摘したのです。つまり私たちは、どうやら偶然にもたいへんに特別な時代に生きているということです（数百万年ほどの誤差はあっても！）。

ここで考えてみると、宇宙が人間の存在を導いたことに気づきます。この点に関しては小さな声で話さなくてはなりません。なぜなら、この議論の反対派は、聖書を文字通りに理解している創造説の支持者たちと、今や創世記の教えと寸分たがわず、神が人間に地上の支配権を与えたという考えを信じている物理学なのです。宇宙の進化の中で、人類が神の御心に適ったという考えはいずれも、科学的には異端的信仰です。しかし、人間原理は宗教的な意図は持っていません。それは説明の難しい優れた事実をもとに機能しているのです。つまり、現在地上に存在している知的生命体、すなわち私たちは、知的生命体を生み出した定数を測定することができるという事実です。これは偶然以上のことだと思いませんか？

こんなふうに例えてみるとわかりやすいかもしれません。クラゲに知性があり、海が何からできているのか知りたがっていると想像してみてください。クラゲが科学者として、海洋の化学成分を分析してみると、驚くべき結果が出ました。「海水の化学成分は、われわれの体と全く同じでした。これだけ完璧に一致しているなんて、偶然とはとても思えません。何か理由があるはずです」。クラゲの言い分は間違ってはいないでしょう。なぜなら、進化によって、海水とクラゲの体の成分が同じになったからです――海があったからクラゲは生きているのです。

人間はそれほど重要なのか？

人間原理は、偶然に偶然が重ねられたという考えに疑問を感じていた科学者たちの支持を得ましたが、それでも、現代科学に合致する明確な答えは示されていません。クラゲの場合と同様に、人間の脳と宇宙の定数の一致は、進化によってもたらされた可能性があります。しかし可能性はそれだけではありません。進化以外の何らかの理由から一致しているのかもしれませんし、一致して見えるのはただの幻想かもしれません。しっかり見続ければ、重要な不一致などが見つかることでしょう。実際、宇宙の何かがどう偶然なのかということに関しては幅広い議論がありますが、少なくとも氷は解けはじめています——ランダム性の鍵が、知的な方法で開かれたのです（近年、太陽とよく似た遥か遠くの星の周りに衛星があることが発見され、これがランダム性、つまり何百万もの惑星が生命を育める力を秘めているという考えを後押ししたのです。そうだとしたら、地球は宇宙くじで幸運をつかんだとはいえ、地球が特別だったわけではなく、つまりすべての星が特別だということです。最後に笑うのは、コペルニクスかもしれません）。

　この考えの信頼性を支持すべく、人間原理は強いバージョンと弱いバージョンで説明されています。弱い人間原理（WAP）は、いかなる神の摂理も方程式から排除しようとしています。地球上の知的な生命体は、ビッグバンで始まった宇宙進化の何らかの目標だったとは主張していません。WAPが言っているのは、宇宙が完全に解明されれば、地球上の生命と一致するはずだということだけです。おそらく、私たちが測定している定数には余地のようなものが含まれていて、私たちの知識は、たとえそれが正しいとしても、私たちの能力の範囲に限られてしまっているのです。ピンクの花の花粉しか集めることのできないミツバチを想像してみてください。弱いミツバチ原理では、花の進化についてどう語ろうとも、ピンクの花とミツバチの間にはつながりがなければなりません。違う色の別の花がたくさんあるという事実は、ミツバチのことは気にせずに、好きな方法で説明することができるのです

強い人間原理（ＳＡＰ）は、宇宙とは、人間がいるからこそ認識されるものであるという大胆な主張をしています。宇宙の進化は必然的に人間につながらなくてはならないのです。多くの物理学者は、形《けい》而《じ》上学《じょうがく》にピシャリとやられて動揺しています。ある茶目っ気のある解説者は、「私個人が、このウェブページ上で因果関係を明確に説明できるために、宇宙は誕生したのです」と述べ、いわゆる最強の人間原理にまで上り詰めました。これはＳＡＰが最高にくだらないとからかったジョークのようなものかもしれません。しかし、もし宇宙が人間に適応しなくてはならないとしたら、なぜ今この瞬間適応させることができないのか、論理的な理由がありません。理由と結果には、どちらにも心はありません。しかし、もし定数があらかじめ決められている結果を導くとしたら（例：ボールから手を離すと、必ずボールは地面に落ちる）、ある瞬間は——どんな瞬間でも

――単にあらかじめ決められていることに過ぎないということです。

原因と結果、つまり因果関係に対する信条は、量子が発見されたことで崩壊した信条の核のひとつであることはもうおわかりですね。ビッグバンが、今この瞬間に、今読んでいるこのページに、手元に置かれたハムサンドや紅茶に、そしてあなたの名前の文字に必然的につながっていると言うには無理があるのです。厳密には因果関係とは、次に考えることや、次に話す言葉は、137億年前に予定されていたという意味です。厳密な因果関係を確率に変えることで、量子力学はこの問題を和らげました。私たちは現在、「柔軟な」因果関係を受け入れています。すべての出来事は、一連の確率から生じるものであり、不可避な連鎖反応ではないのです。

それでもやはり、微調整された宇宙のミステリーを解くことはできません。確率によって時空のA地点に電子が現れる可能性があることはわかります。しかし、電子がどのように微調整された宇宙の一部として出現したのかについては何も語っていないのです。例えるなら、あなたには3万語の語彙《ごい》を持つ友人がいて、彼が各単語を使う頻度を知っていたとしたら、次に彼が「ジャズ」と言う確率は計算できます。彼はジャズが好きではないかもしれませんので、確率はとても低く、186万7054分の1です。これはかなりの高精度です。だとしても、彼が何度「ジャズ」という言葉を口にしようとも、どうしてその言葉を選んだのか説明する方法はないのです。大きなスケールで言えば、数十万年も昔の原始社会の中で言語がなぜ生まれたのか、確率の力で説明することはできないのです。

強い弱いにかかわらず、人間原理では、地球を宇宙の海に浮かぶランダムな点のひとつとは考えていません。宇宙は生命が発展するために作られたものだと考えるため、自然の定数は特別な価値を持つという考えを避けて通ることは困難です。午後の暇つぶしに、トランプを縦に積んで家を作ったことがある人なら、カードのわずかなずれが構造全体の崩壊につながることはご存知でしょう。50枚のトランプから家を作るのではなく、DNAを作っていると想像してみましょう。DNAには、ねじれた二重螺旋《らせん》のはしごの「化学の横木」となる30億個の塩基対があるのです。

地球上で最初の生命体が誕生してから人間のDNAが作られるまでには、およそ37億年を要し、その時点で、宇宙が存在してから100億年経っていたことを考えてみてください。その間、どれだけのずれがランダムに生じて、何度DNAという家の崩壊を招く可能性があったでしょう？　計算できないほどの回数です。遺伝子は両親から引き継ぎますが、その過程では、突然変異という形で、平均で約3００万回の不規則性が発生しました。X線や宇宙線をはじめとする環境的な側面を原因として生じるDNAのランダムな変異は、生命の創造を偶然によるものと考えることに大きな疑問を投げかけます。ランダムな変異の割合は、統計的な検証が可能です。実際、20万年前にアフリカの外に移り住んだ、人間の祖先の最初の集団の遺伝子がどこに移動したのか追跡するのには、主としてこの方法が使われています。DNAの変異が、DNAが通った道筋をたどる際の、時計の役割を担うのです。ランダム性には、有利に働く強力な論拠がありますが、一方で統計は、DNAは37億年以上の道のりの中でどれだけ道を見失う可能性があったかと示すことで、ランダム性の土台を揺るがしています。しかし、ずれはすべて回避されてきたのです。この事実は、ランダム性だけが作用したと考えたい人を混乱させてしまうでしょう。生命は秩序と混乱の狭間《はざま》でバランスを取っています。ひとつ確かなことは、この2つがどれほど神秘的に絡みあっているかを、微調整が明確に示しているということです。

宇宙体

宇宙全体は人体のようにひとつで、連続的な存在で、滑らかな調和を保って機能していると受け入れなければ、微調整問題は解決できないと考える物理学者が増えています。心臓、肝臓、脳などのひとつひとつの細胞が、体全体の活動に関係しているということは、誰もが納得していることです。孤立している細胞があったら、その細胞は全体との関係が失われているということです。目に見えるのは、細胞の内側や外側でくるくると回っている化学反応だけです。しかし目には見えませんが、この反応は、同時に2つの働きを担っています。つまり、局所レベルでは個々の細胞の生命を保ち、ホリスティックなレベルでは体全体の生命を保っているのです。自ら休憩を取る、ある反逆的な細胞は、悪性になる可能性があります。自らの利益のために執拗《しつよう》にほかの細胞を追撃して――延々と分裂を繰り返し、行く手にあるほかの細胞や組織を殺しながら――悪性細胞はがん性腫瘍《しゅよう》になります。ひとつの細胞の全身に対する忠誠の崩壊は、最終的には無駄に終わります。がんは人が死ぬと同時に死滅するのです。宇宙は遥か昔に、破滅を避けることを学んだのでしょうか？　微調整は、もしも人間が末永く生き残ることを望むなら、人間が尊敬すべき宇宙の保護手段ではないでしょうか？

さて、これらの疑問を、想像と神話の物語に戻って、その視点から考えてみましょう。テロリストやハッカー、環境破壊によって脅かされる混乱が起こるずっと前から、神話はそのような警告をしてきました。中世の聖杯の伝説では、信仰は世界をひとつにする目に見えない接着剤でした。罪はそれを破壊するがんでした。聖騎士が、十字架にかけられたキリストの体から流れた血を受け止めた盃の探索に出発したとき、辺りの風景は灰色で死にかけていました。自然の苦しみは、人間の罪を反映していたのです。聖杯は、単に救いの象徴ではなく、実在するものだったため、教育をほとんど受けていない人でも理解できました。多くの点で信仰は、創造主との見えないつながりだったのです。もしも聖杯が人々の目の前に掲げられたとしたら、このつながりが、神は人々を見捨てていないことが証明され、自然秩序が守られたことでしょう。

ひとつの独立したものが、宗教全体に影響を与えています――ホリスティックな世界観とも言えるかもしれません。またアーサー・エディントンの言葉ですが、「電子が振動すれば宇宙は揺れる」がこれに当てはまります。同じ現実が作用しているので、（人間の脳によって知覚される）宇宙のすべてが、ひとつにつながっているのです。人間の知覚を超えた「もうひとつの世界」に存在する別の現実があるのなら、それはどんな意図や目的のためにも存在していないのです。

ひとりの色覚に障害のある人が、色を非実在のものにすることはありません――色が存在することが確認できる人は何人もいます。しかし、すべての人が色覚に障害があったら、脳は色の存在を知覚しません。人間は、目の能力を超えた赤外線や紫外線の波長は見えません。それらの波長が検出できる機器を使用しなくては、それらの存在を確認することができないのです。宇宙の「闇」に光や測定可能な放射線が含まれていなければ、現実とは、ひとつのラジオ局の放送――私たちが認識する宇宙――しか拾えない周波数帯のようなものです。

初期の宇宙に戻ってみると、量子論では、原子が現れはじめた段階では、すべての物質の粒子が、反物質の粒子によってバランスが取られていたと考えられています。それらは対消滅をして、宇宙は短命に終わってしまう可能性が秘められていたのです。しかし偶然にも――またこれです――反物質を上回る数の物質の微細な断片があり、その比は約1対1億であると計算されました。これは、創造におけるすべての可視物質が、対消滅を免れ、現在の宇宙を生み出すのに十分なものだったのです。

付随するミステリー：宇宙の平坦《へいたん》性

微調整は定数に分解されると、抽象的で数学的に見えます。しかし、すべての宇宙の謎解きと同様に、私たちの周りには、物理的な形で目に見える証拠があります。その注目すべき例が、微調整問題のおもなミステリーに付随してさらに謎を深める、「平坦性」の問題です。可能な限り創造の始まりに近づき、前章で述べたインフレーション宇宙論は大きく前進しました。一般的に認知されているインフレーション宇宙論は、コーネル大学の理論物理学者、アラン・グースによって１９７９年に考案されたものです（発表は１９８１年）。グースによれば、インフレーションはビッグバンが起きた瞬間ではなく、一瞬の後に始まりました。

さまざまな手掛かりが、初期の宇宙は目覚しい勢いで膨張したという証拠を示しています。そのひとつが、ビッグバンが起こっているときに発生した放射線がほぼ均一に放たれていることで、それは今日も宇宙全体に広がっています。もうひとつは、宇宙がほぼ平坦であることです。平坦性とは、宇宙の歪みと、そこにある質量とエネルギーの分布を指す物理学の専門用語です。ニュートンは重力の理論を進化させ、それを力として扱いましたが、それは重力のひとつの側面を見る方法に過ぎませんでした。アインシュタインが進化させた一般相対性理論は、重力を３次元構造で説明しているため、重力効果の強弱から、宇宙の曲率をグラフに表すことができ、質量エネルギーが多いほど、グラフは大きな曲率を示します。

曲率は、バスケットボールのような球体を描く場合もありますし、馬の鞍《くら》のような形になる場合もあります。物理学では、これを正の曲率、負の曲率と呼びます。バスケットボールや馬の鞍は２次元で示される形ですが、３次元で生じる空間の曲率はさらに複雑になります。例えばボールなら内側と外側がありますが、宇宙にはそれがないのです。一般相対性理論では、ある任意の空間で、どれだけの物質エネルギーが空間をどのような形に歪ませるのかを、計算で求めることができます。私たちの宇宙が臨界値を超えてしまったら、円は一点に集中して消滅してしまうか、あるいは反対に、無限に広がってしまうでしょう。私たちが理解している宇宙が作られるためには、質量エネルギーの平均密度が臨界値に漸近していなくてはならず、宇宙全体で見た場合、曲率がゼロの平坦になるのです。

生まれたての宇宙の密度は極端に高く、これが伸ばすにつれて薄くなっていくキャラメルの塊のように、膨張によってひたすら密度が低下していきました。現在の年齢になった宇宙では、単位空間あたりの質量エネルギーの密度は非常に低く、1立方メートルあたり約6水素原子分に相当します。全体像を見ると、現在の宇宙はかなり平坦に見えます。しかし、ここには問題があるのです。一般相対性理論の方程式は、臨界値がたとえわずかでも変動したら、初期の宇宙には迅速に多大な影響が広がったと示しています。生まれたての宇宙が臨界値に漸近していたことは明らかで、宇宙は馬の鞍の形になることも崩壊することもなく、幸運にも今日と同じように存在していたのです。しかし、計算では、初期宇宙は10マイナス62乗、つまり1分の1の分母に62個の0が続いた数から始まる、臨界密度に極めて近い密度を持っていたことが示されます。どうしてこのような「ゆらぎ」が可能だったのでしょうか？

標準モデルのひとつとして受け入れられるようになったアラン・グースの解決法は、膨張に従って密度が変化する可視宇宙とは異なり、決して変化しない一定の密度を有するインフレーション場を引き合いに出すことでした。（おおまかに例えれば、キャラメルの塊は非常に薄く伸ばすことができ、薄くなっても甘い味はそのままです。それはキャラメルの味がどこを取っても、どんな大きさでも変わらず、「平坦」だということです）。実際、インフレーション場が、カオスに近い状態の極端な状況下でも、生まれたての宇宙を安定した進路を進ませたのです。その結果、今日私たちは、あらゆる場所に「平坦さ」を見ることができます（同じ時期の関連論文でグースは、インフレーション場をベースにして、宇宙全体の温度に関連した地平線問題として知られるもうひとつの問題の答えを示しました。宇宙の平坦性問題は、微調整を鮮明に映し出しています）。

もしも物理学者が、量子論と重力を統合する方法を発見できれば、いつかインフレーションのシナリオは完全に説明できるかもしれません。基本的には、量子場（あるいは真空）の空間のしわが、最終的に可視宇宙と銀河の配列を形成したと考えられています。これらのしわや波紋は、ビッグバンのマイクロ秒（100万分の1秒）後に、極度の重力から生じたものです。インフレーションが始まる前に、何が起こっていたのかは定かではありません。プランク時代を解明するためには、今あるものとは違う理論の展開が求められています。

微調整は必要なものだったのか？

現代の理論の多くがランダム性に依拠していることは、創造の美しさと複雑さを考えると、直感的に疑わしく思えます。なぜ物理学はこの道を進むように説得されたのでしょうか？「デザイン」とは宇宙論者にとっては忌まわしい言葉です。隠されたパターンがあることを疑わずに微調整問題を考えることは非常に困難で、パターンがあると考えたところで、すべてがランダムであると考えられていれば、そのパターンは何に由来するのかという疑問が生じてしまうのです。

前世紀、物理学者エディントンとポール・ディラックは無次元の比において、ある種の偶然性があることに最初に気づきました。すなわち、これらの比は、非常に大きなものだけ、あるいは非常に小さいものだけに適用されるのではなく、巨視的な量と微視的な量が結びついていたのです。例えば重力に対する電力の比率（おそらくは定数）は、大きな数（「重力」分の「電力」＝G分のEは10の40乗にほぼ等しい）で、観測可能な宇宙（おそらく変化している）の大きさと素粒子の大きさの比も同じく大きな数で、最初の比の値と驚くほど近い数字になります（「素粒子の大きさ」分の「宇宙の大きさ」＝EP分のUは10の40乗とほぼ等しい）。無関係な2つの非常に大きい数が、互いに非常に近いものになるとは、想像の域を超えています。

ディラックは、これらの基本的な数字は関連すべきものであると主張しました。本質的な問題は、宇宙は膨張によって大きさが変化しているのに、仮定される2つの定数が働いているため、最初の関係がおそらく変わらないということです。

これをわかりやすくするため、あなたは親友の家から5キロ離れた場所で誕生したと想像してみてください。生まれてからずっと、彼は常に最高の友人——定数——です。新しい家に引っ越せば彼も引っ越し、ふたりの家はいつでも5キロ離れています。別の場所への引っ越しは、変化する部分です。人間の世界では、あなたと友人との距離は5キロでなくてはならないと決められています（何らかの奇妙な理由で）。しかし、自然はどうやってディラックが発見した関係性の一致を「決めた」のでしょうか？　ディラックの「大数仮説」は、比率を偶然の一致ではないものとして関連づける、数学的な試みでした。

しかし、人間原理も同じことを言っていましたね？　人間原理は高度な数学を使用する代わりに、直感的に理解できる論理の連鎖を使用しました。ヤンキース球場に着陸した火星人には、試合を見るだけで野球のルールを理解することはほぼ不可能ですが、ひとつひとつの動きに導かれるすべての選手の関連性――試合のルール――を推測することはできるでしょう。ルールを知らなければ、バッターがフルスイングをせずにバントしても、盗塁などの行動を取っても、それはランダムに見えるのです。人間原理は、これによく似た主張をしています。地球を訪れた火星人のように、実際に宇宙を直接観察することではルールを理解できなかったとしても、宇宙のきちんとした動きを見ることで、いくつかの関連性によって試合が進められていることがわかるのです。

あなたが手にしている本書のふたりの著者にとって、人間原理はヒューマン・ユニバースの可能性に一歩踏み込んでいるので、特別な魅力を放っています。しかし、私たちの熱意に水を差す厄介な欠陥があります。つまり、偶然は科学ではないのです。たとえ最も可能性の低い偶然の一致でも、それは科学ではないのです。例を挙げれば、そっくりのふたりが、通りやパーティーで出会うことは稀なことです。あるいは、エルヴィス・プレスリーに見える人がいても、その人はエルヴィスの物まねをしている人です。偶然の一致は目を引きますが、それが存在する深い理由があるはずだと主張するのは、誤った論理です。

この点について考えてみると、人間原理は明らかに「条件がぴったりに合ったから、私たちはここにいる」と言っているだけです。この文章では説得力がありません。「離昇できるから、飛行機は飛べる」と言うのと若干似ています。たとえそうだとしても、現在の物理学には、人間原理を覆す説明が何もできないのです。

人間原理の欠点に対処するひとつの方法は、宇宙の進化に伴って定数が変化している――今でも変化している――と反論することです。しかし、それはかなり気が進まないことでしょう。「時間を超越した定数」を信じているほうが、ボートは揺さぶられることもなく快適なのです。そうすれば、$E=mc^2$という公式の中の重力定数と光の速度（C）を定数として、安心して銀行に預けておけるのです。

しかし、人間原理の安定性は幻想かもしれません。幻想は慰めの言葉ではありません。もしも不変の定数を取り除いてしまったら、どうやって生きるのでしょうか？　もしも幻想だと受け入れなかったら、どうやって仕事をし、どうやって抗生物質で感染症と戦い、どうやって収支バランスを保つのでしょうか？　その答えは、私たちは良い暮らしをしているということです。時間を超越した定数を、窓から放り出す必要はありません。参加型の宇宙では、数学がどれだけ高度になっても、定数を通して人間は数字よりも高い地位を持つということを理解すればいいだけです。ヒューマン・ユニバースにおいては、定数は、ほかでもない私たちを受け入れるために変化するのです。これがとてつもない主張だということはわかっています。現在のところ、私たちはその論拠を構築しており、目下やるべきは、現在の物理学の最高の解答でさえ、私たちが世界観を変えない限り克服できない問題を抱えていると示すことです。

進むべき道の選択

本書では、微調整問題には2つの明確な選択肢があると考えています。ひとつは、微調整は何層にも積み重ねられた偶然の一致であるとする考え方で、人間は偶然にも理想的な宇宙に存在しているというのが唯一の説明です。これは、スティーブン・ホーキングやマックス・テグマークなど、マルチバースやM理論の支持者が推す考え方です。彼らは、数え切れないほどの宇宙が存在し、すべての可能な定数の組み合わせが生み出され、そのうちの膨大な数が生命を形成するには適していないということを受け入れています。しかし、ひとつは適していたのだから、私たちはここに暮らしているのです。この宇宙論は、100匹のサルにタイプライターを無作為に叩かせて、最終的にシェイクスピアの全作品を制作しようとするのと同じです（最後には膨大なゴミの山も築きます）。私たちが信じられないほど低い可能性から生まれた宇宙に暮らしているならば、純粋なランダム性が物事を支配しているということです――なんと私たちは幸運なのでしょう。

正確には、私たちはどの程度幸運なのでしょうか？　超ひも（それが存在すると仮定して）と合致する確率は10の５００乗分の１――１分の１の分母に０が５００個続く――と推定されています。10の５００乗は既知の宇宙の粒子の数より遥かに多い数です。シェイクスピアの全作品を完成させようとしている１００匹のサルについては、これよりは１００万倍は可能性がありそうです。同じようにタイプライターを打って、ほかの西洋文学を書くことだってできたはずですが、それではさらに厄介になってしまいます。いわゆるカオス的インフレーションの理論では、最適な条件が揃い宇宙全体が形成される可能性は、10の10乗括弧10乗括弧７乗分の１とさらに低いのです！　十分な時間をかければ、１００匹のサルはシェイクスピアを書き上げると主張するのではなく、M理論とマルチバースでは、ほかにシェイクスピアを書き上げる方法がないと主張しています（実際にはマルチバースの主要な主張はさらに急進的で、自然界のあらゆる法則が、無限の時間に無限の方向に広がっているというものです。すべてにおいて、ある可能性と、ない可能性がどちらも無限だったら、確率は崩壊してしまいます。アラン・グースが例えたように、ここ地球では、頭が

2つあるウシが生まれるのは稀なことですが、特定の変異を番号で管理することで、可能性を計算することができます。ところがマルチバースでは、頭が2つあるウシも、頭が1つのウシも、どちらも無限なので、それらに対する計算は崩壊してしまうのです）。

先ほど、2つの明確な選択肢が存在すると言いましたね。もうひとつの、私たちが支持する選択肢は、宇宙は自ら管理し、自身の作用のプロセスによって動いているものだという考えです。自己管理システムは、新しい創造の層ができるたびに、前の層を統制しなければなりません。粒子や星、銀河、ブラックホールに至るまで、宇宙のすべての新しい層の生成は、それを作り出した層を統制していた既存の層から作られたものであるため、ランダムとは見なされません。同じことが、人体の働きをはじめとした自然においても言えます。細胞は組織を形成し、それは器官を形成し、器官は系を形成し、最後に全身が形成されるのです。各層は同じDNAから生じますが、その成果の頂点である人間の脳がすべてを冠するまで、層が積み上げられるのです。

しかし、脳自体も壮大ですが、多層構造の中の最小の構成成分も、結腸の細胞と比べれば、大事に育てられています。DNAにとっては、宇宙全体が学校で、積み上げられた階層でこのスキルを進化させました。科学的な名前がつけられた、すべての層が別の層を監視するために戻ってくる自己管理の再帰的なシステムは、物理学と生物学の両分野にまたがっています。

例えば遺伝子は、ゲノム全体を監視、統制し、ＤＮＡの修復や変異を促すタンパク質を生み出します。脳の神経ネットワークは、既存のシナプスを監視、統制するために、新しいシナプス（脳細と細胞の接合部）を作ります。脳がそれを既に知っているものと結びつけることによって、すべての新しい知識、情報、感覚の入力を統合します。遺伝子や脳について語っていても、太陽系や銀河について語っていても、自己管理システムは存在するのです。存在には、フィードバックが必要なバランスが求められます。それ自体を監視することによって、システムは不均衡を自動的に修正することができます。宇宙のあらゆる新しい部分は、どれだけ極小であっても、何がそれを生じさせたのか、循環フィードバックを作り出さなくてはなりません。そうでなくては、全体とつながっていないということでしょう——人間の言葉で言えば、ホームレスということです。

このように考えれば、微調整問題はミステリーではありません。車のトランスミッションのギアの歯車列が、どうして正確に噛み合っているのか謎に思う人はいません。そうでなければ車は動きません。同様に、活動している宇宙には微調整が必要なのです。宇宙はもともと崩れそうなものだという、真実とは反対のことを期待する必要などないでしょう？　すべてのレベルで本質的に自然なことは、自己管理システムです。事象がランダムに起こっているように見えても（数学で言うランダム性を満足させて）、ホメオスタシス（訳者注：外部環境の影響にもかかわらず、生物が生理的状態を一定に保つ仕組み）の最重要目的、統一体の中のすべての部分の活力あるバランスに始まるある種の目的に掻《か》き立てられているのです。

高校の生物ではホメオスタシスを、外気温が変化しても37度の定温を維持できることを例に挙げて説明します。秋の日、ジャケットを着ずに屋外にいたら、急激に気温が下がってきたとしましょう。寒さにさらされている時間に応じて、体の表面に近い血液を体幹に移動させたり、代謝を上げて熱を作ったりしながら、重要な器官が冷えないように、一連の戦術的な手順が重ねられているのです。顕微鏡で見ると、ひとつの細胞の動きは、気ままでランダムに見えるかもしれません――全身が達成しようとしていることを理解するまでは。

私たちは、宇宙の微調整とは、最初に亜原子粒子のバランスを取ることによって宇宙のバランスを保っている、自然の繊細さを示していると考えています。

自己管理システムは、進化を促す目に見えない舞台裏の振付師のように働く宇宙の仕組みに組み込まれていますが、これを、天にいる超自然的な神による「インテリジェント・デザイン」という惑わしと取り違えてはいけません。宇宙の円滑な営みは、最終的に日常生活のレベルで現れる結果につながる、目に見えない微視的な選択を瞬時に行う、量子のプロセスによって支えられているのです。

人間は、理想的な宇宙を見つけるというとてつもなく低い可能性に賭けた、宇宙のルーレットの勝者として地球上に存在しているのでしょうか？　それとも、隠された自然の構想に適合したから存在しているのでしょうか？　その答えのほとんどは、宗教、教育、あるいはその両方を曖昧に混合させたものからくる、人それぞれの世界観次第です。しかし、ひとつ確実なことがあります。隠された意図や壮大な構想を信じれば、「もうひとつの世界」を見ることができるのです。

私たちは、規則性を見つけ、そのパターンがどこから来ているのかを調べることによって、宇宙に参加するのです。アインシュタインが「私は神の心を知りたい。ほかのすべては細部に過ぎない」と言ったのは、重大な真実を悟ったからです。「神の心」を「宇宙の目的」と置き換えれば、生涯をかけて追求する価値のある目標となるのです。

3

時間はどこから来たのか？

時間は、決して私たちの敵になるはずではありませんでした。私たちは「時間がない」「時間切れだ」などと言って時間を敵に回していますが、これが意味するのは、少なくとも死によって死後の世界に対する希望が真実だったと明かされない限り、人間は逃れることのできない時間に縛りつけられているということです。しかし、アインシュタインが「過去と未来は幻想です。すべては今の瞬間に存在するのです」と言ったとき、彼は時間と和解する方法を見つけたのです。これは、精神的伝統と先進的な科学の世界が融合する、すばらしい瞬間のひとつに挙げられます。賢明な聖人であり預言的な詩人、そして有名な物理学者でもある人物は、こんなことを言っていました。「永遠かつ普遍的に、現在だけが存在します。終わりのない唯一のものが現在なのです」

これはエルヴィン・シュレーディンガーの言葉です。彼は量子分野の多くの先駆者たちと同様に、彼が一因となった量子革命に対する理解を深めるに従い、神秘主義に近づいていきました。科学において「神秘的」なことは致命的なことですから、私たちがシュレーディンガーの言葉を文字通りに判断したらどうなるでしょう？　本書で何度も触れてきた、ミスマッチが生じるのです。日常生活で、時間は確実に過去、現在、未来へと移っていきます。どうしてそれを現在に留まっているもの、さらには、人間の心が作り出したものだと言えるのでしょうか？

子どもの頃、心に描いていた天国を思い浮かべてください。それが雲の上で天使がハープを奏でているものでも、緑の牧草地で子羊たちが無邪気に跳ね回っているものでも、すべての子どもは、天国は永遠――永遠に続くもの――だと教えられます。子どもの心には――多くの大人の心にも――永遠とは退屈で単調なものに思えます。つまるところ、時間が無限に広がって、ハープや子羊たちの魅力が失せてしまうことには、恐ろしささえ感じます。

しかし実際には、永遠とは時間がいつまでも続くことではありません。永遠とは時間を超越する《タイムレス》ことで、宗教的信仰で約束される「永遠の命」には2つの意味が含まれています。ひとつは、年を取る、死ぬといった、時間の苦しみがなくなるということ。もうひとつはそれより遥かに抽象的で、死後に「時間のない」世界が約束されるということです。文字通り時間の存在しない「永遠のゾーン」で、魂が守られるのです。しかしなぜ、死ぬまで待たなくてはならないのでしょうか？　時間が幻想ならば、現在の瞬間に生きていることを望むだけで、いつでも幻想から抜け出せるはずです――そうすれば天国に行くことによって得られる価値が手に入るでしょう。

科学者は――大多数は――このようには考えませんが、新しい時間の概念の扉を開いたのは科学でした。例えば、アインシュタインが主張するまで、時間がゴムひものように伸びることは誰も知らなかったのです。精神世界の指導者たちは、これまで神の時間は無限だと言ってきましたが、現在、天文学者たちの中に、マルチバースについて同じことを言っている人もいます。実際のところ現代の物理学は、時間をより深く理解するために貪欲《どんよく》に取り組んでいるのです。本当に無限の時間があるのなら、宇宙も無限に出現する可能性があり、無限の宇宙があれば、どこかの「もうひとつの世界」に地球の鏡像があり、そこには現在地球に暮らしているすべての人の鏡像があるかもしれません。

時間がどこから来たのかわからないのでは、宗教的なものを含むこれらの推測はすべて非現実的です。ビッグバンで時間が生まれたことを示す証拠はありません。なぜなら、プランク時代の完全なカオスに遡ると、時間には「前」「後」「因果関係」がなく、量子のスープの中で回っているひとつの成分でしかなかったのです。宇宙はかつて時間を超越した場所でした――おそらく今もそうです。

ミステリーの解明

　高精度の原子時計はとても正確なため、数年に一度「うるう秒」を足さなくてはなりません――前回うるう秒が足された2015年6月30日には、ちょっとした話題を呼びました。地球の回転が少しずつ減速しているために秒を追加する必要が生じ、秒を追加することで協定世界時（時計の時間）を太陽時（日の出と日の入り）に戻すのです。

　原子の振動に基づく正確な時計が、時間を数百万分の1秒にスライスすることができれば、時間に関する多くのミステリーが解明できるでしょう。時間を教えてくれる時計は、とても便利なものです。しかし時計は、私たちが時間の真実を知ることができないよう、密《ひそ》かに企んでもいるのです。アインシュタインは相対性理論の説明を求められたとき、「熱いストーブの上に手を1分間置いたら、それは1時間のように感じられます。かわいい女の子と1時間座っていれば、それは1分のように感じられます。それが相対性です」と言ったのは有名な話です。彼は、時間の個人的な側面を巧みに引用し、ここから時間に隠されたミステリーが浮かび上がったのです。このうえない幸福に包まれていると感じると、人はしばしば「この瞬間が永遠に続けばいいのに」とため息をもらします。しかしそれは、既に現実かもしれないことを望んでいるのでしょうか？

　時間は、個人的な経験に関連するものと、科学的な方程式によって示される客観的な世界に関連するものという2つの顔を持っているため、問題は複雑です。歯医者の椅子《いす》に座っているときや渋滞にはまっているときにどれだけ時間が長く感じられても、時計が刻む時間は歯医者にも渋滞にも影響を受けません。この事実は2つのとらえ方ができます。時計が刻む時間は本物で、プライベートな時間はそうではないと主張することもできるし、時間のプライベートな側面を取り除くことができるのは、理論のうえだけだと主張することもできるのです。経験の世界では、すべての時間が個人的です。たとえ現時点では急進的で奇妙にさえ思えても、私たちは後者の主張を支持します。

　私たちは時間がプライベートなものであることを当然だと思っているので、時間が極度にプライベートになって初めて、ふだんは隠れていてわからなかった人間的な要素に気づきます。シェイクスピアの戯曲の主人公マクベスは、王を殺し悲劇的な運命を背負ったことに意気消沈し、疲れた声でこう言いました。「明日も、明日も、その明日も、日々小刻みにのろのろと進み／歴史の最後の言葉にたどり着くのだ」

　これは時間の個人的な側面を述べた古典的な表現です。日々は容赦なく過ぎ、私たちは死の瞬間に近づいていきます。ただし「小刻みに」時間が進むというのは、実際には幻想です。現実のすべてが純粋な潜在性として存在する量子場では、時間は「流れる」ものではありません。量子場は時間に対する常識的な概念の外にあり、量子場から現れた粒子には歴史がないのです。粒子は過去に関係するものではなく、オンとオフを切り替えるスイッチに関係しているのです。

量子力学的現実にいるマクベスは、きっとこう言うでしょう。「今、今、今。現在のほかには何も存在しない」。時間の流れがもはや信頼できるものでないならば、存在する可能性のある時間は、現在の瞬間だけです。現在の瞬間は「本当の」時間の尺度ですが、赤ちゃんの誕生や老人の死を生じさせる時間の「流れ」は幻想です。厄介ですね。私たちは赤ちゃんが生まれるのも、年老いた人が死んでいくのも見ています。これが全部幻想だなんて誰も言いません。

当然のことながら、地球上の「生きている」人は、この幻想を説得力があるものとして受け入れています。しかし、物理学者の考える「時間を超越した量子場」とは、人間の神経系を通ってフィルタリングされており、「永遠」を、秩序のある実用的な、私たち自身の利益のために切り分けるものです。「もうひとつの世界」では、時間は人間の関心から完全に切り離された現実の次元です。マクベスは死を恐れていたようですが、磁石は死を恐れる必要はありません。磁石が存在する電磁石場は、実際に役立つすべての目的のために、なくなることはないのです。現在の宇宙が持続する限り、電磁石場は今のまま、決して朽ち果てることはありません。電球は何時間か使用すれば消耗して使えなくなってしまいますが、光そのものが尽きることはないのです。たとえ宇宙が今から数十億年後に終点に到達し、すべての光源が暗くなっても、光が朽ちたのではなく、単に停止しただけです。

宇宙版、ニワトリが先か卵が先か？

現役の科学者にとってこの考え方は自明の事実なので、反論の余地はなさそうです。しかしすぐに、「ニワトリが先か卵が先か？」というジレンマに突き当たってしまいます。宇宙がなかったら時間は存在しないし、時間がなかったら宇宙は存在しません。この2つはお互いに依存し合っているのです。ビッグバンから30万年後、陽子と電子の結合によって出現した原子についても同じことが言えます。それ以前には、イオン化した物質しか存在しなかったのです。時間がなければ、原子は存在しなかったでしょう。しかし、原子がなければ、時間を知覚する人間の脳は存在しなかったのです。どうやってこの2つがつながったのでしょうか？　誰にもわかりません。時計によって作られた幻想は信頼できず、客観的な時間そのものに疑問を投げかけています。万里の長城のように乗り越えられない壁が、プランク時代を超えた創造前に進んでビッグバンの前に何があったのか理解することを阻んでいるのです。時間に関しても同様の壁がありますが、この壁は、創造された宇宙において時間はどのように進むのかを解明しようとする科学者を阻んではいません。時間は変化をもたらし、変化は運動を意味し、運動は創造のあらゆる場所で見ることができます。しかし、奇妙なことに運動といっても、私たちが動くものを見ているという意味ではないのです。これも、幻想になりうる可能性がありま
す。

原子や分子が動き回るという事実は、時計の幻想のひとつです。カーチェイスの映画を見ていても、実際に車が動いているのではなく、映写機（フィルム映写機の場合）の中で静止画のコマが1秒間に24コマ巻き取られ、動いている錯覚を作り出しています。私たちの頭脳も、写真――静止画――を撮って、その写真を素早くつなぎ合わせるために、私たちには動きのある世界が見えるのです。

量子場のレベルでは、すべての動作が見せかけです。亜原子粒子は、量子真空の中のわずかに異なる場所に現れたり消えたりを繰り返します。異なる場所というのは単に状態の変化なので、基本的に亜原子粒子は移動をしていません。テレビ画面の仕組みを考

えてみましょう。画面に赤い風船が動いている様子を映したい場合、テレビの中のものを動かす必要はありません。蛍光灯（旧式の陰極線管内）あるいはLCDライト（デジタル画面内）を点滅させ、これを順番に（最初に赤色LCD1番、次に赤色のLCD2番、赤色のLCD3番といった具合に）行うことで、風船は画面の左から右、上から下、あるいは選択した方向に移動しているように見えるのです。

映画を見ているときに、このトリックがわかっていても、私たちはその幻想を受け入れています。望めばいつでも立ち上がり、映画館を出て現実の世界に戻れるのです。しかし、現実世界から出るにはどうすればいいのでしょうか？　日常の時間が映画のように幻想だったら問題です。人間の神経系は小さな時計からできていて、この時計が体中にある別の小さな時計を調整しています。体はとても大きなリズム（睡眠と起床、摂食、消化、排泄《はいせつ》）のほかに、中期のリズム（呼吸）、短期のリズム（心拍）、最短期のリズム（細胞内での化学反応）に従って動いています。

人間の神経系が、これらのリズムをはじめとした多くのことを同時に統制しているのは奇跡です。筋繊維は痙攣《けいれん》し、ホルモンは流れ、DNAは分裂し、新しい細胞が産出されています——これらのプロセスには、それぞれ独自の時計があります。また、DNAの活動は、赤ちゃんの萌歯《ほうし》や、月経の開始と思春期のその他の変化、それよりも確率の低い男性の脱毛、閉経、多くのがんやアルツハイマー病などの進行の遅い慢性疾患の発症といった長期のリズムを制御しています。遺伝子が、どのようにしてミリ秒（細胞内の化学反応が起こると考えられる時間）という短い時間尺度と、70年以上もの長い時間尺度を制御するのかは、謎に包まれたままです。

この時点で、あなたが合理主義者だったら、思わず「時間のミステリーは抽象的すぎる。私の脳が時計で動いているのだったら、それで十分」と言いたくなるかもしれません。しかし、脳のミステリーはそれだけではないのです。ベッドで夢を見ていると想像してみてください。夢の中のあなたは、戦場で戦う兵士です。戦場を突き進み、鼓動が早くなっています。辺り一面で爆弾が炸裂《さくれつ》し、頭上には砲弾が飛び交っています。恐怖の中でもその光景は頭にしっかりと焼きつきます――そして目を覚まします。その瞬間、夢の中のことはすべて幻想だったとわかりますが、最大の幻想は時間です。夢の中では長い時間を過ごすことができますが、神経学者によれば、ほぼすべての夢が発生するR《レ》EM《ム》（急速な眼球運動がある）睡眠の継続時間はわずか数秒ないし数分程度なのです。

言い換えれば、中立的な神経活動によって測定される「脳の時間」と、夢の中の経験には関係がないということです。しかしこれは、目覚めているときでも同様です。夢の中で、窓辺に座って人と車が行き交うのを見ていると想像してみてください。目覚めると、夢の研究者から、あなたが半日続いたと思った夢は、脳の時間の23秒だったと告げられます。起きているときに窓辺に座って外を眺めれば、この経験もまた、夢を生み出しているのと同じ脳細胞から生み出されています。わずか数百分の1秒間しかかからない数個のニューロンの発火が、目に眩《まぶ》しい光を映し、それが長時間続く症状を招くこともあります（このような光は偏頭痛やてんかんなどの症状によく見られます）。脳の時間を真実とするか、自分の経験を真実とするか、あなたには、2つの選択肢があります。しかし現実には、私たちは脳の外に出て考えることはできない、という単純な理由から、どちらが真実なのか判断することはできないのです。映画館から立ち去ることは簡単ですが、目覚めて見ているこの夢から立ち去ることは簡単ではないのです。

それでは、どのようにして脳は時を刻むことを学ぶのでしょうか？　私たちは脳細胞の中で起こっている化学反応を見る機会がありましたが、脳細胞はほかのすべての細胞と変わらない化学工場でした。この化学反応は、ｆＭＲＩスキャン（機能的ＭＲＩ）によって「光る」電気の動きから、正確な時間を計測することができます。化学反応の重要な働きのひとつが、脳細胞の外膜を通じたナトリウムイオンとカリウムイオンの交換です（イオンとは荷電した原子または分子で、それぞれ正または負の性質を持つ）。これにかかる時間は非常に短いとはいえ、瞬間的ではありません。この活動があるからこそ、あなたの基本的な脳時計や、その重要な部品が存在するのです。
残念ながら、脳時計には時間の経験は伴っていません。これらすべてのイオンがカチカチと動いている間に、夢、幻覚、病気の症状、インスピレーションの瞬間、あるいは時間が停止している奇妙な瞬間など、時間は好きにふるまっているかもしれません。イオンの動きからは、時間の性質については何もわからず、いずれにしてもビッグバンなしでは最初のイオンが存在しないのです。私たちはミステリーが生じたときと同じ、出口の見えない行き止まりに立っています。宇宙のニワトリと卵のミステリーは、いまだ誰にも解明されないままです。

あるいは違うのか……

いわゆる「行き止まり」では、実際には重要な手掛かりが見つかっています。脳内のニューロンの発射ごとに時間が現れるのです。時間の創造は安定しています。人が生きている限り、その人は時間を「創造」し、時間がなくなることはないのです（「時間がなくなった」とよく言いますが、もちろんこれは、制限時間内に間に合わなかったという意味ですね）。ですから私たちは、ビッグバンに戻る必要はありません。時間がどこから来たのかという質問は、実際には宇宙に関することではなく、今ここで行っている私たちの経験に関することなのです。それ以外の時間はないのです。時間のミステリーを解くことで、人間が時間の創造者であるのか、それとも脳の活動の手先に過ぎない、時間の偶然の犠牲者であるのかがわかるでしょう。ほかの選択肢は見当たらないようです。時間が脳に依拠し、脳が時間に依拠するならば、私たちは、すべての人が宇宙に参加できる最も重要な方法のひとつについて話しているということになります。相対性理論以前、誰もが同じ時間の経験を共有しているという信条は、ある種の宇宙民主主義を形成しました。時間の進み方は、誰にでも平等だったのです。この状況は、ガリレオ民主主義（ルネッサンス期の偉大なイタリア人科学者、ガリレオ・ガリレイに因《ちな》んで）と名づけてもいいでしょう。なぜなら、ガリレオのいくつかの重大な見解によって、常識的な現実が強化されたからです。例えば、あなたを追い越していく車から、進行方向に球を投げられたら、その球の速さは確実に計算でき、結果は常に同じになります。時速96・6キロで走る車に、メジャーリーグの投手が乗っているとしましょう。その投手が時速169・1キロ（2010年、シンシナティ・レッズに所属していたアロルディス・チャップマンによって樹立された記録）で球を投げたら、球の実際のスピードは、車の速さと球の速さを足した時速265・7キロになります。

不変の場所に立っているのなら、ガリレオ民主主義は何の問題もありませんでした。投手は車と同じ速さで移動しているので、投手にしてみれば球の速さは時速１６９・１キロでしかありません。しかしアインシュタインは、実際には宇宙に時間を測定するための不変な場所などないと主張したのです。すべての観測者は、ほかのすべての観測者から見たら相対的に動いているのです（少なくとも等速度運動では、誰が動いていて誰が動いていないのかは確実に証明することはできません）。したがって、すべての測定は、２者が互いにどのくらいの速さで動いているかによって決まる相対的なものなのです。

ガリレオ民主主義は相対性理論によって覆されました。ガリレオ民主主義に参加していたすべての人に平等だった現実が、もはや信頼できなくなってしまったのです。光速で移動している宇宙船の左舷《さげん》の船首から光線銃を放ったとしたら、銃から放たれた光子も光速で移動します。走る車から球を投げた投手の場合とは違い、放たれた光子の速さに宇宙船の速さを足すことはできません。動いている基準系にいるすべての観測者から見ると、既に宇宙船は光速で移動しているので、絶対限界に達してしまっているためです。アインシュタインは、時間が経過する速さは、どの基準系にいるかによって異なることを示しました。つまり、相対性理論は、誰もが同じ時間を経験するという仮定を完全に崩したのです。時間は、すべての観察者にあまねく同じではありません。私たちは、現地時間だけしか適用できない、宇宙に浮遊する点のようです。

しかし別の角度から見れば、すべての観測者は自分が経験している時間枠を定義し、速く動いたり、遅く動いたり、急な曲線を描いたり、あるいは強い重力場に近づいたりすることで、その時間枠を変えることができます。ガリレオ民主主義は、アインシュタイン民主主義に変わったのです。

実際にはそれは万人の民主主義で、誰でも自由に参加できるようになりました。定数は変わらずそこに存在し、物体が時空を移動する速さは、それまでと同じく光速を超えることはできません。しかし、定数は刑務所の壁のように私たちを取り囲むものではなく、ゲームのルールのようなものです。ゲームは規則に従って行わなくてはなりませんが、チェスでも、フットボールでも、あるいは麻雀でも、あなたが望む限りの動きが可能です。科学はルールに傾倒しすぎる傾向がありますね。電磁波は、空間を光の速度で移動するため、宇宙のどの場所でも速度が変わりません。光の速度を絶対値として固定したことは、主観的な時間の信頼性を取り払ったために、予測するという視点から見れば望ましい成果でした。

脳は電流の速度に縛られているという科学の視点こそが、まさにその視点です。アインシュタイン民主主義では、最初にルールを定めるのも、最初に自由を定めるのも、すべて各自の自由です。支持すべき絶対的な考えはないのです。電磁波の等速度運動は、脳が尊重すべき境界ですが、私たちの心は思考の自由を許されているので、どんな精神的なゲームでも自由に選んで行えるのです――結局のところ、すべてのゲームは精神的なものです。人間を妨げるのは光の速度ではなく、ニューロンだけなのです。

相対性理論に絶対時間が覆されたとき、同時に宇宙も覆されました。時間の場合と同様に、移動する異なる基準系で測定されたとき、空間は歪んでいるように見えるのです。相対性理論によれば、光の速度に近づいている宇宙船を見ている静止した観察者には、宇宙船の船首と船尾の間の長さが短くなっているように見えると言います。日常生活で私たちが慣れ親しんでいる速さは光速よりも遅いため、主観的に空間と時間の相対的な効果を知覚できません。しかし、スイスのジュネーヴにある、ヒッグス粒子を発見した大型ハドロン衝突型加速器（ＬＨＣ）のような粒子加速器では、日常的に亜原子粒子を加速して光速に近づけています。地球上でもこの場所では、研究者たちは相対効果を測定でき、それを自然の真実として完全に受け入れているのです。

言い換えれば、私たちは、時間の創造の様子を視覚化できるのです。飛び出す仕掛けのついた絵本を考えてみてください。閉じてあれば普通の本と何も変わらないのに、開いたとたんに家の中に入ったり、動物や凝った風景が現れたり、さらには動くパーツもあったりします。量子レベルで見れば、創造とはそういうものです。平坦性が存在しているのに、突如として時空に物体が現れます。すべてが一度に飛び出すのです。したがって、孤立した粒子のふるまいは、実際には現実を示すものではありません。樹木、雲、惑星、あるいは人体が存在するのは、実際にはレンガの家のように、原子、粒子、原子の分子が積み重なっているわけではなく、亜原子粒子がそれらに空間と時間をもたらしているのです。

この事実は驚くべき事実を含んでいます。例えば、光の速度に近い速さで移動している粒子は、数百万分の1秒というわずかな時間で崩壊する可能性がありますが、静止している実験室で物理学者が観察すると、ずっと長く存在し続けるのです。粒子が光速と全く同じ速さで移動すれば、時間が経過しないために永遠に存在し続け、それはまるで動かずじっとしているように見えるのです。光に関して言えば、時間は存在しませんが、光の速度によって隔てられた世界にいる私たちから見ると、光子の寿命は無限に長くなるのです。光の粒子である光子には質量がありません。有限の質量を有する粒子（どんな粒子でも）は、決して光の速度に達することができません。

さて、ＰＡＲＴ１の最初に取り上げた、永遠は私たちの目の前にあるもの、という一見不可能と思える考えに証拠が出てきました。時間を超越した光が、地球上の生命をもたらし、それを維持し続けているのです。したがって本当の問題は、時間と無限という2つの相対するものが、どのように関係しているかということです。時間と空間と物質がいっぺんに平坦性から飛び出し、固体物体がアインシュタイン民主主義に引き寄せられれば、それらは相対的になるのです。相対性理論によれば、物体の質量は一定ではありません。$E=mc^2$（指数）は証明されているので、物質は常にエネルギーに変換され、その逆もあるのです。しかしここから先は私たちの能力で視覚化はできません。単に脳が物質であるという理由から、能力には限界があるのです。脳内の神経繊維を伝わる電気信号は非常に速い速度で進みますが、それによって生じる思考は、電力線の非常に高い電圧が家庭用に逓減《ていげん》されるのと同様に「逓減」されます。高速で移動できるのは質量がゼロの光子とその他の粒子で、謎のニュートリノが本当に質量ゼロだとすれば、ニュートリノもこれに含まれます。魔法のように光の速度を超えることができれば、時間は逆になり、理論的には時間の始まりに向かって進みます。

アインシュタインは、時間が逆に進むなんて、たとえ相対的な効果があったとしても古典的な世界では起こりえないと言いました。しかし、量子の世界ではそれが起こるかもしれません。どんな時間の順番でも量子には可能性があり、これが別の貴重な手掛かりをもたらします。量子ドメインが時間を止めたり、逆に進ませたり、過去、現在、未来の順で進めさせたりするのならば、ビッグバンがほかでもなくこの、過去、現在、未来と進む可能性を選んだ理由が見当たりません。どうして私たちは時計時間で生きることになったのか、という疑問は、どうして宇宙の構成はこれほど完璧なのかという疑問に似ています。微調整された宇宙がそうであるように、時計時間は人間に利益をもたらしています。

あらゆる生命体と同様に、人間が存在するということは、誕生と死、創造と破壊、成熟と衰退があるということです。これらは時計時間からの贈り物です。星や銀河も誕生と死はありますが、そのライフサイクルは、宇宙のボードゲーム上で物質やエネルギーをシャッフルするだけのことです。人間の場合は、無限とも思える可能性のフィールドで新しいアイデアを作り出す心を持っているので、物理的物質よりも遥かに複雑です。時間のミステリーは、何かしら人間の心の作用と結びついているはずです。さて、量子革命は時間と心の距離を近づけることができたでしょうか？

量子は時計に従っているのか？

光よりも速く進むことができたら、相対性理論にとっては都合が悪いことですが、今それが起こっています。研究者たちが最近、ある位置から別の位置へ、間の空間を通過せずに光子を移動させる方法を発見し、これが真のテレポート《瞬間移動》の最初の例となりました。光子がA点からB点に瞬間的に移動するため、時間が経過しないのです。実は、光の速度を超えたわけではありません。光速とは関係がないのです。これは時間をバイパスしたと言えるのかもしれません。実際、テレポートが、空間、時間、物質が見事に飛び出す仕掛け絵本を明らかにするのです。

量子のテレポートには、膨大な意味が含まれています。既におわかりのように、アインシュタインの思考は古典的な世界に根差しており、その世界は光速に縛られているのです。柵から放たれた野生馬のように、量子物質が光速を超えることができたら——速く移動するのではなく、瞬間的な動きで——そこには未知の何かがあるのです。

未知のひとつは、実際にいくつの次元が存在するのかということに関係しています。時計時間は1次元です。すべての直線がそうであるように、1次元上を直線で移動します——A点とB点をつなぐだけです。しかし、量子論は、純粋な数学で構成されているので、次元数に制限はありません。例えば、数多くの量子論が、重力を超えた超重力の分野へと進み、宇宙は11次元と推測しています。ビッグバンの以前の創造前の状態は、無次元（数学的に言うと「0次元」）である可能性もあれば、無限の次元を持っている可能性もあります。あまりに日常的な経験からかけ離れているので、可能性を考えると頭がくらくらします。

廃棄された「絶対的なもの」が積まれた高い山に、私たちの宇宙の3つの次元も加えなくてはなりません。そして時間が4つ目の次元に関わるのです。数学的には4次元は既に存在します。すべての粒子が0次元の場所、すなわち量子真空から現れていることは一般的に認められています。急進的な物理学者の中には、すべての現実は、ゼロと無限の2つの数しかないと論じている人もいます。ゼロとは、無から何かが生じるトリックが起こる場所です。無限とは、絶対的なスケールの中でどれだけ多くの可能性でも出現できるということです。その間の数にある現実は、石鹸《せっけん》の泡と煙のような不確かなものです。

0次元を視覚化することは不可能です——あまりに多くの変数が未知、あるいは推測の域を出ないために、数学にとってさえ、それはかくし芸のように見えて手に負えないはずです——が、私たちが存在しているのは、始まりも終わりもない「時間を超越した時間」が、現在の瞬間という時間として現れているからです。この変換は論理に反しており、今は何も驚くことはありません。

量子の領域には時計時間がないのですから、だったら真実——時間は変化するということ――を受け入れようではありませんか？　それを受け入れれば、時間そのものを不自然に見えるようなバージョンでとらえてみても、飛躍しすぎではありません。これをわかりやすくするために、量子物理学の基本的用語であり、日常の現実で使う「状態」という言葉を掘り下げてみましょう。木の状態は物理的な物質で、あなたが時空で見つけられるもの、五感で体験できるものです。浮遊している雲は木よりも曖昧《あいまい》でつかみどころがありませんが、これも物理的には同じ、物質の状態です。

物理学が量子ドメインを調べる場合には、別の状態、すなわち仮想状態が関与してきます。仮想状態は目に見えず形がないにもかかわらず、それは実際に存在するのです。現に、私たちは目を覚ます瞬間ごとに仮想状態が訪れています。どんな言葉でもいいのでひとつ思い浮かべてみましょう。本書ではアボカドという言葉を選びました。「アボカド」と考えたり、声に出したりするとき、それは精神的なものとして存在します。あなたがその言葉を考えたり声に出したりする前、その言葉はどこにあるのでしょうか？　言葉は物質の状態の脳細胞に保存されるのではなく、目には見えない姿で準備を整えているのです――仮想状態の中で。あなたはこれを自由に引き抜くことができますが、脳の記憶回復力が物理的に弱くなったり傷ついたりすると、この脳の力が悪化します。壊れた無線機が電波を拾うことができないのと同じです。しかし、作動する受信機がなくても、私たちの周りには目に見えず、感知されることもない信号が存在しているのです。

同様に、脳は私たちが使用する言葉の受信装置ですが、それだけではなく、言語を使用するためのルールも仮想ドメイン内にあるのです。「家は風があり必要ですか？」という文章を見れば、言語の規則に従っていないことはすぐにわかります。意味があることと無意味なことを区別するために脳の中のエネルギーは使われません。すべての意図や目的のために、非物理的な場所に、ルールは目に見えない形で埋め込まれています。亜原子粒子もまた、非物理的な場所から現れるのですから、あなたが薔薇という言葉を取りに行く場所は、銀河が出現したのと同じ場所だと信じない理由はありません。

仮想状態は、すべての目に見える創造物の外側にあります。波が粒子に変わることは、光子や電子などの粒子が私たちの経験する世界に導かれる基本的なステップですが、仮想状態は取り残されます。また仮想状態の存在は、すべての空間は、たとえそれが1立方センチメートルだったとしても、実際には空っぽでないと物理学が計算している理由です。量子のレベルでは、空間は膨大な量の仮想エネルギーを含んでいるのです。

宇宙にあるすべてのものは状態を変えることができます。日々の生活の中で、水が氷や水蒸気に変わるのを見て謎に思う人はいません。それはH_2Oが別の状態になっただけです。量子レベルでは、存在することと存在しないことが釣り合って、状態の変化が限界に達します。台所のテーブルは、仮想状態と目に見える状態が1秒間に数千回も入れ替わっているため、誰も観察することはできません。これは私たちが本書で何度か触れてきた、ポンと現れ、ポンと消えること、あるいはオンとオフのスイッチです。量子の状態の変化は、創造の基本的な作用です。マルチバースは、宇宙がポンと現れたことは、電子がポンと現れることと同じに過ぎないと気づいたことで、大きな支持を集めるようになったのです。量子場では、これと同じ変化が起こっていました。肉眼では、宇宙は巨大に見え、一方で電子は非常に小さいのですが、創造の作用においてこの違いは重要ではないのです。

ポンと現れた量子はどこか「別の」場所から来るのではなく、どこかに行くものでもありません。それは単に状態の変化なのです。したがって、変化の尺度として時間を使うのではなく、状態という観念で考える必要があります。ポールにひもでつながれたバレーボールを考えてみましょう。ボールを叩けば、ボールはポールの周りを回転しはじめますが、ある時点でエネルギーがなくなり、ポールにだんだんと近づき、最終的には休息の状態になります（量子は宇宙の真空の中を移動するという事実を除けば、太陽の周りを回っている惑星がエネルギーと推進力を失ったら、次第に軌道から外れてしまうでしょう。バレーボールとは違い、惑星は空気抵抗を受けることがないために永遠に回転し続けるのです）。

　さて、原子の核の周りを回っている電子を想像してみましょう。これは、ボールの周りを回っているバレーボールに非常によく似ています。原子の場合、それぞれの電子の軌道は殻《かく》と呼ばれ、量子の事象がなければ、電子は割り当てられた殻に留まり、量子の事象があると、電子は殻の近くや、殻から離れた場所に飛び出します。「量子（quantum）」というのは、エネルギーの「小さな塊」を意味し、エネルギーを運びながら、ある特定の状態から別の状態に変化します。電子は別の軌道に滑り落ちることもなければ、回るスピードが遅くなることもありません。電子はひとつの軌道（殻）から飛び出し、別の軌道に現れるのです。

「状態」の重要性を理解すると、なぜ量子が時計時間に従っていないのかがわかります。時計時間は、機械で連続的に投げられている紙テープのようなものですが、量子ドメインは隙間《すきま》や、突然の状態変化、同時に進行する事象、原因と結果の逆転で溢れているのです。では、創造の土台を量子だと考えた場合、物理的な物体はどうやって最初に時計時間と結びつくのでしょうか？　最も簡単な答えは、時計時間は単に状態が異なるに過ぎないと考えることです。ビッグバンの約10億年後、宇宙が成熟すると、すべての目に見える物理的な物質（すなわち、原子よりも大きいもの）は、どれも同じ状態で現れるように固定されてしまったのです。高度な数学の確率論を使えば、台所のテーブルが完全に仮想ドメインに消え、1メートル離れたところに現れる可能性は、極めて低いながらも計算で求めることができます。しかし、それは現実的な考え方ではありません。目に見える状態が固定されているため、日常生活の中の物質は、時空の征服を信頼しています。量子が現れたり消えたりすることにかかわらず、台所のテーブル自体がすぐにどこかに行ってしまうことはないのです。

したがって本当のミステリーは、どのようにして状態の変化が起こるのかということです。宇宙全体を一瞬にして出現させたビッグバンでは、状態の変化がある場所やある特定の時間に生じたという説明はできません。プランク時代には、すべてが同じ場所にあり、時間の前と後も同じだったのです。大きな障壁に妨げられてプランク時代を見ることはできませんが、ある状態が別の状態に変わり仮想状態が現れる、「相転移」が生じたことはわかります。新しい殻にポンと電子が現れるように、ほぼ140億年前に全創造がポンと生じたことを、時計のある今の生活の中で考えるのは奇妙なものです。しかし、もしそれを想像することができれば、少なくともどうして極小の電子と莫大《ばくだい》な宇宙につながりがあるのかがわかります。電子にも宇宙にも時計時間はありません。つまり、今までとは全く異なる考え方を採り入れなくてはならないのです。

心理学の登場

　さあ、あなたを個人的に時間の監獄から連れ出す準備が整いました。あなたの体は状態の変化によって宇宙に参加するのです。ある日、見知らぬ人があなたの家のドアを叩いたとしましょう。ドアを開くと、訪問者が自己紹介をします。彼が「税務署の者です。あなたの家を差し押さえます」と言った場合と「私は、離れ離れになっていたあなたの兄弟です。ずっとあなたを捜し続けていました」と言う場合では、あなたの状態の変化は大きく異なるでしょう。どちらのケースでも、あなたの体は、即座に劇的に変化します。短い言葉を聞いただけで、心拍数、呼吸、血圧、脳の化学物質のバランスが一気に変化するのです。

　人間の生活において、状態の変化は電子と同様にホリスティックなものです。つまりあなたは新しい励起レベルに飛び込むことができるということです。自己紹介をした見知らぬ人は、あなたの人生を全く違うものにするかもしれません。しかし、あなたの状態が劇的に変化したとしても、細胞で起こっている微視的な物理的なプロセスは、観察することはできません。喜びや不安といった感情を生み出す脳の特定のエリアは、脳スキャンをすればわかりますが、私たちが主観的に体験するのは、感情が生まれるメカニズムではなく、最終的な結果だけなのです。

しかし、ひとつ注目すべきことがあります。引き金となる出来事――あなたの家のドアをノックする見知らぬ人――によって、状態の変化が始まるということです。量子は自然の基本的な構成要素と呼ばれることもありますが、実際には量子が経験を作っているのではありません。コマンドの連鎖は、いわば上から下に移動しているのです。最初に玄関に現れた見知らぬ人、次に彼が話す言葉、あなたの精神的反応、最後にすべての物理的なものがやって来ます。要するに、心は物質よりも先に現れるのです。精神的なものを含むあらゆる事象が物質のエネルギー交換によって生じると信じている物質主義者が不満を示そうとも、人間界に関する限り、物質より心が先に現れることは真実だと私たちは確信しています。言葉はエネルギーを交換するものではなく、意味を交換するものですから、言葉は何ものより精神的な事象なのです。「愛しています」と打ち明けるとき、体の物理的なものがある反応を示します。一方、「離婚したい」と言われた場合には、それとは異なる反応を示すのです。

量子ドメインと現実そのものは心理学的要素を持っているという大胆な主張に踏み込んだ、優秀な理論家ジョン・フォン・ノイマンをはじめとする何人かの量子物理学者は、この事実を見逃しませんでした。自然は主観的と客観的の2つの側面を持っているので、人間はあらゆる状況をどちらの視点からでも見ることができるのです。玄関で見知らぬ人と会ったとき、その人の身長、体重、髪の色を知ることができ（客観的）、彼が伝えようとしている話を聞くこともできます（主観的）。人間は目で見たことを別のことと混同してしまう可能性があるため、法廷では犯罪の目撃者の証言は確実な証拠にならないことはよく知られています。私たちを脅かす人は心の中では大きくなってしまうので、犯人の身長を客観的に説明することは難しくなるのです。

フォン・ノイマンは現実の二重の性質をかなり掘り下げ、自然の作用のしかたの本質だと考えました。彼は現実を、量子の粒子が選択を行う場所であり、観察者が観察しているものを変化させる場所であると説明しました。量子物理学は、おもに量子の性質をすべて知ることができないという不確定性原理のせいで、1世紀以上にわたって主観の影響を受けています。観察者が量子のある性質を観察した瞬間に、それが量子の示す性質となり、同時にほかの性質は消え、観察されるだけで変化が生じるのです。

これは抽象的なので、日常を例に取ってみましょう。あなたは、巨大な波で有名なハイレベルのサーフィンのメッカ、ハワイのオアフ島の北岸に立っています。あなたは大きく巻き込む波の写真を撮って友人に見せますが、その写真から波の大きさを知ることはできても、波の速さを知ることはできません。あなたは波のひとつの性質だけを選択しているということです。物理学者が亜原子粒子を観察するとき、彼はほかの特性を排除しながら測定したいものが明らかになる写真のようなものを撮っているのです。しかし、現実にはすべてが含まれているのですから、現実をこのように見ることには満足がいきません。ひとつの特性が観察されたときにどこかに消えてしまった特性を埋め合わせるために、亜原子粒子のほかの特性は確率として計算されます。

日常の例の中で、オアフ島の巨大な波の写真を見せていたとき、「速度はどのくらいだったの？」と聞かれたら、あなたは漠然と「すごく速かった」と答えるでしょう。もっと詳細にと言われても、波はカタツムリよりも速く、ジェット機よりは遅かったことしかわかりません。実際の波の速さは、おそらく時速30キロから95キロです。波がずっと前に既に消えてしまっているので、あなたにはこの確率を使って推測することしかできないのです。量子物理学はこれと同じような状況にあり、基本的な問題がミステリーのままです。観察者は「本当の」事実をどれだけ変えるのでしょうか？

フォン・ノイマンはこの点を推測していませんでした。彼が見つけ出したのは、現実には心理的な要素（素粒子に心があるような性質）があるということです。シュレーディンガーをはじめとした物理学者の中には、心理的要素が最も重要であると主張している人もいます。シュレーディンガーは、「普通に考えれば、本当の外の世界は異質なものだという概念」を私たちが捨てることは「絶対的に不可欠」だと主張しました。しかし、すべての現象は、外の世界の存在に起因すると考える物質主義では、そうは考えません。心理的要素は完全に否定されるか、公式から除外されるのです。

現実の心理的側面は時間にどのような影響を及ぼすのでしょうか？　トラウマになるほどの経験が、時間を遅らせることはよく知られています。このような体験をした人は、戦闘の最中や交通事故の瞬間に、すべてがスローモーションで動いたと報告しています。スポーツにおいて「ゾーンに入った」という概念は、選手は何も変わったことはしていないのにすべてが完全に噛み合って、世界が沈黙し、時間がゆっくり進むというときに現れる状態のことです。スポーツ選手は、日常の現実から離れた夢の中にいるような状態だったと報告しています。

これらの報告から主観的な要素を取り除く方法を考えるのは、容易なことではありません。しかし、より統率の取れた環境で行われた実験が成功しています。ある研究では、被験者を遊園地に連れて行き、高い塔から落下するアトラクションに乗せました。パラシュートが開かれ、静かに着地するまでの間、被験者たちは自由落下を体験しました。自由落下していた時間を尋ねると、被験者たちは一様に実際より長い時間を答えました。これと同じように、トラウマ的な体験をしている人は時間が長く感じているのです。実際に落下している時間は測定することができ、歪みの主観的要素を抽出するのは簡単なことです。

この説明でわかったでしょうか？　フォン・ノイマンが正しいとすれば、心理的要素は、日常のすべての瞬間の経験のしかたと別個のものではありません。おそらく「本当の」現実は、誰かの大発見によって見つけられることを待ち望んでいます。物質主義者――彼らの世界観では物質だけでなくエネルギーも物質に含まれるため、物理主義者と呼ばれるのを好む――は、心理学的要素は必要ないと主張していますが、量子物理学の歴史では異なる主張がされています。シュレーディンガーは神秘主義者として片づけられてしまいましたが、彼は実験に基づいた証拠から、基本的なレベルでは亜原子粒子は小さな惑星のようにではなく、可能性の見本のようにふるまうことを知っていました。どの可能性が測定可能な物質として現れる状態の変化を経験するのかは、観察者が決めるのです。

ですから、「時間はどこから来たのか？」というミステリーに対する最善の答えは、人間的な答えであることがわかります。ビッグバンが心理的な要素を持つために、私たちがビッグバンが起きた場所にいる必要はありませんでした。ビッグバンについては、人間が心と脳を使って語った物語という形でしかわからないのです。今この瞬間にも、同じメカニズムが現実を生み出しています。だから私たちの目の前には時間のミステリーが存在するのです。人間の答えがなければ、それは永遠にミステリーのままなのです。

本章では、人間が時間の創造に参加しているのであり、時間は敵ではないというヒューマン・ユニバースの恩恵をざっと紹介してきました。しかし、現在の物理学は依然として、客観的な時間を科学者が考えるべき「本当の時間」とし続けようと躍起になっています。しかし、唯一の「本当の時間」が今この瞬間だったらどうでしょうか？そうだとすれば、個人的な時間と客観的な時間を分ける壁は崩壊するでしょう。そうなったら、日常生活は、今この瞬間にある永遠の命に変わる可能性があります。この驚くべき可能性は、時間のミステリーを誰にとっても重要なものにするでしょう。私たちひとりひとりが時間との独自の関係を作るのです。時計によって作られた幻想を過去のものにすることができれば、時間との競争は終わり、これを最後に死の恐怖はすっかり消し去ることができるのです。

4

宇宙は何からできている?

宇宙は長い時間をかけてストリップショーを上演してきました。1枚、また1枚と、自然にまつわる真実を覆い隠すベールを脱いできたのです。初めは、そのスピードがうんざりするほどゆっくりとしたものでした。観客は何世紀も待ってから、ようやく最初のベールが剥《は》がれるのを目にしました。最初に現れたのは、固体原子という考えでした。この原子が考え出されたのは古代のことで、デモクリトスとその信奉者の時代に遡ります。古代ギリシアの哲学者だった彼らは原子を見ることができませんでした――それから2000年以上経《た》った今の私たちにも原子は見えません――が、彼らは物体をどんどん切り刻んでいけば、どんな物体であろうと最終的には、それ以上は切ることのできない小さなかけらになるだろうと考えました。「atom（原子）」という言葉は、否定を意味する「not」と「cut（切る）」にあたるギリシア語の2つの単語に由来します。

誰かが原子の存在を証明する方法を見つけていれば、ストリップショーはもっとずっとスピードアップしたはずですが、誰にもできませんでした。よって、宇宙は何できていますかと問われれば、理論は揃《そろ》っているが具体的なものは何もない、という答えに戻るしかありませんでした。とはいえ、確実に、ある種の最小単位が存在するはずでした。18世紀には、真実があらわになってゆくスピードが驚くべき速さになりはじめました。その当時、実際に実験を試みる人々が現れて、単一原子の集まり全体で互いに反応し合っているという化学反応の作用が、最初の手掛かりになったのです。それからだいぶ時を経て20世紀になると、電子や放射線、原子核、原子より小さい粒子などの存在を示す証拠が発見されました。原子の構成要素がひとつずつ発見されていったのです。宇宙はつつましく姿を隠してはいられなくなりました。

そして最後のベールが剥がれ落ちたときに、観客は衝撃を受けました。こともあろうに、そこにダンサーはいなかったのです！　ひとかたまりのパンから小さい断片を切り取るとしましょう。その断片から、さらに小さい断片を切り取ります。それを繰り返してどんどん小さく切っていけば、原子は量子真空の中に消えてしまいます。何かがなくなってしまう、それは既に見てきたとおりです。ところが、このストリップショーには破壊的な側面があります。ダンサーが消えてしまうと、宇宙を実際に見ているよりも、むしろ、かえって宇宙について考え続けることになります。何とかして古代ギリシア人のいた出発点に戻って、証明可能な現実の代わりに論理と推論を頼みにするわけです。

世間の目はともかく、目下のところは著名な学術誌『ネイチャー』の表現を拝借すれば、「物理学の核心部分を懸けた戦い（battle for the heart and soul of physics）」が進行中なのです。ジョージ・エリスとジョー・シルクというふたりの高名な科学者は2014年に書いた論文で、データと事実を用いずに純粋に思考することのみを頼みにすることに警鐘を鳴らしています。科学は500年もの間、測定と実験を通じて真理を追究してきたというのに、純粋に思考するだけのことが科学と言えるのでしょうか？　ひとたび、存在しないこと、すなわち宇宙のゼロ・ポイントの問題に取り組めば、実験ができる可能性はなくなります。なんと悩ましいことでしょうか。

日常生活になぞらえてみましょう。あなたは都会の混雑した交差点にいて、通りを渡ろうとしているとします。向かいには歩行者用信号があって、青（「進んでよい」）か赤（「止まれ」）が点灯します。交差点にはひっきりなしに車が差し掛かり、赤信号で右折するものもあります。あなたの目的は、車にひかれずに通りを渡ることです。これを実際に難しくするために、セントラルパークの観光馬車を引く馬がしているような目隠しをして、前だけしか見えないようにします。

車にひかれないために、どんな戦略を取れるでしょうか？　あなたの視野はとても狭いので、働きかけてくるものがすべて手掛かりになります。これは、物理学者がブラックホールやビッグバン以前のこと、あるいは量子真空の内側を調べようとしているのとよく似ています。手掛かりがあなたにとってとても役に立つことがわかります。聴力を利用して、車の音に耳を傾けます。青信号が点灯すると、見てわかります。交差点の角にはほかにも歩行者がいるので、そうした人たちを見ていれば、一緒に交差点の中へ進めます。通りを安全に渡るのにかなり良いタイミングを知るわけです。とはいえ、あなたは本当にわかっているわけではありません。車にひかれない確率は高い、そしてそれが、あなたに言える精いっぱいのことなのです。

ブラックホールの内側にある現実は、見たくても見られるものではありません。さまざまな手掛かりをもとに、確率がわかるだけなのです。本書で扱っているほぼすべてのミステリーについて、それと同じことが言えます。科学で扱う物事が小さすぎるか、大きすぎるか、遠すぎるか、まるでアクセスできないかのいずれかのポイントに達したために、世界で最もパワフルな装置をもってしても扱えなくなってしまったのです。この世で最小の粒子は（結局それが何であると判明しようとも）、加速器で検知可能な粒子よりも——何十億ドルかけて建設された世界最大の加速器で量子場から取り出せる最小の亜原子粒子よりも——遥かに小さい10の16乗分の1程度の大きさしかないのです。

よって、私たちは分かれ道に連れて来られたというわけです。一方を示す標識には

「こちらはもっと考えることに向かう道」とあり、他方には「行き止まり」とあります。科学は行き止まりを嫌うので、物理学はますます深く考える方向へ車を走らせ続けるのです。一方の陣営は、実験をするという実績に裏づけられたやり方を通し、いっそう大きな粒子加速器を建設しようとキャンペーンするのです――たとえそんな超巨大マシンに要するエネルギーが、ある計算によれば、地球上の全送電網における全電力に等しいとしても。また別の陣営は、実験をやめて、純粋に思考のみすること――古代ギリシアの方法――を選びます。今は見えない新たな証拠が、いつか自然によってもたらされることを期待して。

シャーロック・ホームズとアルバート・アインシュタインには、共通点がひとつあります。ふたりとも論理を信じていたことです。アインシュタインは、相対論を支える論理に全幅の信頼を置いていました。彼はかつて、ほんの冗談半分ですが、こう言ったことがあります。自分の理論が間違っているなら、「私は神様に申し訳なく思うことでしょう」と。つまり、パンの塊を手に持って、「これは何でできていますか？」と尋ねたら、その最終的な答えが「ないものでできています。でも、それに関して多くのすばらしいアイデアがあります」と考えるのは奇妙なことです。宇宙が何でできているのかというミステリーを探求している現在は、まさにその状態です。もっとましな方法があるはずです。

ミステリーの解明

証拠が隠れているところで問題が起こるとき、科学ではそれをブラックボックス問題と呼んでいます。例えば、新車がボンネットのきっちり閉じた状態で組み立てラインから出てくることを想像してみてください。その車のエンジンは誰にも見えませんが（ブラックボックスの中にあるので）、それでもその車がどのように走るかについてはたくさんのことが言えます。ひとつずつ、事実を集めていくことができるのです。走行中の車が突然停止すれば、いずれあなたは車にガソリンが必要なことに気づくでしょう。また、ダッシュボードが点灯することから、エンジンには何らかの形で電気が含まれているのだろうとあなたは推測します。

ブラックボックスは楽しいと同時にもどかしいものですが、科学者はそうしたブラックボックスを好みがちです。とはいえ、ボンネットが開けられるまでは、車のエンジンが動く仕組みはわかりようがありません。すると、宇宙がまさに究極のブラックボックスであると知れば、不安は掻き立てられるものです。物理学者が宇宙は何でできているか理解に取り掛かろうとすると、すべては出揃っているように見えます。自然法則はよく理解されていますし、物質やエネルギーの性質も十分に研究されています。量子場理論の標準モデルで、４つの基本的な力から重力を除いたすべてが説明できます。たとえ重力が頑固で開示圧力に屈しようとしなくても、解明に向けてじりじりと前進は続いており（現時点で、ループ量子重力理論と超ひも理論の2つが最有力の量子重力理論として競っていて、どちらも極めて難解）、誰もがこうした「急がば回れ」の状態に不満をこぼしているといったところです。

すべてが行き止まりに到達しているのでなければ、ということです。生まれて間もない宇宙は、誰も行けない場所に、あるいは使用された原材料の名前を挙げることさえできない場所にひねり出されました。優れた科学哲学者のルース・ケストナーは、物質的宇宙は『不思議の国のアリス』に出てくるチェシャ猫のようなものだと言っています。実体は消え去って、空中にかすかなニヤニヤ笑いだけが残されているのだと。そして物理学はその猫を説明しようとして、ニヤニヤ笑いを研究しているというのです。無駄な仕事をしているのでしょうか？　チェシャ猫の例えは、物理学者のジョン・アーチボルト・ホイーラーの研究に端を発したものです。先見の明のあるホイーラーは、物質が崩壊してブラックホールの中へ入っていくことを、この例えを用いて示しました。アインシュタインはウィットに富んだ表現でこう言っています。「私の理論の以前には、宇宙からすべての物質を取り除けば、空っぽの空間が残されるだろうと考えられていた。私の理論によれば、すべての物質を取り除けば、空間も消えるということだ！」。物理的実体を持つ構造物全体をブラックホールが文字通り貪《むさぼ》り食うときには、回転する銀河の巨大クラスターでさえ、猫のニヤニヤ笑いに過ぎないものと見なすことは簡単なのです。

　物理学では、現実の唯一の説明を見いだすことが求められています。けれども分かれ道を通り過ぎることはできません。一方の道は物質が実体を持ち、信頼できて、よく理解される場所としての宇宙に向かっています。この道は、現実性に向かう利用可能なルートではないとして、量子物理学が事実上捨てたとはいえ、今もなおたくさんの現役科学者が選んでいます。その理由をこれから見ていきましょう。もう一方の道が向かう先は、物質的な存在は錯覚であるという事実に基づき、宇宙について全面的に考え直すことです。こうしたジレンマはロバート・フロストの有名な詩に似ています。詩は次のように始まります。「黄色い森で道が2つに分かれていた／残念だが、両方へ進むことはできない……」

　量子論で未解決の議論はおおむね、どちらの道を選ぶかにかかっているといっていいでしょう。純粋に思考するのみか、あるいは、新しいデータを得るのか？　フロストの詩にあるように、もどかしくて堪《たよ》らないのは、選ばなかった道で何が起こるのかが絶対にわからないことです。

ブラックボックスをこじ開けること

宇宙の目に見える構成物は、ビッグバンで放たれた物質とエネルギーのごく一部に過ぎないということを、宇宙学者たちは認めています。膨大な創造物の大部分は即座にほぼ消え去りましたが、宇宙方程式からダークマター（暗黒物質）とダークエネルギーは除去されませんでした。例えば、空っぽの空間は、量子レベルでは空っぽではなく、大量の未利用エネルギーを含んでいます。そのエネルギーの正確な量は計算されていますが、宇宙の膨張速度の観測結果による値とはかけ離れています。亜原子粒子は真空から「泡立って」出てくるので、真空に含まれる力には莫大な量のエネルギーが必要とされるのです。1辺が1センチメートルの立方体空間のエネルギー密度は、宇宙定数と呼ばれる数字で表されます。

残念なことに、この宇宙定数の値は観測値とは120桁もずれていることがわかりました。空っぽの空間の密度は、量子論から導かれるものよりも、遥かに低いのです。すると真空状態の内側では、すべての基本的な力が何らかのやり方で混ざり合って相殺されているはずです。このような相殺の完璧さを「魔法のよう」と言う科学者はひとりではありません。それほどではなくても、ダークエネルギーとそれが銀河に及ぼす影響によるとは言えるでしょう。けれども、これまでのところ少なくともダークエネルギーは、実験対象にはできない最たるものです。

実際に創造の隠された側面が、膨張する宇宙を支配していることが判明すれば、私たちは自然法則の定説（標準モデル）を否定する可能性に直面します。要するに、信頼できる固体物質が消えたとき、「物質（マター）」という概念も消えたのです。これは途方もなく重要なことだとわかるでしょう——もしも、私たちが物理的な対象についてのことだと思い込んでいる事柄（岩石の重み、砂糖の甘さ、ダイヤモンドの輝き）が、すべて人間の心の中で作り出されているとしたら。このことから、宇宙全体は人間の心の中で創造されているということが暗示されます——が、私たちはまだ、そこに至ったわけではありません。

量子論と観測値の食い違いの説明として、そもそも物理的宇宙が存在する理由は実際、誰にもわからないということがあります。ビッグバンが起こっているとき、エネルギーは激しい活性状態で、時空の「振り混ぜ《シェイクアップ》」が生じました。そのように乱暴に攪拌《かくはん》されても物質が引き裂かれずに済んだ理由は、物理学の計算ではわかりません。原初の物質が、宇宙方程式の説明するレベルで揺さぶられたとすれば、生まれて間もない宇宙は、凝縮した重力の猛烈な力によって（ブラックホールの内部のように）崩壊してしまうか、生き残っている宇宙は純粋なエネルギーになってしまうかのどちらかでしょう。ところが、物質が出現したことは明らかです。それゆえ、宇宙方程式をあれこれ操作して、物事の状態とぴったり合致させなければなりません。そうした操作は、まるで数字をごまかしているかのように見えるかもしれません。

現実は明らかに物理的に説明しきれません。そして、物理的な箱に量子的な「材料」を絞り出そうとすることは、現実が私たちにさせることではありません。しかし、物理的な実体に第一の価値を置くという信条は、たいていの科学者のＤＮＡに残っています。彼らは標準モデルの成功を指摘して、現存するすべての食い違いを早々に是正することを約束しています。「私たちはほぼ到達している」と考えれば、ますます楽観的になります。宇宙を非物理学的に説明すると、「物質」が使い古された概念であることを認めたうえで、出発点に戻ることになってしまいます。よって、「私たちはほぼ到達している」と「私たちは出発さえしていない」のどちらかと言われれば、大多数の科学者はためらうこともなく前者を選ぶのです。

私たちが見るもの

物理主義の立場に大々的な異議を申し立てる前に、それが積み上げてきた知識に対しては、正当に評価しなければなりません。物理主義は「見たことを信じる（Seeing is believing. 百聞は一見に如《し》かず）」に最大の価値を置き、それに基づいて見事な実績を打ち立てたのです。見るべきことが多いのは確かです。およそ140億光年以内の範囲には（実際の宇宙はそれよりも遥かに大きい）、おそらく800億の銀河が存在するでしょう。天文学者はそれらの銀河を大小で分類したり、渦巻銀河や楕円《だえん》銀河、不規則銀河といった形で分類したり、「標準銀河」（中心部に大きな活動を示していない）か「活動銀河」（膨大なエネルギーを伴って爆発していて、中心部から物質を放出している）に分類しています。

私たちの住んでいる天の川銀河（銀河系）は典型的な大型の渦巻銀河で、これと同様の銀河の内側では、2000億から4000億個の恒星が存在します。そのほとんどが赤色矮星《せきしょくわいせい》と呼ばれる星で、小さくて、弱い光を放ち、赤みを帯びていて、あと数百億年で寿命を迎えます。そうした赤色矮星よりも夜空に見える星は遥かに明るく輝いていて、白みがかった色、もしくは青みがかった色をしています。これらの明るい星は非常に遠くから見えます。ところが、私たちが見ている星空は真の姿を反映していません。赤色矮星を除き、星は高い割合で私たちの太陽と似ており、その星の多くが現在いくつもの惑星に囲まれていることが示されています。これまでに見てきたように、こうした惑星が一定の割合で生命に適した条件を備えているとすれば、ランダム性を信じる陣営は、地球の生命は特別なものと信じている人間原理を支持する陣営よりも形勢有利になります。

［脚注］今日までにＮＡＳＡの惑星探査機（望遠鏡）のケプラーが、深宇宙で地球に似ている可能性を持つ１０００個の惑星を見つけています。本書の執筆中に、新たに候補惑星のケプラー４５２ｂも加わりました。地球から１４００光年に位置しており、そうした可能性のある惑星としては極めて近いものになります。このケプラー４５２ｂは、大きさと、公転の中心の星からの距離によれば「ゴルディロックス」ゾーンに位置していて、つまり、暑すぎず寒すぎないために海が維持され、生命に適した星と考えられています。

宇宙の全体には、10の23乗個（つまり1の後に0が23個並んでいる数）の星が含まれています。驚異的な数ですが、さらに驚異的な数字を示しましょう。膨大な数の発光する物質が星を形作り、銀河を輝かせています。星は地球上の砂粒よりも数が多いとはいえ、その質量の合計は、観測可能な宇宙の全質量の10パーセントに過ぎません。陽子や電子でできている通常の原子の全数を計算すると、10の80乗個、つまり1の後に80個の0が並ぶ数になります！　これは、地球の25かける10の27乗個分に等しいものです。

ところがここから、目に見える道筋が徐々に消えていきます。というのも、これらの発光する物質をすべて合わせても、宇宙に存在する「材料」のおよそ4パーセントにしかならないからです。それ以外、つまりおよそ96パーセントは、「ダーク（暗黒）」なので、見えないし知られていないものなのです。ところが、少なくとも私たちの手元には信用できる宇宙の「棚卸表」があります。NASAのウィルキンソン・マイクロ波異方性探査機（WMAP）によって得られたものです。それによれば、通常の物質が4・6パーセント、ダークマター（暗黒物質）が24パーセント、そしてあとの71・4パーセントはダークエネルギー（暗黒エネルギー）です。宇宙の大部分は少なくとも極めてエキゾチックといえます。それどころか、まさにブラックボックスでしょう。

現在では、ダークマターとダークエネルギーは、骨の折れる複雑な論理的思考を積み重ねて系統立てられた推測によるものです。それらの実在については、「見たことを信じる（Seeing is believing. 百聞は一見に如かず）」とは何段階もの隔たりがあります。物理学がファンタジーを弄《もてあそ》んでいると警告する人々もいます。想像してみてください。動物界を見渡すと、馬が平原を走っています。次に、角をひとつ持つ海の哺乳類《ほにゅうるい》のイッカクを思い浮かべてください。これらの目に見える事実から、馬の体でイッカクのような角を持つユニコーンが実在すると言われたら、納得できるでしょうか？　私たち現代人の答えはノーですが、中世ではそのように現実と架空の話を厳密に区別していませんでした。今の宇宙論は、クォークや超ひも（超ひも理論の単位である仮説粒子）からマルチバースまで、数学的推論のみにより生み出された架空のあれこれを、たっぷり寄せ集めて抱え込んでいます。

ダークマターは推論による現実の最たるものです。第一に、ダークマターは典型的な銀河に存在するすべての星の高速回転から推測されています。星は、物理学が説明できない何らかの外部の質量の重力によって、引っ張りまわされています（NASAはそれと同じ方法で重力を使います。宇宙探査機を木星や土星のような大型惑星に近づけるときに、惑星の重力をパチンコのように働かせて、惑星のそばを通り過ぎる際に探査機をスピードアップさせるのです）。通常測定されている典型的な銀河は、あるいは既知の宇宙でも、質量が不十分のために、観測される回転の説明ができません。

第二に、ほとんどの銀河は集まって、さまざまな大きさの銀河団を作っています。わずか数個の銀河でできている小さな銀河団もあれば、数万もの銀河を含み、途方もない量のX線を放射しているような、非常に大きな銀河団もあります。これらの巨大銀河団も、銀河団内の星かガス物質のどちらかの質量が（X線によってのみで観測されますが）、計算値よりも遥かに大きく思われます。推論によれば、さらなる物質が銀河団の内部のどこかに含まれているはずです。最後に、遠くのほうにある銀河は、そうした銀河の出す光がもっと近くの銀河団（弾丸銀河団など）を通過する際に観測され、そのとき、近いほうの銀河団の内部の重力場が重力レンズのように働くため、通過する光は曲がって進むことから、銀河団の内側にはかなり多くのダークマターが存在することを示します。以上3つの証拠については、重力という同じ変数に基づいて、広く認められています。裏づけのある正確な予測値が得られているのです。導かれた推論は脆弱ではありませんが、十分なものとも言えません。

これを説明するために、次のような想像をしてみてください。あなたは窓のない部屋にいるとします。その部屋は星のように回転しています。あなたは遠心力を感じ、壁にぶつかって跳ね返ります。するとあなたは、何かが外から部屋を引っ張っているのだろうと推測します。それは有力な推論ですが、その限界も理解できるでしょう。外部の力はどこから来たのか（竜巻が発生した、ゾウが怒っている、巨人が玩具《おもちゃ》で遊んでいる？）、推論だけ進めても、現実的には言えることは何もありません。部屋の中でわかるのは力の強さだけで、いくら精密な計算をしても何も言えません。

ダークネスが支配するとき

ダークネスは創造において支配的に見えるので、宇宙は何でできているかというミステリーの解決に向けては、そこを出発点にしなければなりません。――そしてほぼすぐに立ち往生です。現在、ほとんどの宇宙学者はダークマターが「冷たい」、つまり、ダークマター粒子が、ビッグバンから1年以内には光速に比べてゆっくり動いていたと考えています（もちろん、現時点ではこれらの粒子は憶測の物質に過ぎません）。ダークマターには、熱い、温かい、冷たい、という3つのタイプがあるとされています。例えば、ニュートリノという亜原子粒子は、熱いダークマターを構成している候補に挙げられており、通常の物質の領域に最も近いものとされています。温かいダークマターは、「褐《かっ》色矮星《しょくわいせい》」として存在すると考えられています。この天体は小さすぎて、普通の星のように熱核反応で輝くことができません。

もっとしっかりした根拠があることとして、現在では、冷たいダークマターは、弱く相互作用する重い粒子、すなわち、略称でＷＩＭＰｓと呼ばれる重くてゆっくりと動く粒子でできているということで、広く同意されています。このＷＩＭＰｓというふさわしい名前の粒子は、重力と弱い力を通じてのみ相互作用します。この粒子が完全に隠れてしまっていないのは、宇宙全体に分布しているためであり、全物質の大きな割合を構成して、強力な重力を働かせているおかげでもあります。

ダークエネルギーは、それよりかなりエキゾチックで、遥かに大きな存在感があるように思われます。ダークマターは目に見えないとはいえ、重力による引力で、目に見える宇宙に影響を与えているのに対して、ダークエネルギーは反重力として作用して、宇宙を大規模に（例えば、銀河や銀河団の規模を超えて）引き裂くのです。実際にはそれがどのように起こるのかは、理論的な説明が求められている大きなミステリーです。それにしても、銀河同士が互いに加速しながら離れていくスピードの正確な測定値が求められています。何個の星を考慮に入れるかによって（重要な星は非常に遠くの超新星です）、ダークエネルギーの価値はかなり変わります。そもそも銀河は加速しているのかと疑う人々もいますが、加速していなければダークエネルギーの価値は根本的に損なわれるでしょう。とはいえ現在では、ダークエネルギーを伴う冷たいダークマターは、宇宙論の標準モデルと見なされています。私たちはたぶん、ダークエネルギーに支配されている平坦な宇宙に住んでいて、宇宙にはより少量のダークマス（真っ暗な塊）が存在し、そして、いっそう少量の明るい物質、つまり通常の物質が存在しているのでしょう。

全く別の見方をすれば、ダークネス（闇）は宇宙の本当の姿というよりも、むしろ宇宙の観測方法の一例になりうるでしょう。亜原子粒子を叩き出して目に見えるようにする巨大粒子加速器は、わずか数十億分の1メートルで数十億分の1秒間という、最も小さなスケールで稼働します。そうした種類の観測は、大きさが数十億光年という、最大スケールで働くダークマターの影響と換算できるのでしょうか？　イエスかノーかを答える前に、今日、私たちが目にするものが大昔に存在したものと同じかどうかを疑わなくてはなりません。同じでないことは、ほぼ確実です。銀河がスピードをどんどん上げて互いに遠ざかる加速が始まったのは、宇宙の歴史のかなり後の時代で、今から60億年ほど前のことです。宇宙学者は、それ以前は膨張が実は減速していたと考えています。なぜなら、ダークマターとダークエネルギーが膨張する宇宙で違った進化をするからです。初期に宇宙の体積が2倍になったとき、ダークマターの密度は半分になりましたが、ダークエネルギーの密度は一定のままでした（そして、今でも一定です）。それらのバランスがダークエネルギーの側に傾いたとき、減速から加速に切り替わったのです。「私たちは出発さえしていない」と主張する側の陣営は、標準モデルにおける食い違いによって勢いづいています。全く新しい考えとして理解するべきものとは何でしょうか？　その答えを求める旅は、フォン・ノイマンが不可欠《エッセンシャル》なものと呼んだ現実性の心理学的側面から始まります。ノイマンを支持しているのは、量子時代初期の発見以来の優れた物理学者たちです。マックス・プランクは、現実性は基本的に意識を含むのだと強く主張しました。プランクはこう言っています。「すべての物質は力によってのみ発生し、存在するのだ。われわれはこの力の背後に、意識を持つ知的な精神が存在することを前提としなければならない。精神はすべての物質の母体なのだ」

これはつまり、物質の集まりは、もはや空から舞い落ちてコートの襟に降りかかる雪のように「あちら側」で漂っているものではなく、むしろ、考えや夢が保持されるのと同じ母体に物質も含まれている、ということです。精神は物質よりもいっそう基本的であるとするプランクの信念は、次のとおりわかりやすく示されています。「私は意識を基本的なものと見なしている。私は物質を意識からの派生物と考える。……私たちが話題にするもの、存在していると見なすものすべては、意識を前提とするのだ」

あなたが全く新しい考えを探しているのなら、それはしばらく前から既にあるのです。欠けているのは受け入れることです。そこで、これから受け入れに取り掛かってみましょう。

現実性は心理戦である

パイオニアは、その名のとおり冒険的です。とはいえ、プランクは何に突き動かされて、宇宙は精神のようなものだという確固とした信念を持って、シュレーディンガーと研究をともにするようになったのでしょうか? 言葉にする必要のないぐらい基本的な事実に立ち返れば、つまり私たちが経験するものすべてはそれぞれ、ひとつの経験であるということです。このことから何かが実際にわかるでしょうか? 熱いコーヒーで舌をやけどすることは、もちろんひとつの経験です。そして次のことも、同じように経験と言えるのです。宇宙探査機のニュー・ホライズンズを製造すること、そして、巨大なロケットで打ち上げて、時速3万6000マイル(5万7900キロメートル)で宇宙空間を飛ばせて(木星の周りをスイングするときは時速4万7000キロメートルまでスピードアップし)、冥王星までのほぼ60億マイル(97億キロメートル)に及ぶ旅の間9年間待ち、それから、太陽系の最後のおもな天体の初めての接近写真をニュー・ホライズンズが送ってきた2015年7月14日の天文学者のように、歓声を上げることも。

舌をやけどすることと冥王星の写真を撮ることが、経験としては同等の位置づけなのです。そして、どんな種類の科学の実践もひとつの経験です。それゆえ、プランクはこの事実の重要性を——常に、そして徹底的に——主張していました。薔薇の香り、火山の噴火、シェイクスピアのソネット、宇宙探査機——これらはそれぞれ全く異なるものですが、そのぐらい異なるものを同じレベルととらえることができれば、もはや現実性の「母体」は物理的ではありません。そう考えれば、物理的な「材料」が到達した行き止まりに到達したとき、大きな強みになることでしょう。全く新しいパラダイムへの変化によって簡単になったのは、ダークネスがもはや異質なものと考える必要がないということです。母体はダークネスを含んでいても、問題はありません。なぜなら、宇宙にある材料はすべて、心的材料だからです。

ここで物理主義者は横槍《よこやり》を入れてきます。固体である物体を消すことは、何もないところから物体を取り出すことに比べれば子どものお遊びだというのです。心的材料は質量やエネルギーを持たないのに、どうやって質量とエネルギーを作り出せるのか？　というわけです。物理主義者なら、プランクが意識と呼ぶ母体は、謎がひとつも解けていない宇宙に過ぎないと主張するかもしれません。「意識」というラベルにこだわっていては、たいした答えは出てきません（この懐疑的な態度は、「物質が何だって？　気にするな。心とは何だって？　関係ないね」と言い換えられてきました）。公平に言って、両方の陣営は、等しいながらも逆の困難に直面しています。一方の陣営は、物質の宇宙が心的現象をどのように発達させたかを示す必要がありますが、他方は、宇宙の心が物質を作り出した方法を示さなくてはなりません。一見したところ、私たちは神学の大きなぬかるみの中に戻ってしまっています。それらのどちらかを神はどのように実行したのか、答えが示されていないのです。

観測者問題が持ち上がる

ジョン・フォン・ノイマンが定式化した量子力学には、心理学的要素が取り込まれています。ノイマンは両方の陣営に属していたようです。ところが、それは不安定な立場です。例えばノイマンが正しかったとして、現実性は個人的経験と不可分だとしましょう。これは経験が量子レベルに入り込む方法の説明になっていません。主観性は、現実性を変える強い力であることに疑いありません。例えば、ユーモア作家のギャリソン・キーラーが構成と司会をしているラジオの人気バラエティ番組『プレーリー・ホーム・コンパニオン』で、こう言っています。「まあ、これもウォベゴン湖からのニュースですが、ここでは女性はみんな強くて、男性はみんなハンサム、子どもはみんな平均を超えています」（ウォベゴン湖はキーラーが作った架空の湖）。ここでは主観が現実性を覆していいます。でも、主観が現実性を作り出すと考えるのは、別問題です。

主観性を客観性の反対として見ることをやめれば、問題は容易になります。両者は実は、お互いがまとまってひとつになるのです。なぜそれがわかるのかといえば、経験の主観的な部分は取り除いたり切り離したりすることができないからです。言い換えると、すべてのものが経験であるとき——そしてすべてのものは実に経験なのですが——、主観性は常に存在しているはずなのです。

当然ながら物理主義者の陣営は、この主張に対して極めて強く抵抗しています。1世紀の間、この争いの種は観測者問題として知られてきました。何かを測定するには、科学はまずそれを観測しなければなりません。古典物理学の世界では、私たちの前にあるものが何であれ、観測するのに問題はありませんでした。オタマジャクシであれ、土星の環《わ》であれ、プリズムを通って屈折した光であっても。実験者が部屋を出ていくこともできて、誰に交代しようとも、観測に何ら変わりはありません。

見ている行動それ自体が観察中の対象物に変化を引き起こすなら、観測者だけが問題になります。人間の世界では、年がら年中こうしたことに出くわします。誰かが愛をたたえた目であなたを見つめれば、あなたは変化する可能性が非常に高いでしょう。逆に、相手があなたに無関心になったりとげとげしくなったりしても、やはりあなたは変化するでしょう。その変化は、体の奥深くまで広がって、体内の物理的な反応につながります。あなたの顔が赤らんだり、鼓動が激しくなったりするなら、単なる見かけに対して、あなたの生理的な化学反応が生じていることになります。観測問題が量子物理学において独特なのは、観測行為によって時空に粒子を発生させるのが可能なことです。これは量子物理学でいう、波動関数の崩壊です。つまり、目に見えない全方向に無限に広がる確率波が、状態を変えて、粒子が突然見えるようになることです。

量子力学の基本のひとつは、量子（例えば光子や電子）が波として、あるいは粒子としてふるまう可能性があることです――これに異議を唱える人はいません。論争になっているのは、単純な観測行為が波動関数の崩壊を引き起こすかどうか、という点です。物理主義者側は、ものはものであるというだけのこと、観測者が粒子を量子場から発生させるというのは神秘主義であって、物理学ではないと主張します。とはいえ、最も広く受け入れられている量子力学の説明であるコペンハーゲン解釈（この名称は、研究がデンマークの物理学者のニールス・ボーアによって、コペンハーゲンの彼の研究所で行われたことに由来する）によると、観測者は波と粒子の交差点にあるとのことです。

ただし、今のところ、見る行為が物理的な物質に影響を与えうるメカニズムは解明されていません。つまり、何かがこっそりと進行しているはずなのです。観測者Aが物体Bを見るとします。「観測者A」は質量や位置、運動量など、「物体B」についての何かを測るという意図を持っています。この意図が明確にされた瞬間に、物体は従います――これが「こっそり」の部分です。これについては、誰ひとりとして一般に認められるような説明ができていません。ハイゼンベルクはこれを極めて明確に、「私たちが観測するものは自然そのものではないが、自然は私たちの探求方法にさらされるのだ」と表現しました。観測者は観測対象とは切り離せないのです。なぜなら、自然は私たちが探したいものを私たちに与えるからです。宇宙全体は、ウォベゴン湖に似ているように思われます。

さて、ここで観測者問題（コペンハーゲン解釈においては、観察者効果）を、「宇宙は何でできているのか」というミステリーにまで広げてみましょう。ハイゼンベルクが言うように、「原子や素粒子は、それら自体が現実のものでない」ならば、宇宙は何でできているかを問うのが、誤った質問になります。錯覚から果汁を絞り出すようなもので、うまくいかないのです。宇宙は、「宇宙が私たちに見せたいもの」でできています。物理主義者はそうした話を耳にしたとき、あきれて目をむきますが、確かな事実は否定のしようがありません。波動関数の崩壊は、これまで誰も見たことがないのです――観測可能な事象ではないのです。ところが一方、不確かさと確率の観点から物質のふるまいを計算することは、見事に成功することがわかっています。量子物体は因果関係の常識的なルールに従わないのです。

これらの事実を考え合わせてみましょう。それで浮かび上がる事実は、「材料」でいっぱいの宇宙ではなく、謎の変化をして「材料」になる可能性でいっぱいの宇宙です――この変容は、私たちが当然のように思っている実際の見た目よりも、もっと現実的だというのです。「宇宙は何でできているのか？」という疑問に対しては、今までにこれより良い答えがありません。不平をこぼす物理主義者でさえ、波動関数の崩壊が変容であることを認めざるを得ません。帽子からウサギを取り出すというのは錯覚ですが、場から光子を取り出すのは現実であるというのです。

コペンハーゲン解釈（それを含めてどの解釈が好みであろうと現代物理学のすべて）にとって残念なことに、ここで行き止まりです。実験室の観測者は光子に影響を与えうるのですが、これは日常生活からかけ離れています。宇宙全体、つまり星や銀河を見ることで、あるいは、樹木や雲、山々を見ることで、それらを実際に変容させることができるでしょうか？　この考えは現時点ではばかげているように聞こえますが、実際に、それがヒューマン・ユニバースの基本として主張されているのです。私たちはそれを示すところには至っていません。こうした障害物を避けるために、精神が宇宙の単なる一要素ではなく、創造物のすべてのふるまいの基礎にある要素だということを証明しなければなりません。この問題は不気味に迫りつつあります。ひとつずつミステリーが現れるのです。

5

宇宙にデザインはあるか？

私たちが住んでいる宇宙には、グランドデザイン（全体構想）があるのでしょうか？ この質問は、「インテリジェント・デザイン」によって科学者コミュニティに警鐘が打ち鳴らされるよりもずっと前から、人々の激しい反応を呼ぶ質問でした。インテリジェント・デザインは、旧約聖書の『創世記』を信じることに基づきますが、質問の基準を下げて「神は創造において何らかの役割を果たしているのか？」と尋ねても、同じように炎上が巻き起こるでしょう。科学がアンチ・デザインであるのは、科学の宗教に対するスタンス（宗教は研究室に立ち入り禁止）、政治問題に対するスタンス（政府の資金提供に対しては教会に口出しさせない）、合理性に対するスタンス（神や神々がグランドデザインを作り出したことを示すデータは存在しない）のためです。

ランダムな宇宙は、デザインの考えを排除します。亜原子粒子の発生からビッグバンまで、すべての事象が偶然発生するなら、宇宙の進展を監督するデザイナーは必要ありません。ではなぜ、解決すべきミステリーがあるというのでしょうか？ それは、私たちの心が2つの世界観の板挟みになっているからです——エレベーターが2つの階の中間で動けなくなっているようなものです。ラドヤード・キップリングが書いた童話『ヒョウにまだらのできた話』では、エチオピア人の狩人がヒョウにまだら模様を描いたので、ヒョウは「染みみたいで継ぎはぎみたいなまだらの影」の中に溶け込んでいきました。現代の科学では次のように意見が一致しています。暗闇《くらやみ》や森の木漏れ日の中で狩りをする大型ネコ科動物に、まだら模様や縞《しま》模様の場合が非常に多いのは、その進化によって大型ネコ科動物は、身を隠しやすくなり、食糧を得るための狩りがしやすくなるからです。これに対して、開けたところで狩りをする大型ネコ科動物は、飾り気のない無地の毛皮を持つものが多いのです（ただし、どんなルールにも例外はあるもので、チーターは開けた場所で獲物を追いかけていますが、まだら模様をしています）。

キップリングと進化生物学者は同じ答えを見つけ出しそうに思われます。ところが、そうではありませんでした。「エチオピア人の狩人」の代わりに、神か母なる自然、あるいは何であれ好みの「デザイナー」を当てはめてみてください。キップリングは子ども向けの風変わりなお話という形で、まだら模様を理由があってヒョウに与える世界観を忠実に守っているのです。まだら模様の理由は、カモフラージュということが前もってわかっています。この世界観に必要なのは、特に神というわけではなく、ヒョウがまだら模様になった創造の理由があればいいのです。エチオピア人の狩人がヒョウを鮮やかなオレンジ色にしなかったのは、そんな色にすれば肝心なことが台無しになるからです。

これに対して科学は、その理由を後づけします。結果としてのものであって、原因ではありません。ヒョウのまだら模様はランダムにできたもので、モルフォゲンとして知られる2つの特定の化学物質の相互作用によるものです。これらの化学物質は、口蓋《こうがい》（口内の上側面）を舌で触ると感じられる隆起も含め、あらゆるパターンを作り出します。モルフォゲンが含まれるランダムな突然変異や、モルフォゲンの相互作用を通じて、遥か遠い昔、ネコ科動物にまだら模様が発生し、カモフラージュとして働くことになったのです。動物自身はそれがカモフラージュとは知りません。自分の見た目については何ひとつ知らないのです。ダーウィン主義で唯一重要なのは生き残りであり、まだら模様と縞模様のネコ科動物が、木漏れ日の中で優れた狩人として生き残っているということです（ネコ科動物のまだらや縞のパターンもランダムです。この模様の配置を、第二次世界大戦で暗号解読者だったイギリス人のアラン・チューリングが、コンピューターモデルを使って予測しました）。

ではなぜ、エレベーターが2つの階の間で動けなくなっているように、私たちも世界観の間で動けなくなっているのでしょうか？　なぜなら私たちの心の中に、まさにキップリングが言ったような、ヒョウがまだら模様を持つ理由があり、それと同時に私たちは、科学者の言うような、まだら模様の背後のメカニズムも受け入れているからです。自然界のすべてのものには絶対に意味がないということを、人間の心に受け入れさせるのは非常に困難ですが、要は、ダーウィン主義も、ビッグバンも、宇宙のインフレーション（膨張）も、太陽系の形成も、すべてそういうこと――創造物から、目的や意味といった人間の考えを剥ぎ取ることなのです。

科学者は、デザインという言葉をひどく嫌っています。というのも、彼らが滅びたと思った世界観から、闇討ちをされたように感じるからです。ところが、現在の激しく反応しやすい世論をはばからずに言えば、「デザイン」「パターン」「構造」「形」といった単語は類義語です。「デザイン」を特別デリケートにとらえるべき合理的理由はないのです。

とはいえ、私たちは現実的でなくてはなりません。言葉には歴史があり、「デザイン」の歴史は天地創造説と結びついているので、多くの科学者にとって不快なのです。創造論者は、科学がインテリジェント・デザインの考えを支持すると訴えるキャンペーンを張って、『創世記』をアップデートしています。声を大にして反対サイドで意見を述べる人々は、これを科学の完全性に対する脅威ととらえています。現実的にはインテリジェント・デザインという説は、信心深い人々と、多くの人が楽しめる物語だと気づいたマスメディアを引きつけています。

学校のカリキュラムで創造説に科学と等しい時間をあてようとする試みは、法廷によって却下されています（残念ながら、いくつかの例外がいつまでも残っていますが）。この分野に再び取り組むのは、無茶だと思われます。ところが、立ち往生しているエレベーターはピクリとも動きません。自然界を見回すと、あらゆる場所にデザインが見えます。これは心による幻覚に過ぎないのでしょうか？　虹を驚いて見つめているクマやカエルはいません。彼らにとっては、美しい虹色の弧は存在しないし、それどころかパターンなど全く存在しないのです。虹の美しさの説明は、本質的ではないのでしょう。たぶん、全く血も涙もないことを次のように尋ねるべきなのです。宇宙にはデザインによるものが、何か、ひ、と、つ、でもあるのでしょうか？

ミステリーの解明

ランダム性を信じているにもかかわらず、科学者は日頃から原子の構造に言及します。渦巻銀河は、人が無邪気にデザインと呼ぶ、認識可能なパターンを形作ります。それを念頭に置くと、「デザイン」「パターン」「形」「構造」のごたごたした問題の全体は、次のように明快に説明できます。宇宙は混沌から秩序が出現したおかげで存在します。形と形のないものが取っ組み合いをして、それが現在もなお宇宙全体に私たちとともに存在します。現代物理学は、目的と意味を欠いたランダムなプロセスに基づいています（私たちは「木星で重力は何を意味するのか？」といった質問はしません）。それでも人生には、科学の探求などといった目的と意味があります。これらは何に由来するのでしょうか？

もちろん、物理学を記述する数学という言語はデザインのあらゆる質を示します。そうした質として、バランス、調和、対称性、それから人によっては、美しさも挙げるでしょう。中国の書道では、一筆で完全な円を描く能力が師範の証《あかし》で、書の専門家はその描かれたものに美を見いだします。あるいは、電子は、少なくとも最低エネルギー軌道では、原子核の周りを完全な円を描きながら回っています。それは美しいデザインでもある、と言えませんか？　次に挙げるのはすべて、自然界の螺旋《らせん》、つまり渦巻型の例です。オウムガイ、ヒマワリの種の配列パターン、そしてＤＮＡの構造。どれがデザインとしてふさわしいと思いますか――一部でしょうか、全部でしょうか、あるいはいずれもふさわしくないでしょうか？

完全なランダム性を頼みにする科学は、宇宙を説明するには、ほど遠いものです。科学の合理的な活動の内側では、いまだに議論すべきことが山積みです。なぜなら宇宙を謎に包んでいるのと同じ毛糸球に、インテリジェンスとデザインも絡まっているからです。私たちは何の計略もなくもつれをほぐそうとしていますが、やがて隠れた計略の一部があらわになるでしょう。

私たちはボーアとハイゼンベルクの見事な洞察を受け入れています。自然は、観測者がたまたま調べている性質を表示する、というものです。この考えがデザインに関連するのは確実です。薔薇についてのすべて——豊かな深紅色、ビロードのような質感や鋭いとげ、豪華な香り——は、観測者がいなければ存在しません。ところが、あなたの心は、咲き誇っている豪華な赤い薔薇を留めておけます。なぜなら、人間の脳は生データを変容させ、つまり解釈して、見えるものや音、手触り、味、匂《にお》いといったものに変えるのです。それを見る誰かがいなければ、世界に一筋の光さえ存在しないということです。なぜなら、光子はそれ自体で明るさを持つわけではないからです。脳の視覚野の漆黒の闇に包まれた奥底で、純粋に化学的および電気的なインパルスが視神経を伝わって、光に変容するのです。

脳は完全な闇なのに、世界は光に満ち溢れているという事実は、ミステリーの中のミステリーと呼ぶことができるでしょう。そして、私たちはそれに取り組む準備がまだ足りていません。差し当たっては、観測者と観察対象をつなぐ結び目を見据えておくことです。それが脳に自然の原材料を処理させて、美しい赤い薔薇に変えるのなら、同じ処理がデザインも作っているのでしょうか？　明らかに、答えはイエスです。芋虫が薔薇の上で花びらをかじっていれば、1時間ほどで薔薇の美しさを損ねてしまうでしょう。でも、芋虫が損なった薔薇の美しさは、人間によってそこに存在したのです。薔薇を餌《えさ》にする昆虫にとって、花はただの食糧に過ぎません。

美しさを作り出すのは、実際は脳ではなく、心であるということです。薔薇に対するひどいアレルギーを持つ人は、それがあまりにも厄介であるために、薔薇を美しいと思わないかもしれません。そうした人も、薔薇を描くナポレオン時代の有名な画家のピエール＝ジョゼフ・ルドゥーテと同じ脳のメカニズムを備えているでしょう。でも、両者のマインドセットは同じではありません。そして、薔薇が美しいのは、人間の心が薔薇の中に美を見いだすからというだけの理由なら、宇宙全体についても同じことが言えるのではないでしょうか？　このような疑問の提示は、愚かにも見えますが、危険な意味合いもあります。

この問いに特にひどく動揺する陣営は、素朴実在論として知られています。科学の議論では、素朴実在論者は常識の偉大なる擁護者で、現実性を用いて、自分たちの地位を固めることに熱心です（素朴という言葉には、非難の意味は含まれません。考えすぎることに対して反対する人々というだけの意味です）。

ここで、人間の脳に当てはまる既知の事実を2つ示します。

- 多くの考えには情報が含まれる。例えば、1足す1は2、といったこと
- すべての考えはニューロンの発火と同時に起こる

この2つの事実に異議を唱える人はいないでしょう。そして、素朴実在論者によれば、脳の神経活動を脳スキャンで測定すれば、脳が心を生み出すことや、脳が基本的に『肉でできたコンピューター』であること（これは人工知能（ＡＩ）の分野でよく使われている嫌な表現ですが）が十分に理解でき、そして、脳に引き起こされたすべてのミステリーが、脳の物理的な構造と動作を調べることで解決できるというのです。

推測では、神経科学者の90パーセントと、さらに大きな割合の人工知能研究者が、上記の考えを信じています。このことから、素朴実在論がいかに根強く支持されているかがわかります。けれども別の角度から見れば、ＡＩは明らかに誤りを犯しています。あ

なたがパソコンにドイツ語のページを英語に翻訳するように要求すると、翻訳プログラムはほとんど即座に実行できます。これは、あなたのパソコンがドイツ語を知っているということでしょうか？　もちろんそうではありません。思考の人工的模倣は本物ではありません。翻訳プログラムは、単語とフレーズを辞書にマッチさせることでこの仕事をします。ドイツ語を知っている人は、そんなことをしているわけではありません。思考は心を必要とする、そういうことです。たとえ、脳についての2つの事実が真であっても、脳が心を作り出すことと、パソコンと脳が同じであることが、自動的に真であるとは言えません。これらは単なる仮説です。そして素朴実在論には、未検証のまま受け入れられている仮説がほかにもたっぷり存在します。デザインの厄介なミステリーは、試験なしの仮説によって解決がいっそう困難になっています。けれども、たとえ隠されているにしても、仮説はいまだに存在しています。素朴実在論は、所与のものとしての現実を見るだけなので、心の果たす役割を軽視しています。「guten Morgen《グーテン モルゲン》」から「good morning《グッド モーニング》」に変える翻訳プログラムは、心が働くのと等しい、ゆえに、人間の心に似ていることが証明されている、というのが多くのＡＩ専門家の考えです。ところが、心が実際に宇宙の主役とすれば、素朴実在論は完全に間違っています。たとえどれほど多くの科学者が素朴実在論を信じていようとも。

　宇宙による心に似たふるまいについては、ここまでしばしば議論してきました。今、私たちはその最大の挑戦者たるランダム性に立ち向かう準備ができています。ランダム性には「目的を持たないこと」という意味が含まれます。けれども両者は同じではありません。それをこれから量子活動との関連で示していきましょう。宇宙が全くランダムで、目的を持たないものならば、デザインを発見する可能性は全くなくなります。その一方で、量子論が目指すように、ランダム性と和解する何らかの方法があるなら、宇宙は心のようなふるまいに少しずつ近づきます――心のような、というより、人間の心のふるまいに。椅子に座って足をぶらぶらさせているとき、心は多かれ少なかれランダムに動いています。間食しようとして冷蔵庫に向かうときには、足は意図的に動きます。このことから、最も単純ですが核心を突いた手掛かりが得られます。ランダム性とデザインは互いに、もともと体の中でも思考の中でも、協力し合っているのです。全くの偶然というもので科学の実践ががっちり閉じられている部分を、この洞察によってこじ開けられるかどうか、これから見てみましょう。

偶然の機会に賭けてみる

　ランダム性の神は、自然科学者（物理学者）が、気体分子のふるまいなどといった基本的な現象を説明したいと考えたときに、あまり目立たずに登場しました。太陽光線の中で埃が舞っているのを見れば、その動きはランダムです。これが提起するのが科学的な問題です。ある一片の埃がその後どこに移動するのかは、どのように予言できるでしょうか？　不可能もしくは、ひどく難しいでしょうか？　気体に関しては、各粒子の個々の動きをランダムとすれば、気体分子（埃の数より遥かにたくさん）のふるまい全体がわかります。そうすると、それぞれの粒子の空間内の位置は特定できません。

　たとえ個々の分子のミクロの（微視的）性質はわからなくても、分子の集まり全体の平均的なマクロの（巨視的）性質は容易に定義できます。舞い踊る気体分子の性質は、熱力学と呼ばれる物理学の一分野で扱われています。なぜなら、気体の熱、すなわち熱的状態は、温度が上がるにつれ、分子の動きを速めるからです（沸騰している水が急速な動きで泡立つのはそのためです――熱によって水分子は、蒸気という遥かに激しく運動する状態に変わるのです）。平均的な動きは、たとえ個別の分子の動きがわからなくても、正確に用いることができます。よって、たったひとつのパラメーター、すなわち温度を知ることによって、ランダム性を実用的な問題として扱えるのです。

こうした平均化はどこまで合理的にとらえることができるでしょうか？　この疑問は十分に検討されていません。平均化することで、得られるのと同じぐらいの知識を失う可能性もあります。交通量の多い高速道路の上空を飛んでいるヘリコプターからは、特定の車がどの出口を利用するかは予想できません。統計平均を用いると、道路のホリスティックな交通状況については信頼できる数字が表れますが、最も重要な点が完全に見過ごされています。つまり、この場合のランダム性は全くの錯覚なのです。ドライバーはそれぞれ、自分の行き先を知っているので、自分に必要な出口を選びます。ドライバーの動きは、傍《はた》からはランダムに見えていようとも、ランダムな意思決定はしていません。この差異は、いろいろなことにつながってきます。自分の頭に次に浮かんでくる考えは予想できませんが、さまざまな思考を全くのランダムと呼ぶのは、的外れもいいところです。

今日の夕食は何にしようかと考えているとき、ランダムな物思いにふけっているわけではありません――考えていることには、何らかの目的があるのです。とはいえ、誰でも空想にふけることはあって、ふと浮かんだ考えが、心の中で精神的な糸くずのように漂うことがあります。ゆえに、ランダムな機会（偶然）というものにきちんと取り組むことは、単に不可解な事柄を扱ったり、ある種の知的ゲームをしたりすることではありません。ランダム性が私たちを惑わしうるやり方はさまざまです。その多くは、誰が何を観測しているかにかかっています。例えば、ある画家が絵を描いていると、アリがパレットの上を這《は》っていくとしましょう。画家の絵筆の先がランダムに赤、青、緑、とパレットの絵の具をつけていきます――アリには、次に筆先がどの色をつけるのかわかりません――が、画家にしてみれば、それをランダム性というのは錯覚で、筆先を絵の具につけるたびに、芸術的な創造における目的を果たしているのです。

混じりけのないランダム性は、あなたがそれに執着していなければ、物語の全体を表すことは決してありません。素朴実在論者は、光の筋の中を埃が舞っているのを見て、気体分子がぶつかり合っていることをわかっていますが、観測の有用性に寄りかかりすぎて、ハイゼンベルクが見事に直観した可能性を意固地なほど無視しています。自然はすべての観測者に、それぞれが探しているものを与える、という可能性を。

秩序と混沌の区別は、古典物理学では比較的易しいものでしたが、量子時代には遥かに曖昧《あいまい》になりました。量子力学では、原則として粒子はランダムにふるまうと説明されたのです。ある部屋の中に存在するすべての空気分子の位置を特定しても実用的ではありませんが、古典物理学では、無制限にスピードを上げてお金をかけた架空のスーパーコンピューターを使えば、各分子の位置と、それの1時間後の位置が計算できるというのです。

量子宇宙の亜原子粒子は、そうではありません。不確定性原理によれば、粒子の位置と運動は同時に確定せず、それらの確率しか言えない、というのです。部屋に存在するすべての酸素原子が、部屋の一角に集まっているという確率はどのぐらいでしょうか? 事実上、見込みはゼロです。それでも、シュレーディンガー方程式として有名なすばらしい計算によって、極めて小さい値ですが、そうした事象の厳密な(小数点以下の数字がたくさん並ぶ)確率が求められています。もはや平均化を使う必要はありません。ランダム性によって、遥かに実用的でエレガントな計算方法が見つかったのです。

ところが、このようにうまい方法が見つかったからといって、秩序と混沌のバランスの解明が同じぐらい進展したということではありません。どのように一方が他方に変わるのかは、説明し難いことが多いのです。最も厳密な予測にも欠陥があります。整備士のいる自動車修理工場を想像してみてください。そこでは、タイヤの状態をチェックしたり、半マイルも走らないうちにタイヤがパンクしそうだと予測したりすることができます。それはすばらしいことですが、どこを走っているときにタイヤがパンクするののか、なぜあなたがその道を選んだのか、あなたの目的地はどこなのかについては、何も示されません。整備士が肩をすくめて「そういうことは私には関係ない。私の手には負えない」と言ったら、あなたも同意するでしょう。でも、分子、原子、亜原子粒子が選ぶ「道」は、そしてそれらの粒子の目的地は、見過ごすわけにはいきません。あなたの体内を流れる血管の中で、コレステロールの分子は冠動脈を詰まらせてしまうのか、害をなさずに体外に排出されるのか、というのは生死に関わりうるでしょう。

多くの科学者は物理主義的な信念ゆえに、難しい問題をあたかも最善の（あるいは唯一の）方法であるかのように平均化し続けて、ランダム性を扱っています。その目立った例には進化があります。ゾウを見ると、ヘビのような鼻と帆のような耳が独特です。ゾウは進化してそれらを持つようになり、ダーウィン理論によれば、ただこんな鼻とあんな耳を持つことで最初のゾウは生き残りやすかったというのです。それまでには見られなかった突然変異によって、新たな適応は遺伝子レベルで始まります。標準的な進化論によれば、突然変異はランダムに発生するもので、それが恒久的になるためには、のちの世代に受け継がれなくてはなりません。1頭だけピンク色のゾウが数百万年前に現れたとしても、私たちが知ることはないでしょう。なぜなら、その遺伝子突然変異は受け継がれなかったからです。

長い鼻を持った最初のゾウは、どのようにして生き残りが有利になったのでしょうか？　それに答えるのは不可能です。その1頭のゾウが利益を実際に得たのかさえ定かではありません――が、種全体は最終的に利益を得たわけです。その1頭のゾウ自体に起こったことは何も知らずに、すべてのゾウを見ることで、ある種の平均化がなされているのです。言い換えると、進化論的な考え方をする人は、非常に複雑な生活をしている生物を、あたかも気体分子の集まりのように扱っているのです。見たところ、ごまかしているように思われます。動物の生活は、突然襲ってくる不可避な出来事（旱魃《かんばつ》や病気の流行など）、珍しい事象、未知の課題などに満ちています。ライオンやチンパンジー、カワウソも、一歩進むごとに何かを選び取っています。

集団についての良い近似を得るために、上記のような複雑なものを方程式から取り除くと、物語全体が示せなくなります――ことによると、正しい物語ですらなくなります。例えば、適者生存（ただし、ダーウィンはこの言葉を使ったことはない）は、2つの要素に要約されるでしょう。食べるための十分な食糧を得ることと、交尾権の獲得のためにライバルに勝つことです。そのうえで、遺伝子突然変異は受け継がれるのです。ところが、この絶え間ない競争という見方では、本来協力が競争と同じくありふれている事実が見落とされています。鳥類は一か所に集まり、魚類は群れをなして泳ぎ、そして、ほかにも無数の集団が安全のため、資源共有のために、生活をともにしているのが観察できます――時には集団が全体でひとつの生物としてふるまっているように見えることもあります。多くの海洋生物は、すべての雄と雌が一か所に集まって、卵と精子の雲を水の中にまき散らし、誰も排除されない巨大な交尾パーティーを開いているかのような行動を取ります。ダーウィンの進化論は、一部の理論家によって協力を盛り込んだ修正がなされていますが、競争行動と協力行動のバランスは証明が非常に難しく、議論の多いものです。

偶然の機会が失脚するとき

ランダム性に対する崇拝がひどく揺らいでいて、古い神がその座から降ろされそうになっているとしましょう。秩序と混沌のバランスはどうなるのでしょうか？　自然は実は画家で、こっそりクリエイティブな決定をしているとすれば、ランダムな事象とは、絵筆の先にパレットの絵の具がつくのを、アリの視点から見ているようなものです。そして、それが単なる例えではないことを、魅力的な手掛かりが示唆しています。私たちは、物理学者が数学を信頼するというメッセージを繰り返し強調してきました。微調整の問題によって、偶然の広大な遊び場である宇宙に、裂け目が生じました。いくつかの定数が、ごく小さな規模と極めて大きな規模の自然の中に、同様に繰り返し現れています。

評判に傷がないデザインのひとつは、数学的なものです。既に議論したように、微調整に関して、いくつかの定数は不気味なほど一致しています。こんなに多くの組み合わせが、膨大な偶然の一致に過ぎないということはありえないと、ポール・ディラックが確信したことが思い出されます――ディラックは、隠れたデザインを発見することで、ランダム性を否定する方程式を探し求めていたのです。

数学的デザインは、宇宙に構造と形があることを一部の物理学者が認める理由のひとつです。生涯が謎に包まれた歴史上の人物のひとりで、幾何学の父といわれるユークリッドは、古代世界において数学に最も偉大な貢献をしました。ユークリッドは、ファラオのプトレマイオス1世の治世下、紀元前4世紀のアレクサンドリアで活躍したギリシア人でしたが、伝記は残されていません。ユークリッドの逸話として、彼のおかげで発見されたことが有名な、円や正方形、その他の幾何学図形を支配する法則を、砂に線を引いて編み出したことが伝えられています。たとえフィクションの物語であろうとも、ユークリッドについて、そしてギリシア人数学者の心一般について最も驚くべきなのは、自然を整った幾何パターンに要約したいという衝動です。

実際に自然の中のパターンの多くが粗雑で近似的ですが、そうした中で自然は完全を具象化するという信念に導かれて、科学者たちは何世紀もの間、直線や円、正則曲線を探し続けてきました。遠くからはギリシア建築の柱のように見える最も丸い木の幹も、樹皮は不規則にでこぼこしています。また、思いきりまっすぐに投げられたボールは、風や空気抵抗、重力によって軌跡が曲がります。できるだけまっすぐに発射された弾丸でさえ、地球の自転のぐらつきと公転の離心軌道を含めて広い視点から見ると、実際には複雑なカーブを描いていきます。相対論以降は、幾何学が4次元となったことで、ユークリッドの整った2次元の幾何学図形が中心から追いやられ、そして量子力学の革命によって、全く新たな、エキゾチックな数学が提示されましたが、それはまだ一般相対性理論に統合されていません。

ところが、これらの激しい変化のいずれも、宇宙のデザインの見解を否定していません。除かれたのは、自然の中心に存在するはずとされていた完全円や正方形、三角形といった単純な幾何学的デザインです。たとえそうであれ、DNAはいまだに美しい二重螺旋であり、虹は完璧な弧を描き（そして飛行機の操縦士の視点からは、虹は完璧な円）、野球の投手は変化球――あるいは変化しない球――の球種ごとにホームベースまでの軌道を計算できる（そして、しなくてはならない）のです。自然は日常世界でこうしたデザインを示すのに、量子世界では全くのランダムな事象から作られるとしたら、非常に大きな差異が生じているわけで、これは解決が必要な問題です。

ロジャー・ペンローズが提示したひとつの可能性は、デザインが両方の世界を超えた領域に存在するということです。そしてそこには純粋な数学だけしか存在しません。そこでプラトンの純然たる「形《イデア》」に似ている不滅の特性に遭遇する、とペンローズは提案するのです。プラトンはこれらの形を、美や真実、愛のような特性の起源と見なすのです。純粋な、神の愛は、すべての愛の源であるという考えは、非常に魅力的でした。神と人間を結びつけることが、すべての伝統文化にすんなりと受け入れられました。ペンローズは宇宙にとっての神の源を探し求めてはいませんでしたが、彼は数学には純粋さがあると考えています（たいていの数学者は同意するでしょう）。最も重要なことは、数学がすべての創造物を超えて存在するなら、数学は一連の定数を一定に保ち、自然の混沌や粗雑さ、不規則さとは無縁の場所において、現実性を支えるということです。

数学の分野におけるプラトンの形というペンローズの考えは、広く認められてはいません。ペンローズはこれらの形を、愛や真実、美といった主観性からはほど遠い、客観的な用語で記述しました。「私の理解では、プラトン的存在は、われわれ個人の意見にも特定の文化にも依拠しない客観的な外部の標準の存在に注意を向ける」。ペンローズは、すべての変化を超える完全の一種を現実性の根拠としている。ライフワークは数学に基づくものだったにもかかわらず、ペンローズはプラトンとの深い関連性があることを認識しています。プラトンは、日常生活のすべて――オークの木、三毛猫、水――が、完全な「形」を持つと考えました。

ペンローズは数学を超えて自分の理論を広げることは差し支えないと思っています。「そんな『存在』は数学以外のもの、例えば倫理や美学にも言及できるかもしれない。……2つの基礎的な絶対的理想が存在し、それはすなわち美の理想と神の理想である、とプラトン自身も主張したことだろう。私はそうした理想の存在を認めることにやぶさかではない」。この率直な告白によって、数字にのみ永遠の存在を認めるほかの科学者からは、足を引っ張られることになりました。けれども距離を置いて考えてみれば、数学は秩序がありバランスが取れていると見なすことは、数学は美しくて調和的と見なすこととは、全く違います。

美は、粗雑で混乱している世界を超越する

ノーベル賞受賞者のフランク・ウィルチェックは、次の段階に進んでおり、「あちら側」の現実性に根差す人間の理想として、物理学者の立場から美を弁護しています。2015年に出版されたウィルチェックの名著『A Beautiful Question（美しい疑問）』は、副題の「Finding Nature's Deep Design（自然の深いデザインを見つける）」にその本の目的が示されています。当面の疑問は、プラトンが2000年以上前に提示した疑問と同一です。「世界は美しい考え（idea）を具現化するのだろうか？」。プラトンにとって、考え（idea）は、形（form）に取り換え可能なものでした（そして、理想主義者を自称する人は誰でも、その志を古代ギリシアまで遡ることができます）。ウィルチェックは数学的側面ではピタゴラスに注目しました。ピタゴラスもまた、自然は完全な幾何学に従うことが明らかになるだろうという同じ夢を持っていたのです。

この信念はしぶとく残っていましたが、やがて確かに消えました。するとなぜ、（ペンローズとウィルチェックという）評判の高いふたりの物理学者は、それをよみがえらせたのでしょうか？　ウィルチェックの場合、量子物理学は、彼が「核心」と名づけた「深

い現実性」に既にさらされています。すべての自然法則と物理法則は「核心」で統一されることを示す確かな証拠が十分にあります。ウィルチェックは言います。惑星の軌道が完全円を描くという古典的理想は生き残っていないが、量子論の時代には、「創造の中心で概念の純粋性、秩序、調和を見つけるというピタゴラスとプラトンの最も大胆な希望よりも、創造は遥かに上回っている」。あなたはこう考えるかもしれません。これは進歩的な数学者の調和であって、抽象的すぎるので物質的世界の美に転換できず、私たちは量子力学的現実と日常的現実との同じ大きなギャップを感じ続けるだろう、と。そもそもこのギャップこそが、物理学者たちが基本的なデザインを探し求める動機だったのです。

ウィルチェックは、誰もが理解できる言葉で雄弁に語っています。「原子と現代の「虚空」に具現化されている『天球の音楽』は本当に存在し、それは通常の意味での音楽には無関係のものだ」と言います。「ハルモニア・ムンディ(Harmonia mundi)」(訳者注：ラテン語で「世界の調和」の意味)」、すなわち「天球の音楽」は、ヨハネス・ケプラーを含め、多くの古典天文学者が目指してきた目標でした。ケプラーは、惑星の動きについて有名な発見をしたとき、ハルモニア・ムンディの存在を証明する道半ばでのあまり重要でない成果(天使たちが実際に歌うこと意味する発見)だと考えました。

ペンローズとウィルチェックが、押したり引いたりしながら人間の世界を自分たちの理論に当てはめる様子に注意しましょう。ペンローズは、個人の心の働きに不信感を抱いてはばからず、主観性に対する従来の不信をあらためて表明しています。そのため、彼は数学的構造にそれ自体の現実性を与えたいと考えています。「われわれ個人の心は、よく知られているように不正確で、信頼できず、判断の一貫性に欠ける。科学理論に必要な正確さ、信頼性、一貫性は、あらゆる個人の（信用ならない）心を超えた何かを要求する」

ウィルチェックはそれより人間中心主義的です。美をあがめて、あらゆるものの尺度として人間の古代の理想を取り戻したいと望んでいます。著書には、レオナルド・ダ・ヴィンチが裸の男を2種類の両手足の位置で描いた有名な絵を、重要な図版のひとつとして掲載しています。第1の位置では手足を完全円の内側に合わせるように、第2の位置では手足を正方形の内側に合わせるように配置しています。円積問題として知られている古代の数学的なミステリーが引用されているのです。大昔には、幾何学で使えたのはノギスや定規のようなシンプルな器具だけで、それによって四角形や三角形、その他の多角形を比較しました。そして、円でも同じことをしたいと考えました。つまり、面積がわかっている円を描いてから、限られた回数の手順で、その円と同じ面積の正方形を作ることが課題です。

この課題は解けませんでしたが、レオナルドの絵は、人物の体の方向で手掛かりを指しているようです。ウィルチェックはこうした考え方に非常に共感しています。「彼の絵は、幾何学と『理想の』人間のプロポーションとの間には基本的関係があることを示している」。この考えは、宇宙が人体に映し出され、その逆も成り立つ、というさらに昔の信念に遡ります。「悲しむべきことだが、おそらくわれわれ人間とわれわれの体は、科学的な調査によって現れる世界像の中で、重要な位置を占めてはいない」

現役の科学者の圧倒的多数は、自分たち自身を現実主義者と考えているので、理想という言葉を、デザインと同じ信用できない言葉と見なしています。ウィルチェックとペンローズは、自分たちが極めて苦しい状況に直面していると感じています。読者の皆さんは、人間原理を思い出すでしょう。それは人間を宇宙の特権的な場所に復帰させようと試みるものです。ペンローズの永遠の数学はそれには合いません。そしてウィルチェックは、人間原理的な考えを疑わしいとする（私たちも同様に思っている）難点をいくつも挙げています。とはいえ、疑わしくてもそうでなくても、誰かが人間と宇宙をデザインによって結びつけようとするやいなや、道がたくさんの方向へ分かれてしまうのです。もちろん、私たちは故郷としての宇宙に愛着を持っていますが、この結びつきが宇宇宙の詳細設計図《ブループリント》の一部であるということに、意見が集約されるような気配は全くありません。

　これからも合意に至ることはないのでしょうか？　それは絶対に？　地球生物圏は負のエントロピーの島であり、実際に存在すること以外に、存在する科学的理由はありません。宇宙のデザインについても同じことが言えます。物理学は、混沌から形をもたらす魔法の方程式を決して書かないかもしれませんが、いずれにせよ自然はパターンや構造、形に満ちているのです。おおむね現代物理学は、「核心」すなわち深い現実性が、秩序のある統合された原理の支配下にあると信じて、満足しています。断定なことをやや避けて言えば、ほとんどの科学者も、数学は地球上の生命や誤りやすい人間の心を超越したものであることを認めています。いくつもの定数が発見されるのを待っているのは確かですが、誰かが発見しても、しなくても、それらの存在に変わりはないでしょう。

　これらの2点の合意だけでは、それを土台にヒューマン・ユニバースについての論を打ち立てるには明らかに不十分です。残っているいくつものミステリーは、ギャップを埋めるものです。人間は、ランダム性が絶対的に支配する冷たい空っぽの空間で偶発的な染みのようには行動しないのです。何人の物理学者がこの観点に固執しようとも、人間が創造の織物そのものに織り込まれていることは否定できません。これを追求することで、ビッグバンではなく、人間の心から始まる宇宙について、人間は共同創造者かどうかがはっきりするでしょう。事実に適合する選択肢はこれ以外にないでしょう。そして、事実に適合することは、科学の目的なのです。

6

量子世界は日常生活につながっているのか？

歴史は、不当ではないかと思われるほど多くの怪物を生み出してきました。そうした怪物のような人々のことを考えるとき、いったい彼らはどうやって良心に恥じずに生きられたのだろうかと思います。ヒトラーやスターリン、毛沢東の行動の結果として、数百万はおろか、数千万もの人々が死んでいったのです。ヒトラーが小さい子どもたちと遊んでいるホームビデオを見ると身の毛がよだちますが、彼は怪物であることを一休みして、笑顔のおじさんの役割を担っていたのです。

なぜ罪悪感が湧《わ》き起こらなかったのでしょうか？　これに関しては、一般によく見られる人間の心理によって説明できます。スプリッティング（分裂）、あるいは、白黒思考という名でも知られている心理です。スプリッティングは、自分の性格の善悪両面を合わせて受け入れることができないときに起こります。誰でも自分の心理を区画分けして、ほかの人に見せたくないものを隠していますが、それが極端になったのがスプリッティングです。スプリッティングは、誰かが怪物であり良い人でもあることを、両面が出会うことなく可能にするのです。連続殺人犯の近隣に住む人が、そうした殺人犯を普通の良い人だと言うのはいつものことですが、それはスプリッティングの証拠かもしれません。怪物のような行動を受け入れて生きるには、別々の存在を2つの区画に分けて入れて、互いにやりとりさせないという代償を伴います。

科学にも、比喩《ひゆ》的な意味でのスプリッティングがあります。何度も触れてきたように、アインシュタインの相対論的モデルは、重力の働きと時空間での大きな物体のふるまいを極めて正確に記述しますが、量子論も、重力以外の3つの基本的な力の働きと、非常に小さな物体のふるまいを同様に正確に記述するのです。この分裂の重要性はわかりにくいように思われます。大小のすべてのものがどのようにふるまうかをあなたが知っていれば、それは完全に知っているも同然ではないでしょうか？

問題は、私たちすべてに影響を及ぼす単純な事実に行きつきます。現実はひとつだけであって、2つはないということです。あるひとりの人物が、怪物のような面を分裂させているとします。それでも、分裂したほうの面がしたことにも責任があります。法廷では、悪い面が刑務所行きになりながら、良い面は無罪放免とはいきません。物理学は1世紀以上の間、この分裂とともに生きてきて、現実性を統一しようとしていますが、部分的にしか成功していません。これは普通の人々にも利害が絡むケースです。なぜなら、私たちの生活のしかたは、私たちが現実として受け入れるものに依存するからです。神を締め出して生活することは、中世には信じ難いものでした。信仰の時代には、神よりも現実的なものはなく、神の現実性を排除することは、妄想、すなわち自然に対する犯罪に等しく、きっと永遠の地獄につながるように見えたでしょう。

今日、私たちは量子世界に一切注意を払わずにのんきに生きていて、誰も妄想や異端で咎《とが》められることはありません。最も基礎的なレベルの現実性を分裂させても、無害のように思われます。ところが、私たちは本書で、現実性が基本的には人間に関するものであることを強く主張しており、その主張は量子世界が排除されれば筋が通らなくなります。厳密に言って、量子のふるまいが最も問題なのです。最高の例を示しましょう。

単語を作って遊ぶスクラブルというボードゲームあります。あなたの手持ちの文字コマが、A、O、R、S、S、U、Uだとすると、かなり見込みのない手に見えます。すると、別のプレイヤーがボードに単語「ALL」を並べるのに気づきます。あなたはやったぞと叫び声を上げ、ちょっと憐《あわ》れむように微笑《ほほえ》みつつ、コマを「ALLOSAURUS」（恐竜のアロサウルス）と並べて、特大ボーナスを勝ち取ります。

一見したところでは、このささやかな勝利は相対性理論と量子論の分裂と何も関係なさそうですが、実際には、あなたはスクラブルで遊んでいた間はずっと、両方の世界に生きていたのです。文字をまぜこぜにして、そこから単語を作るのは、「大きな物体」の活動です。ごちゃまぜの文字から意味をなすものを作るために正しいコマを集めなくてはなりません。ところがあなたの脳は、何の言葉を話すかを選んでいるときには、そうした手続きを踏むことができません。心の中で、あなたは話したい単語を選び出し、脳がそれを口に出して言わせています。アルファベットの文字の中から探し出しているのではないのです。あなたの語彙に含まれるすべての単語の綴りと意味と音は、融合してひとつの概念になっており、ばらばらの文字パーツから組み立てられるのではありません。

一般に、脳は何十億ものニューロンのつながりを形作り、しばしば脳に広範囲に別々の領域間のつながりを作ります。これらのつながりが、即座に、目に見えるやりとりを経ずに、どのようにして動作できるのかは謎です。ニューロンの処理速度は測定できますが、散らばっているニューロンの集団が、チームワークの要求される活動に加わることをどのように「知る」のかは別の問題です。それは、電話線のようにつながっている一連のニューロンに特定の信号を送り出すこととは対照的な働きです。さまざまなパターンは、動き、発話、意思決断を協調させて、自動的に所定の位置に収まるようにしています。したがって、あなたが母親の顔を見るときには、顔として認識するのであって、個々に観察しているはずのランダムな鼻や目、耳を思い浮かべるわけではありません。このことは（ほかのことはともかく）、量子のふるまいにどこかしら似ているところがあるようです。なぜなら、因果関係は一度に一歩進むというわけではないからです。仮に、あなたの心が一歩ずつ直線的に進まなければならないとすると、あなたが母親の顔を認識するときには、次のようになります。

発信者1「もしもし、大脳皮質さん。こちらは、視覚野です。メッセージをくださいましたか？」
発信者2「ええ、母の顔を見たいと思いまして。お手伝いいただけますか？」
発信者1「もちろんですよ、少々お待ちください。お待たせしました、それらしい目をいくつか読み出しました。目から始めましょう、たいていの人は母親の目を、鮮明に覚えていますので。正しい目を選んでから、ほかのパーツに進みましょう」
発信者2「了解しました。いいですか、私は予定通りですよ。どのぐらい時間がかかりますか？」

この対話はスピードを落とすとコミカルに聞こえますが、たとえ母親の顔のパーツそれぞれが、すべて光速で組み立てられるとしても、これでは瞬間的でもホリスティックでもありません。ところが、脳は、瞬間的かつホリスティックに3次元世界を生み出します。その方法は、量子世界が、山や樹木、母親といった大きな物体を生み出す方法そのものなのです。

量子世界を生活様式から除外しておくことは、脳を除外しておくのと同じことです。もちろん現実には誰もそんなことはしません。なぜなら脳は、生活のすべての瞬間に絶対に不可欠だからです。私たちが除外するのは、量子世界へのつながりです。それには宇宙の意味が含まれます。何十年もの間、アーサー・エディントンが最初に言ったとされる「宇宙は、われわれの想像以上に未知であるというだけでなく、われわれの想像可能なもの以上に未知なのだ」という気の利いた言葉が流布されてきました。しかし、それをエディントンが言い出したというのは誤りだと判明しました（実際に最初に言った人はわかっていません）。そして、その洞察自体も誤りかもしれません。宇宙は、私たちが想像できるものに厳密に合致するでしょう。宇宙は、粒子、原子、分子が心のようなものである場所ではなく、私たちにしてみれば、宇宙の心が物質のように姿を現して活動しているように思われます。この問題を解決するには、次のような新たなミステリーに立ち向かわなくてはなりません。「量子世界は、日常生活につながっているのだろうか？」と。

ミステリーの解明

量子が日常世界の一部であることは間違いないでしょう。植物が太陽光を化学エネルギーに変換するとき、量子のひとつである光子が処理されているのです。渡り鳥が地球の磁場を頼りに長い距離をしっかり進めるようにさせているのも、量子活動と考えられます。渡り鳥の神経系で電磁気学の処理することが、量子効果なのです。たとえそうであっても、量子力学的ふるまいと、私たちの経験するありふれたこととの区別は、物理学において極めて重要です。量子の事象を私たちの認識と区切る境界線には、ハイゼンベルク・カットという特定の名前がつけられています。ハイゼンベルク自身が提案した名前ではありません（のちにハイゼンベルクに敬意を表して名づけられました）が、量子系がどのように独自のふるまいをする――波としてふるまう――のかを分ける（理論的な）ラインがあるということは、彼の考えから繰り返し示唆されました。彼は数学的な話をしていました。波動方程式は量子力学の目玉要素のひとつですが、本書でこれまで何度か指摘したように、このエレガントな構成概念は、自然界で実際に目撃されたことはありません。推測によるものなのです。

ハイゼンベルク・カットは実世界を分けるだけではなく、境界線の一方か他方に有効な数学の種類を分けるのに役立ちます。片側ではフランス語だけが話され、反対側では英語だけが話されている国境のようなものです。ところがこれが、量子力学的現実は本当に隔離されて、日常的現実から分離しているのかどうか、という質問をはぐらかします。ことによると量子は、私たちが気づかない周囲のいたるところで、物事を引き起こしているのかもしれません。あるいは、もしかしたら、全体像の上下がひっくり返っているのかもしれません――量子のふるまいが日常世界の基準であるという可能性もあります。そうすると私たちは、波と粒子のミクロの（微視的）世界で最初にそれを偶然発見しただけということになります。

すべての宇宙論がハイゼンベルク・カットを必要とするわけではありません（例えばマルチバースは必要としません）が、間違いなく量子は私たちの感覚の地平線にあるのです。つまり、量子の可視化は不可能であり、ダークマターとダークエネルギーに直面しなくてはならないからには、私たちは考えられるものの限界にたどり着いているということでしょう。地平線の向こうには、すべてのものがあるということでもあり、何もないということでもあります。すべてのものがあるというのは、仮想の量子領域が、起こった事象や将来起こる事象さえ含め、すべての可能性をはらんでいるからです。また、何もないというのは、物質、エネルギー、時間、空間、そして私たち自身が想像も及ばないどこかで生じるからです。創造がどのように進行するのかを説明するために、「すべてのものがある」と「何もない」の二元性を調和させると、非常に不可解なことになります。

光は奇妙なふるまいをする

日常生活に対する影響について、もっとよく理解するために、これから量子力学の中心にある唯一の実験を検討しましょう。この二重スリット実験には、最初に実施された1801年以来の長い歴史があります。初期の実験は、例えば、光の波が水の波と同じようにふるまうかどうかを知りたい、といった興味によるものでした。

静かな池に小石を落とすと、水面にぶつかった衝撃で、波の輪が送り出されていくつもの円を描きます。2つの小石を30センチメートルほど離れた位置に落とせば、それぞれが1セットずつ輪を作り出して、両者が出会う場所に干渉パターンが生じます。それは輪の重複とは別のものです。量子力学では、この波の干渉についての基本的な事実がミステリーとして現れます。古典的な二重スリット実験では、集中的な光子（光の粒子）の流れを、1枚目のスクリーンに向けて送り出します。そのスクリーンには、2か所に細長い切込みが平行に入れられて、2本のスリット（細長い開口部）が形作られています。光子はスリットを通り過ぎると、その先に設置されている2枚目のスクリーンで検出されます（手軽な光検出スクリーンとしては、感光板が使えます）。各光子は、おそらくどちらか一方のスリットだけを通ることができて、検出するときには点が現れるでしょう。豆鉄砲で豆を撃つと、当たった場所にピンポイントで弾痕《だんこん》が残るように。

ところが、あなたがたくさんの光子の「球」を撃って、それらが二重スリットを通って、検出スクリーン上に到着すると、縞状のパターンを作ります。これは、波によってできる典型的な干渉パターンです。日常世界ではありえないように思われます。離れた2つのドアから群衆がホールに入っていき、みんなが腰かけると、民主党員と共和党員とが交互に座席を埋めていることが判明したが、入るときに所属政党に関しては何も言っていなかったはず、というようなことです。各スリットを個々に通る光子は、ほかの光子と事前の協力関係はないのに、スリットの反対側では波のパターンで集まるのです。それは、スクリーンに弾が当たる散弾銃のようなランダムなものではありません。量子は一度に1個ずつ進みますが、そうした量子のそれぞれが、それ自身以外の量子に対して、干渉するかのようです。「後から」の量子に対してさえも。

二重スリット実験は、量子の「粒子と波動の二重性」を検証する有名な実験です。よって、大きな疑問は、反対の2つのふるまいが共存するのはなぜか、ということになります。物理学ではそれを「反対の」というよりもっと正確に、「相補的」と言います。なぜなら、同じ光子がいずれかのふるまいを示しうるからです。この「相補性」はものすごく多くの可能性をはらんでいるので、心に留めておいてください。AがBの原因ではない宇宙では、AとBは同じコインの表裏でありうる、ということになります。自然界の例を挙げると、アフリカではライオンとガゼルが、同じ水飲み場を共有しています。世の中の仕組みのうえでは、ライオンはガゼルを食べて、ガゼルはライオンから逃げることになっています。けれども水のことになると、両者は共存します。ライオンはガゼルが水を飲むことを完全には防げません。さもないと、獲物が脱水で死んでしまいます。ガゼルは反射的に逃げることはできません。逃げてしまうと水が手に入らないからです。何百万年にもわたって、捕食者と被食者という反対の役割を担う2つの種が、相補的な歩み寄りの方法を見いだしています。

時が経つにつれ、二重スリット実験はいっそう複雑で興味をそそるものになってきました。量子物理学はこれまで見てきたように、測定と観測を不可欠なものとして頼りにしてきました。観測者の自分の実験に対する影響が、従来のどの科学分野よりも多分に方程式に取り入れられます。ゆえにフォン・ノイマンは、量子力学的現実そのものが心理学的要素を含まなければならないと考えました。はたして、観測者は二重スリット実験の結果を変えているのでしょうか？　とはいえ、波動と粒子という相補性の両側面は、同時に測定できないのです（そもそも光子の観測には、実験技術の観点から、半端ではない難しさがあります。それは光子が検出器に接触した途端に吸収されるためです。それでも、二重スリット実験は、電子など、ほかの粒子でもできることが知られており、原子81個分の重さの分子を使ってさえ、おおよそ二重性が示されています）。

光子はどのように意思決定をするのか？

物理主義者がとても居心地悪くなるのは、光子の意思決定と選択、あるいは観測の方法による光子の性質の変化の話題になるときです。ジョン・アーチボルト・ホイーラーは、1970年代後半から始めた一連の思考実験を発展させて、その重要な疑問をテストしました。光子は、実験者の疑問や意図のせいでふるまいを変えるでしょうか？　そうでなければ、検出装置との相互作用など、何らかの純粋に物理的な理由で、光子はふるまいを変えるということです。

ホイーラーの思考実験は、光子は飛びながら実際どのようにふるまうかを考えるものです。飛んでいる光子は目に見えず、検出した瞬間にだけ、それとわかるということを思い出してください。検出器をスリットのところに置けば、検出器はリアルタイムで各光子が一方のスリットを通ることを示します。これは弾丸と同様です。では、検出器をスリットより向こう側に置いた場合はどうなるでしょうか？　このようにホイーラーは尋ねたのです。その結果、光子は、波のようにふるまうか、粒子のようにふるまうか、という意思決定を遅らせて、スリットを通り過ぎてから決められることが判明します。これはとても奇妙です。ところが、同様に奇妙なことに、一部の理論家は、波モードでは1粒の光子が同時に2つのスリットを通り過ぎると考えたのです。

もう一歩踏み込めば、光子は意思決定をして、その後に考えを変えることができた、ということでしょうか？　ホイーラーの思考実験では、その可能性が高いとされます。例えば、二重スリットのところに、偏光板2枚を位置合わせして置いて、波のような干渉をできるだけなくすことができます。次に、その先にその効果を打ち消す3枚目の偏光板を置き、光子がそこを通ると、光子はもとの状態に戻って波のようにふるまうことができて、消えたと思われた干渉パターンが生じるのです。

「遅延選択」と「量子消しゴム」というこの双子の現象によって、厳密な物理主義の説明を信じることが難しくなります。量子の観測方法が主役ということですから。ほかにも問題があります。物理学者のリチャード・ファインマンは、個々の光子の検出器を2本のスリットの間に配置すれば、波のような干渉パターンは消えるのではないかと提案しました。ホイーラーの思考実験もファインマンの思考実験も、実験室をセットアップして実際に確認するのは非常に困難にもかかわらず、次第に受け入れられていきました。しかし、それらの思考実験は、観測者の行動の何が光子にそうふるまわせるのか、という謎を解くものでしょうか？　幽霊のように、観測者効果が私たちの目の前に現れますが、それを両腕の中に抱くことはできません。

私たちには、ホイーラーが正しい結論を思いついたように感じられます。ホイーラーは、粒子が波と粒子という二重の性質を持つという物理学者たちの考えがそもそも間違っていると主張しました。「現実に、量子現象は波でも粒子でもないが、測定される瞬間まで本質的に確定しない。ある意味、イギリスの司教で哲学者だったジョージ・バークリーが正しかったのだ。バークリーは2世紀前に主張している。『存在するということは認識されることである』と」

言い換えれば、観測者「効果」あるいは観測者「問題」など存在しないのです。それではあたかも、観測者は自然の中に現れる侵入者で、あの手この手で自然を覗《のぞ》き見てかき乱しているかのようです。それどころか、物事が存在するのは、認識されるからなのです。ホイーラーはこのように見抜いたため、何度も繰り返して、私たちは参加型の宇宙に住んでいると主張したのです。観測者は現実性の織物そのものに織り込まれていえます。突然、ヒューマン・ユニバースはありそうもないものにも遥かに遠いものにも、見えなくなったのです。

量子革命は1世紀を超えています。なぜ宇宙の心のようなふるまいが、まだ広く知られていないのでしょうか、なぜ学校で教えられていないのでしょうか？　それどころか宇宙は、量子時代の最初の25～30年間よりも、今やさらに理解し難くなっています。今日感じられている困惑の大部分は、ハイゼンベルク・カットに起因します。量子世界と古典的世界の厳密な境界は、数学的には働くのかもしれませんが、現実的には境界線は穴だらけで、曖昧であって、おそらくは幻影なのです。光子を促して選択させるには、古典世界に堂々と座っている観測者が必要だとすれば、どうして2つの領域が異質でありえるのでしょうか？

よって、重視する点を移動して、なぜ私たちは日常生活で量子効果を認識しないのかと問うことにしましょう。量子は非常に小さいものですが、ウイルスも同様に小さく、そして四六時中、病気を引き起こすことによって、莫大な影響力があります。風邪やインフルエンザのウイルスはあなたの体を出入りしますが、量子は絶えず影響を及ぼしています。手を上げて、その手を見てみましょう。この単純な仕草の中で、あなたは量子活動をしています。なぜなら視覚は、量子のひとつである光子から始まって、あなたの目の網膜にぶつかったからです。庭の草花や木々を見てみましょう――太陽光の光子がそれらを育てます。よって問題は、光子が微細なことではなく、私たちに備わっている生来のメカニズムが光子の作用をそのまま認識するのを妨げる働きをする点なのです。

脳は信頼できるのか？

私たちにとっては、認識するまでは何も現実的ではありません。そして偶然にも、人間の脳は、認識のための非常に選択的なメカニズムです。最も洗練された光子検出器と同じぐらい繊細なものかもしれません――要するに、視覚野とはそういうものです――が、同時に、脳はそれ自身のプロセスがどのように働くのかを全く知りません。あなたには、脳内のニューロンの発火が見える内側の視覚がありません。あなたが大きな音で飛び上がるのは、脳の自動のメカニズムによって反応が起きるためですが、そのメカニズムを見たり、アドレナリンなどの「闘争か逃走か反応」を促すストレスホルモンを目撃したりすることは不可能です。脳はそれ自身の活動に対して盲目です。おもにそれが理由で、私たちは思春期や加齢の影響など、人生の非常に多くの段階を、驚きを持って迎えることになるのです。

素朴実在論のおもな難点は、人間の脳が現実性のイメージをもたらすというのを、実際はそうでないのに前提とすることです。脳は、説得力のある世界の3次元画像をもたらしますが、それは認識に過ぎません。前述の二重スリット実験について考えてみましょう。難しさの大部分は、飛んでいるときの光子が見えず、消滅するときに検出されるだけという事実に起因します。そもそも光が目に見えなければ、神経系による以外に、見えるようにする方法はありません。そして、光が見えたときには、光はもはや自然の姿ではなく、神経系の創造物になっているのです。

神経系を変えると、それに伴って光が変わります。フクロウの感度の鋭い暗視能力、ワシが空中から数百フィート先のマウスを見分ける能力、イルカの水中視力、そしてコウモリが反響定位を使って「見る」能力――これらの例はすべて、人間の視覚とは根本的に違います。よって、私たちが「本物の」光を見るという前提には根拠がありません。必ずしも光子が光を見えるようにしているわけではありません。何十億もの恒星や銀河は、神経系が光るものに変えるまでは全く見えません。

認識はあてになりません。なぜなら、ふたりの人が正確にそっくりなものとして世界を見ることはないからです――それは当然のことです。ところが多くの場合、脳の現実性との関係ははっきりしていません。草分け的な数学者のアルフレッド・コージブスキーは、生データを処理するときに脳がすることを正確に計算しようと試みました。まず、脳はすべてを吸収するわけではなく、複雑なフィルターを1セット組み立てます。そのフィルターの一部は生理的なものです。すなわち、脳の生化学的装置は、脳に運び込まれた信号のすべてを処理できるわけではないのです。

私たちの感覚器には、毎日数十億ビットのデータが浴びせかけられますが、そのうちのごく一部だけが脳のフィルタリングのメカニズムを通過します。人が「あなたは私の言うことを聞いていませんね」とか、「あなたは見たいものしか見ていませんね」と言うときには、コージブスキーが数学的に定量化しようとした真理を表現しているのです。

ところが、ほかのフィルターは心理学的なものです――特定のものが見えないし聞こえないのは、私たちがそうしたくないからなのです。ストレスや感情の高ぶりによって、あるいは脳内に曖昧な信号がどっさりあっても、認識は歪むことがあります。例えば、あなたが夜ひとりっきりで家にいるときに、ギシギシという大きな音が聞こえると、驚いて警戒を伴って反応するでしょう。なぜなら、基本的な生命維持の役割を担うあなたの脳の下部は、脅威の可能性を検出した際に使える、特別許可された経路があるからです。脳の上部の大脳皮質があなたの注意を引くまでには、少し時間がかかります。ギシギシいう音は侵入者の可能性があるのか、屋根の垂木か床板による単なる雑音なのかを、大脳皮質は判断します。合理的な判断を下せば、脳のメカニズムは、状況を明確に評価して、バランスの取れた反応を示すことができます。

前線の兵士は無差別な砲撃にさらされているために、脳の下部にある生存のためのメカニズムが過剰に活性化し、脳が落ち着いた状態に戻れません。どれほど屈強で勇敢な兵士でも、必然的な結果として、戦闘神経症やシェルショックと呼ばれる状態になります。脳の対処能力が過剰なストレスにさらされるとき、脳の認識は全く信頼できなくなります。

しかしまた、認識の限界はフィルタリングの問題ではないこともあります。人が認識できないものは、単に人間の感覚器が認識できる範囲の外にあるのかもしれません。紫外線を見たり超音波を聞いたりすることができないようなものです。それでも、歪んだ現実性の多くは、期待、記憶、偏見、恐怖、わがままによるものです。「事実で悩ませないでくれ。私はもう心を閉ざしている」というのは、まさにそのとおりで洒落《しゃれ》ではありません。私たちがフィルターの代わりに扱っているのは、自らが作り出したセンサーです。それは心の番犬として、個人的に受け入れられないことを理由に、一定の情報を締め出します。ヒトラーやスターリンにそっくりの男とデートする女性がいるでしょうか？　パーティーに行くと誰かがあなたに、ハリウッドスターに会えると教えてくれた場合には、その人が仮釈放中の犯罪者だと聞いていた場合とは、別人に見えるでしょう。こうしたすべての選択的な制限を考慮に入れると、コージブスキーが指摘したように、脳による現実の報告は、まるであてにならないことがはっきりします。

とはいえ、それは始まりに過ぎません。脳は訓練することが可能で、誰の脳も訓練されています。それが理由で、宗教の原理主義者の世界観は、科学的事実によって揺るがないのです。彼らは単に脳が受け入れるモデルに従って計算するわけではありません。あなたがこの瞬間に従っている現実性のモデルは、脳のシナプスと神経経路につながっています。みすぼらしい姿の老人が通りを歩いていることを考えてみましょう。通行人はみな、同じ視覚情報を得ますが、その老人が目に入らない人もいます。また、老人に同情の目を向ける人もいます。老人が社会的な厄介者か重荷のように見える人もいれば、老人を見たことをきっかけに自分の祖父母に電話しようと思う人もいます。同じ人であっても、時間や気分、記憶などによって、認識が変化することは避けられません。

私たちは世界に対する自分の反応をコントロールしていると思い込んでいるかもしれませんが、それは、真実からはほど遠いものです。ふたりの人が同じものを見て、反対の反応をする場合、反応がふたりをコントロールしているのであって、その逆ではありません。

科学は合理的なモデルに従うことを誇っていますが、たとえそうであっても、否定のできない確かな事実が、合理性を損ねています。私たちがいかに自分は合理的だと信じていようとも、すべての脳は、しつけられてきたやり方で世界を認識することから逃れられないのです。あなたが自殺をしなかったら、会ったこともない見知らぬ1000人が死んでしまうと言われた場合、合理的だからといって自殺する気にはならないでしょう。あなたの脳は、生き残りのためのプログラミングがなされています。その一方で、兵士たちは戦闘中に仲間を助けるために自ら犠牲になることもあります。なぜなら、勇気ある利他的行動は兵士の行動規範であり、生存本能に優先するからです。

モデルには強力な効き目があります。とはいえ、現実性はすべてのモデルを超越すると知っておくことが重要です。ジョン・フォン・ノイマンは、満足のいくニューロン・モデルだけがニューロンになるだろうと言った、と信じられています。言い換えると、モデルは、自然に起こることの複雑さや豊かさの代替にはならないということです。あるいはコージブスキーが言ったように、「地図は土地ではない」のです。ある都市の最高の地図は、スーパーGPSから3次元のリアルタイムの動画が得られるとしても、本物の都市と間違えられることはありえないのです。

すべてのモデルには同じ致命的欠陥があります。つまり、合わないものは捨ててしまうのです。主観性は科学的方法には合わないので、科学者は大部分を捨ててしまいます。物理主義者は、自然の中の力としての心を捨ててしまいます。この本質的欠陥ゆえに、モデルは含んでいるものについては正しく、排除したものについては間違っています。物理主義者が心について最後まで問わないことにかけては、無神論者が最後まで神について問わないのと全く同じようなことだと思われます。

私たちは驚くべき結論に至らざるを得ません。つまり、脳が宇宙の窓である限り、「本当の」現実を知っていると言える人はいないということです。あなたは神経系の外には出られません。あなたの脳は時空の外側には出られないのです。だから、時空の外に何があろうと、もともと想像を超えています。フィルターのかかっていない現実性は、おそらく脳の回路を吹き飛ばしてしまうか、無効にしてしまうだけでしょう。

これらの事実はすべて、私たちがハイゼンベルク・カットの古典世界側に住んでいることを証明しているように思われます。ところが、それは誤った結論です。私たちが言ったり、考えたり、したりすることはすべて量子世界につながっています。私たちは量子力学的現実に埋め込まれているので、私たちはどうにかしてそれとやりとりしなくてはなりません。量子状態は、日常世界と同程度に手が届くものです。量子状態に入ることは、すべての固体が幻影になるとか、友達がすべて想像上のものになるという意味ではありません。別の全体像に足を踏み入れているということです。そして、あなたの生活を一連の多次元の量子の事象として理解することで、量子世界につながるようになるのです。

量子に馴染む

あなたは量子力学的な体を持っています。脳もそれに含まれます。つまり、あなたが「私」と呼ぶ自己は、量子の創造物なのです。世界は何も変わりません。量子論は今のところ、自然が実際にどのように働くのかを示す最善のガイドです。ハイゼンベルク・カットを厳密に信じている人は、古典世界と量子世界が混ざり合うことは認めませんが、明らかに両者は混ざり合っています。これはつまり、あなたは光子のようにふるまい、光子はあなたのようにふるまうということでしょうか？　答えはイエスです。古典物理学で本質は、自然のごたごたを手なずけ、「あちら側の」事象を規則や定数、自然法則に従わせることでした。そのプロジェクトは華々しい効果を上げましたが、それも量子力学が「町の新たな保安官」としてやって来るまでのことでした。

その時点で、人間のふるまいがそうであるように、予測が不可能であることは紛れもない事実となりました。

不安定な放射性核は、半減期（初期量の半分を失うまでにかかる時間）というそれぞれに特有の崩壊速度を持っています。ウラン238の半減期はおよそ45億年です。おおむね放射性崩壊はとてもゆっくりしているため、私たちの寿命を遥かに超えて、放射能汚染地域は危険でありうるのです。そのプロセスも予測ができません。つまり、物理学者は特定の原子核を指して、それがいつ崩壊するかを予測することができないのです。よって、代わりに確率で示します――これが量子力学的現実への適応の鍵です。不確定性が既定の事実なのです。

説明のために、ある特定の原子核は半減期が1日だとすると、1日以内に崩壊するのは50パーセントの確率、2日以内に崩壊する確率は75パーセント、といったわけです。特定の量子系を記述する量子力学の方程式（具体的にはシュレーディンガー方程式）は、原子核で発生する事象の確率についてはとても正確です。けれども、問題が出てきます。

確率というのは必ず、これから発生する何かに言及するものだ、というのは明らかな事実です。それが、原子核の崩壊の発生に関するものにせよ、ケンタッキーダービーでどの馬が勝つかに関するものにせよ。ひとたび発生すれば、結果はいきなり100パーセントになるか（崩壊が起きた、アメリカンファラオが優勝した）、0パーセント（崩壊が起きなかった、別の馬が優勝した）のどちらかになります。実生活での事象の確率は、結果がわかれば、その時点でいきなり0パーセントか100パーセントになります。それ以外に意味はありません。

シュレーディンガー方程式は、原子核の「残存確率」（すなわち、崩壊が起こっていない確率）を算出します。それは100パーセントでスタートし、その後、連続的に下がっていき、最初の半減期で50パーセントに達し、第2半減期で25パーセントに達するといった具合で進みます――が、0パーセントに達することはありません（のろい競走馬に朗報です。ゴールラインには限りなく近づきますが、ラインに達して負けが確定することはない、ということですからね）。

そのため、シュレーディンガー方程式は、華々しく成功して称《たた》えられているにもかかわらず、現実の出来事を決して表さないのです！　崩壊が実際に発生すれば、残存確率は確定して、その時点でいきなり0パーセントになります。なぜなら私たちは、それを観測しさえすれば崩壊が発生したと確信するからです。数学と現実とのこのギャップは、1935年にこの偉大な科学者が考案した思考実験「シュレーディンガーの猫」のパラドクスとして有名になっています。理論物理学者なら誰でもお気に入りの答えがあるものですが、今に至るまで説明不能のパラドクスです。

パラドクスの猫

実験は次のような設定です。シュレーディンガーが、自分の猫をスチール製の箱に入れて、ふたをします。箱には猫のほかに、放射性物質の小さな塊とガイガーカウンター、毒の入ったフラスコも入れてあります。放射性物質の塊は十分に小さく、それの原子のひとつが1時間で崩壊するかもしれないし、しないかもしれません。シュレーディンガーは五分五分の確率を見込んでいます。さてここで、1個の原子が崩壊すると、ガイガーカウンターが検知して、それがきっかけでトリップハンマーが落ちて毒入りフラスコを割るので、不運な猫は死んでしまいます。また、崩壊が起きなければ、猫は難を逃れ、箱のふたを開けたときに生きています。ここまで、この2つの結果は常識に適っています。

ところが、量子的な表現では異なります。放射性物質の崩壊と放射性物質の非崩壊という、可能性のある2つの結果はどちらも、「重ね合わせ」の状態（曖昧な状態）で存在しています。当時主流だったコペンハーゲン解釈によれば、観測者が重ね合わせの状態を破って、特定の状態に至るのです。観測者が本当はどうやってそれを引き起こしたのかを、完全に説明できる人はいませんが、観測者が現れるまでは量子が重ね合わせの状態、言ってみれば足踏み状態にあるのです。

この有名な思考実験について考えていると頭がくらくらするかもしれませんが、シュレーディンガー自身も、重ね合わせが実生活にとってはばかげていると気づいた、というので安心してください。シュレーディンガーによれば、放射性物質の原子核崩壊が重ね合わせの状態なら、コペンハーゲン解釈によって、箱のふたを開ける前の状態は、観測者が現れるまで五分五分のままとなります。量子についてはその説明で十分かもしれないが、猫についてはどうなんだ、とシュレーディンガーは言います。猫は死んでいると同時に生きています。観測者がふたを開けるまで、2つの状態の中間、五分五分のままです！　猫は原子が崩壊しない限り生きているし、原子が崩壊して毒が放出されれば死んでいるのです。

もちろん、猫は死んでいると同時に生きていることはできません。これは極めて巧みなパラドクスだということには、誰もが同意しましたが、なぜなのかを理解するためには、もっと徹底的に考えることが必要です。「シュレーディンガーの猫」は、要は量子のふるまいと実生活とのギャップについてのことです。重ね合わせの「染みのような」状態は、実世界では意味をなしません。実世界では、猫は死んでいるか生きているかのどちらか一方です。誰かが見に来るまで待っていて、来たら運命が決まる、というわけではありません。

アインシュタインはこの思考実験を喜んで、シュレーディンガーに手紙を書いています。

あなたは、……人は誠実でありさえすればいいのに、現実性の仮定をうまく避けられない、ということを理解する現代で唯一の物理学者です。物理学者の大半は、どんな種類の危険なゲームで現実性を弄んでいるのかを、全く理解しません。……誰ひとりとして、猫の存在と不在が観測行動に依存する何かであるということに、疑いを持ちません。

不運なことに、パラドクスはアインシュタインが思っていたほど単純なものではありません。物理学者のハフ・エヴェレットによるいわゆる多世界理論では、猫は死んでいると同時に生きているが、異なる現実あるいは世界に存在するとされます。量子論的結果は「どちらか」ではなく「両方」であり、自分のいる世界に依存するのです。エヴェレットの説明によれば、箱のふたが開いているときには、観測者が結果を魔法のように引き起こすことはありません。むしろ、観測者が死んでいる猫を見ていることと、観測者が生きている猫を見ていることの両方が存在するのです。これらの2つのシナリオはどちらも等しく現実で、お互いが分離しており、両者の間での情報のやりとりはないのです。一方の観測者は、他方の観測者に気づくことはありません。

マルチバースのような多世界理論は、頭を掻きむしりたくなるような問題を、気が利いた方法で何でもないことにしてしまいます。猫を殺すことと飼い続けることが、同時にできるのです。ところが、具体的には現実をどのように2つに分ける（これは量子デコヒーレンスとして知られている）のかが、新たな問題を投じます。そして、ほかの世界が、ほかの宇宙と同様に理論上のものなので、架空のことではないとか、純粋に数学上の想像ではないとは思いにくいのです。多世界解釈の正味の影響は、コペンハーゲン解釈によって生み出された課題が、無限にまで拡大されたということです！

おそらく「シュレーディンガーの猫」は、全く違う何かを教えてくれようとしているのでしょう。量子的なふるまいをエキゾチックなもの、パラドクスのもの、普通の生活とは遠くかけ離れているものとして見る代わりに、私たちはみな既に量子状態で存在していると言えるかもしれません。そして、量子が私たちをまねているだけなのです。「シュレーディンガーの猫」は箱の中で死んでいるか生きているかと尋ねれば、可能性のある答えは、「イエス」であり、「ノー」であり、「両方」であり、「どちらでもない」でもあるのです。なぜこれが、パラドクスのように見えるのでしょうか？　ある少年が少女を連れてマーベル・コミックスの最新映画を見に行き、ポップコーンかコーラはいるかと尋ねたら、少女はどちらかに「イエス」あるいは「ノー」、または「両方欲しい」、あるいは「どちらもいらない」と答えるかもしれません。これは自由意志が自然に働く様子です。

毒と放射能は抜きにして、少女をシュレーディンガーの箱に入れてみましょう。箱のふたを開けて、少女がポップコーンかコーラが欲しいかどうかがわかる前に、少女の答えはどの状態になっているでしょうか？　「イエス」「ノー」「両方欲しい」「どちらもいらない」の重ね合わせでしょうか？　心の働きかたを知っている人なら、「それは質問が誤りである」と答えるでしょう。少女は単に自分の心が決まるのを待っているのです。少女の答えは、崩壊と非崩壊の中間に染みのように存在する原子のように、エキゾチックな中間状態には存在しませんが、2つの状況は完全に異なるというわけではありません。私たちは四六時中考えごとをしていますが、考える前には、その考えがどこに存在するのかはわかりません。同様に、私たちの次の言葉は、私たちがそれを口にする前にはどこに存在したのかはわかりません。

いやそれどころか、どこからともなく言葉を心に呼び起こせるというのは、むしろ奇跡的なことなのです。ワシントン動物園でパンダを見たことを友達に話したい場合、あなたはただそのように言います。中国の哺乳類について心の中の図書館で「パンダ」の項目を見つけるまでくまなく調べることはありません。コンピューターはこのありふれた偉業をそっくりまねすることができないのです。コンピューターは、言葉と意味に合致させるためにプログラムされた記憶の貯蔵バンクを調べなくてはなりません（それどころか、どんなコンピューターも言葉の意味を一切知りません）。

思考と言葉は、一種の静かな中間状態に存在し、心によって呼び出されるのを待っていると言えるかもしれません。言葉は、世界に現れるのを待っている可能性に過ぎません。量子がそうであるように。ホイーラーは現実性についての重要なポイントに触れています――量子は認識されるまでは性質を持たないということです。私たちの心の中身も同じです。あなたが明日の正午に考えていることを、正確に説明してみてください。

怒っていますか。悲しんでいますか。幸せですか。不安ですか。気楽な気持ちですか。考えているのはランチのことでしょうか。仕事でしょうか。家族でしょうか。それとも、週末のアメフトの試合でしょうか。

あなたには正確な予測はできません。なぜなら、思考は量子のようなもので、現れる前には何の性質も持たないからです。われわれはゲームで現実性を弄ぶべきではない、というアインシュタインの警告を尊重するなら、これは少しも不思議ではありません。物理学者の言う量子の不確定性は、測定のまさにその瞬間まで、量子を知るのは不可能であることを支持しています。思考や言葉、人間のふるまい、夜のニュースにもそれは言えるのです。最新の災害情報を知ろうとして夜のニュースを急いで見るのは、ごたごたした予測不能なもの、粗削りのままのもの、不確定要素に支配されるものとしての現実性に、私たちがすっかり慣れているからです。量子革命は、そうした要素を私たちの生活に導入したのではなく、ただそれらを人間から量子世界へと拡張したということです。

私たちは大躍進して、人間が量子世界を創造したのだと言える準備が今やできているかと言えば、そうでもありません。観測者が現実性にどんな影響を与えるかについては、問題が解決していないのです。一部の非常に奇妙な量子のふるまいは、一般の人々に理解しやすくする必要がまだあります。しかし、私たちはターニング・ポイントに来ています。ハイゼンベルク・カットは、実生活では幻影です。私たちはみな、多次元の量子世界に生きています。私たちは観測することによってだけでなく、現れる現実の中に参加することによって、経験するすべてのものに自分を映し出します。それをするとき、私たちは自己中心的で、自分たちのうぬぼれに見合うゆえに、宇宙へ人間の性質を吹き込むのでしょうか？　あるいは、そもそも宇宙は既に心を含んでいるのでしょうか？　それこそが、人々の激しい反応を呼ぶ問題であり、次のミステリーの中心にあります。

7 私たちは意識を持った宇宙に住んでいるのか？

普通の人にとって、ところかまわず沸き起こる無限の宇宙という概念は、洒落た想像です。あるいは、変な科学として考えられるかもしれません。いずれにせよ、多くの人々がマルチバースを疑ってかかり、議論が荒れたときには見物人が手を挙げてこんなふうに尋ねるかもしれません。「ほかの宇宙はどうでもいいのですが、この宇宙はいったいどういうものなのか、わかっているのですか？」

それはもっともな言い分です。マルチバースは人類すべてにとってロマンス小説のようなものです。ロマンス小説では、ヒロインは最後に理想の男性を見つけます。マルチバースでは、人間は理想の宇宙を見つけたのです。（理想の宇宙を見つける可能性は、本質的にはゼロです。日常生活で理想の男性を見つける機会よりも、遥かに小さくてほとんどないに等しいのです）。唯一の疑問は、ハーレクインロマンのヒロインのように運命がお互いにぴったりマッチする相手を用意したのか、単なるまぐれだったのかということです。それらのどちらでもない、というのが本書の立場です。人間と宇宙がお互いぴったりマッチすることは、両者の心と心の出会いに関することなのです。人間の心は宇宙の心にマッチするのです。科学で説明されていない何らかのミステリアスな方法で、私たちは意識を持った宇宙に自分たちが住んでいることを発見します。あるいは、本当にショッキングなことですが、私たちは自分たちが宇宙と名づけた無限の意識状態に住んでいるのです。

典型的な物理学や神経科学の会議では、この提案が極めて懐疑的に迎えられますが、私たちは既に量子領域が心のように活動する証拠を山ほど見ています。この証拠は故意に避けられています。現代物理学では、意識はブラックホールのようなもので、決定的な答えを出そうと試みて調べている人々をすべて飲み込んでいます。『Mind for Dummies（超初心者でもわかる心）』といったタイトルの本はまだ誰も書いていません。なぜなら最も才能溢れる思想家でも、このテーマに挑んでは挫折《ざせつ》に挫折を重ね続けているからです。人間は皮肉な立場にあります。心があるのは確信していますが、それと同時に私たちの心にはそれ自身を説明できないこともわかるのですから。「思考はどこから生じるのですか？」と尋ねるだけのことが、当惑や耐え難い頭痛、大論争へとつながるのです。けれども、意識を持った宇宙の魅力は、次のように、いくつもの質問を一気に解決しているという点です。

質問　人間は地球上で意識を持つ唯一の生き物ですか？

回答　いいえ。すべての生き物は宇宙の意識に加わっています。それどころか、いわゆる生気のない物体もすべて加わっています。

質問　脳が心を生み出すのですか？

回答　いいえ。脳は心的な事象を処理するための観測計器です。心と脳はどちらも同じ源、すなわち宇宙の意識に端を発しています。

質問　意識は宇宙の中の『あちら側』にあるのですか？

回答　イエス、そして、ノーでもあります。イエスというのは、宇宙のいたるところに意識は存在するからです。ノーというのは、『あちら側』ではないということです。というのも、『ここの中に』と『あちら側』は、もはや関係のある概念ではないのです。

このように答えがシンプルであることは、宇宙の心の可能性を受け入れるすべての科学者の心に訴えます。私たちは着実にブラックホールから抜け出しつつあるのです。今日では、意識を持つ宇宙をテーマとする論文や書籍、会議もあって、小さな革命が進行中です。とはいえ現実的には、主流の科学はいまだに意識を無視するほうを好んでいます。

科学は決まって、問題解決に必要のない前提を排除します。実際の物理学の世界では、宇宙が意識を持つかどうかは、$E=mc^2$、シュレーディンガー方程式、あるいはカオス的インフレーションには無関係です。生産性の高い科学が膨大に出現したのは、心の問題全体を排除したためです（赤ちゃんを操り人形として扱うことでも、一定のレベルまでは通用する、ということです）。

ところが、本当に奇妙な部分はそこではありません。科学者が、自分の心は無関係だと思っていることが、ひどく奇妙なのです。単なる所与のもの、呼吸のようなものだと考えているのです。誰かが粒子加速器で陽子を衝突させているときには、誰も「しっかり呼吸していてください」とは言いませんし、まして「しっかり意識を持っていてください」と言うこともありません。どちらも無関係の前提です。けれども別の見方をすれば、心ほど大事なものはありません。人間の心が宇宙の心と何らかの形で協調しているとしたら、なおさらです。人間が宇宙的次元を持つなら、心は私たちのすべてにとって重要です。宇宙空間の広漠とした冷たさの中に存在する、小さな染みに過ぎないもの、といった話には終止符が打たれることになります。ホイーラーはこれを詩的に表現しました。私たちは「中心となる宝石、暗黒の宇宙全体を照らし出すキラキラ光る目標だ」と。

ミステリーの解明

宇宙の心を考える際のおもな障害は、心が常に主観に毒されるという前提です。主観性は、科学を実行可能な活動にするデータや数字とは相容れないのです。一般の合意は、ほかでもない事実を研究することによってのみ、得ることができるのです。ところが意識研究では、客観性が、第三者意識という人間の認識の別の一種として分類されます。それはつまり、第三者なら誰でも観測の場にやって来て、観測されたものに同意することができる、ということです。例として、ある地質学者グループが、トリニティ実験場で行った念入りな土壌調査について考えてみましょう。ニューメキシコ州の砂漠にあるトリニティ実験場は、１９４５年7月16日に史上初の原子爆弾の爆発実験が行われた場所です。第一の地質学者が土壌から普通ではない鉱物を探り出します。地質学者たちはそれをよく調べ、第二の地質学者が、それまで見たことのない鉱物らしいということに同意します。

その岩石試料は、ほかの地質学者たちによっても分析されて、全員の合意に至ります。初めての核爆発で生じた莫大な熱によって、地球のほかのどこにも見られなかった鉱物が作り出されたというのです。そしてそれはトリニタイトと名づけられました。砂漠の砂はおもに石英と長石でできているので、それらが融合してガラス状の緑色の物質になったのです。弱い放射能を持ちますが、危険なほどではありません。

トリニタイトの発見は、第三者意識にうまく合います。主観的反応（第一者意識）をすべて排除することにより、客観性は保証されます。あるいは保証されると言われています。ほかに第二者意識というものもあります。それは、「私」とテーブルに向かい合って座っている「あなた」です。第二者意識は、第一者意識とほとんど同じぐらい信用できません。なぜならふたりが同じ妄想を持つことができるからです。ふたりの観測者が同じ経験の共有から、実際の客観性にどのように進むのかは、誰も示したことがありません。

第三者以外の意識に言及しないことは、物理主義者にとって極めて便利です。莫大な量の経験にふたをすることでもあり、初めからずっとこれが科学を実践する唯一の方法だと言い続けています。科学と技術のうえに成り立っている現代社会を見渡せば、第三者意識の膨大な可能性が目に入ります。なぜ科学が、日常を経験する「私」という第一者意識を捨てたがるのか、理由がよくわかるでしょう。レンブラントなら、「それは私の自画像です」と言えるかもしれません。でもアインシュタインは「それは私の相対性理論です。あなたも相対性理論が欲しければ、自分の相対性理論を手に入れなさい」とは言えないでしょう。

ところが、第三者意識を基準にすることによって、私たちは「私」が存在しないSF世界になります。この状況が奇妙であることを理解するために、第三者として歩き回ったり、自分のことについて言及してみたりしてください。

彼は起きてベッドから出た。
彼女は自分の歯を磨いている。
彼らはあまり仕事に行きたくなさそうだが、食卓に食べ物を並べなくてはならない。

主観性がごたごたしているのは否定できませんが、経験はこのように主観性を伴って働くのです。物事は主語である人々に起こります。代名詞に起こるわけではありません。

どの科学者にも、当然ながら「私」と私生活があります。ところが、一般的な物理学と現代科学によって発達した現実性のモデルにおいて、宇宙は第三者の経験です。ジョン・アーチボルト・ホイーラーの有名な言葉にあるとおり、私たちは30センチメートルもの厚さのガラスを通して宇宙を見ているかのようです。そんなガラスは壊してしまうべきときなのに。

意識を持たない宇宙は死んでいる宇宙ですが、人間が経験する宇宙は生きていて、創造的であり、もっと創造的ですらある壮大な構造に向かって進化しています。ケプラー探査機の観測による最新のデータが有効なら、観測可能な宇宙において地球のような惑星の数は、1の後に22個の0が並ぶ数（10の22乗個）になるでしょう。生命を維持する可能性のある莫大な数の惑星は、意識を持つ宇宙が多数現れていることの証拠かもしれません。

人間が地球でどのように進化したのかという議論は、意識が謎のままである限り、解決できません。意識について話し合うとき、意識は明晰《めいせき》で、合理的で、信頼できる必要があります。第一者、第二者、第三者のモードは、どれも消すことはできません。公平な条件でなければいけません。うまくやり過ごせるからというだけの理由で、えこひいきした代名詞を使っているようではだめなのです。

原子が考えることを学ぶとき

宇宙のすべてのものは、意識を持つか、持たないかのどちらかです。あるいは、もっと正確に言葉を用いれば、ひとつの物体は、心の領域に加わっているのか、加わっていないのかのいずれかです。ところが、何がどちらかを選ぶことは一見すると簡単そうですが、それほど簡単ではありません。なぜ私たちは脳が意識を持つと言うのでしょうか？　脳はどこにでもある原子と分子でできています。脳に含まれるカルシウムは、ドーヴァー海峡のホワイトクリフに含まれるカルシウムと同じ、脳に含まれる鉄は、安物の釘《くぎ》に含まれている鉄と同じです。釘やドーヴァー海峡のホワイトクリフは思想家として有名というわけではありませんが、人間の脳は宇宙でも特権的な場所であるということを、私たちはみな受け入れています。つまり、脳の原子は「死んでいる」物質の同じ原子に比べるとどこか独特なのです。

ブドウ糖は液脳関門（どの分子に血流から脳へ入る許可を与えるかを決める細胞の門番）を通過するときに、物理的には変化しません。けれども、ブドウ糖はどういうわけか、私たちが考えている、感じている、認識していると呼ぶプロセスに寄与しています。通常は入院患者の栄養補給の点滴に用いられる単純な糖が、どのようにして考える方法を学べるのでしょうか？　この疑問は、ミステリーの核心に迫るものです。宇宙のすべての物体が、意識の一部か、そうではないかのどちらかであれば、意識を持つものは考え方を学びますが、どのように学ぶのかは誰も説明していません。

実際のところ、考えることを学ぶ原子という概念全体は全く不合理です。原子が意識を獲得したまさにその瞬間は見つからないでしょう。心と物質をつなぐことは、「ハード・プロブレム（難しい問題）」というラベルがつけられて、激しい議論の焦点となっています。人間の体の97パーセントが、118個の元素のうちのたった6個、すなわち炭素、水素、酸素、窒素、リン、硫黄でできています。誰かがこれらの元素を、非常に込み入った方法で混ぜてマッチさせて突然考えはじめるようにさせたいと考えるなら、その考えは甘すぎるように見えるでしょう。けれども突き詰めれば、それは、脳がどのようにして意識の器官になったのかを示す唯一の説明です。

何十億もの塩基対が人間のDNAの二重螺旋を織りなしているため、あまりの複雑さに、わからなくてももっともだとして人々は半ば投げ出しています。どの物体が意識を持ち、どれが持たないかを言い当てるのは非常に難しいことです。宇宙全体が意識を持つと見なすことは、意識を持たないと見なすことと同じぐらい、もっともらしく思われます。この議論は、単に物理学を根拠にするだけでは解決できません。

謎を要約すると、宇宙は考えることを学ぶ物質でできているのか、それとも宇宙は物質を創造した心でできているのか、という明確な選択になります。これは「物質ファースト（物質第一）」と「心ファースト（心第一）」の違いということができます。「物質ファースト」が科学の基本的な立場にもかかわらず、量子の世紀は「物質ファースト」をひどく弱体化させたのです。

ひとつの有力な見方が、すべてのものを巧妙に情報へと変えることによって、「物質ファースト」の立場を救おうとしています。私たちは四方八方を情報に囲まれていますす。スマートフォンにセールを知らせるメールが届いたら、新たなひとつの情報に出会ったということです。ところが、パソコンの画面を読むときに網膜にぶつかる光子も、情報を運びます。情報は脳内で、別の種類の情報であるかすかな電気的インパルスに変換されます。漏れなく変換されるのです。基本的には、人が言える、考えられる、あるいはできることは何でも、1と0だけを使うデジタルコードの形でコンピューター処理ができます。

開発可能なモデルをひとつ示しましょう。そのモデルでは、観測者は宇宙のほうを向いている情報の塊です。そして宇宙はさらに大きな情報の塊です。突如として、心と物質は共通基盤を見いだすのです。一部の宇宙学者は、これが意識を持つ宇宙の実行可能な代替物と考えます。必要なのは純粋に情報として意識を定義することだけ、とのことです。この見方をはっきりと主唱しているのは、MITの物理学者、マックス・テグマークです。彼の主張は、意識を2つの問題に分けるところから始めます。ひとつはイージープロブレム（易しい問題）、もうひとつはハードプロブレムです。

イージープロブレムとハードプロブレム

イージープロブレム（ただし、十分に難しい）は、脳がどのように情報を処理するかを理解することです。この方向で私たちが進歩してきたのは、今やコンピューターがチェスの世界チャンピオンを打ち負かしたり、極めて難しい外国語を翻訳したりするほど進歩していることを考えれば、間違いないことだとテグマークは主張します。コンピューターの情報処理能力は、いつか人間の脳の能力をしのぐでしょう。そうすると、マシンと人間のどちらが意識を持つのかは、ほとんど判断できなくなります。ハードプロブレムは、「なぜ私たちは主観的な体験をするのか？」というものです。脳のハードウェアをどれだけ知っていようとも、どのようにして電気の数マイクロボルトと一握りの分子の化学的変化が、グランドキャニオンを初めて見て感じた畏怖《いふ》や、音楽によって溢れ出る喜びを私たちにもたらすことができるのか、本当のところはまだ説明されていません。思考と感覚という内的な世界では、データは役に立たないのです。

「ハードプロブレム」は、哲学者のデイヴィッド・チャーマーズのおかげで正式名称となりましたが、何世紀も前から「心身問題」として存在しています。テグマークは、科学者の貴重な「同盟者」たる数学に頼ることで、解決を示します。物理学者にとって人間は、自身の原子と分子が複雑な方法で再配置している、単なる食べ物だと彼は言います。「あなたが食べるものが、あなた自身である」（訳者注：健康のためには食べ物が大切である、という意味のことわざ）というのは、文字通りに正しいのです。

どのように食べ物は再配置して、恋しているといったような主観的経験を生み出すのでしょうか？　物理学の観点からは、食べ物の原子と分子は単なるクォークと電子の混ぜ合わせです。テグマークは物理的宇宙を超えて割り込んでくる力（神など）を認めません。魂も認めません。彼に言わせると、脳内のすべての粒子の活動を測定すれば、そして、それらの粒子が完璧に物理法則に従えば、魂の活動はゼロです――魂が物理的状況に加えるものは何もありません。

魂が粒子にあれこれ影響を与えているなら、それがたとえわずかであっても、科学は魂の影響を正確に測ることができるでしょう。ほら、そうすれば、魂は単なるもうひとつの物理的な力になり、その性質は私たちが重力を調べる方法で調べられるでしょう、というわけです。そこでテグマークは、ハードプロブレムが解決するか、もしくは非常に巧みなごまかしであると判明するか、いずれかであるという考えを表明します。彼は物理学者として、脳の粒子の活動は時空の数学的パターンに過ぎない、と言います。「ひとかたまりの数字」を扱うことで、ハードプロブレムは変わります。「なぜ私たちは主観的な経験をするのか？」と問う代わりに、私たちは粒子の既知の性質を見て、厳然たる事実に基づく質問をすることができます。「なぜ一部の粒子の配置によって、私たちは自分が主観的経験をしていると感じるのか？」と。これは映画のワンシーンか何かのように荒唐無稽《こうとうむけい》に思われるかもしれません。心ここにあらずの様子の天才教授が、最前列に座っているマリリン・モンローに恋する理由を、黒板に方程式を殴り書きしながら説明している、といったような。ところが、主観的な世界を物理学の問題に変えるテグマークの技は、明らかに彼の分野で魅力を放っています。

とはいっても、疑いの目で見ることは難しくありません。アインシュタインの心は、すばらしい計算を生み出しましたが、すばらしい計算がアインシュタインの心を生み出せるという可能性は少ないでしょう。それでも、テグマークは可能性があると言います。物事は私たちの周りのいたるところに存在し、原子と分子を調べることでは、その性質を簡単に説明できません。H_2O分子は、水が凍ったり、流れを作ったりしても変化しません。H_2O分子は、氷や流れという性質――いわゆる創発特性――を獲得するだけです。「固体と液体、気体のようなものだ」とテグマークは言います。「私は意識も創発特性だと考えている。眠って意識が遠のいても、それでも私は同じ粒子でできている。粒子の配置だけが変化したのだ」

私たちはここでテグマークを利用して、数学が心を説明する鍵を握ると考えるさまざまな人々全体を支持しています。そうした人々の考えでは、意識はほかの自然現象と何ら違いはありません。数字は情報に割り当てられて、情報はテグマークなどの人々によって、「粒子が互いについて知っている何か」として規定されるのです。この時点で、もっと複雑な内容がたくさん含まれているのですが、ここでは重要なポイントだけ説明しています。

最も有望なものとして注目を集めているのは、ウィスコンシン大学のジュリオ・トノーニが提唱した統合情報理論です。心と物質とのギャップに橋渡しをするために、トノーニらは、「意識の検出器」を考案しました。例えばそれを医療で使用すれば、全身麻痺《まひ》の患者でも意識があるかどうかを示すことができます。こうした展開は、脳研究にとってさまざまな意味で興味深いものです。

ところが、情報理論を支持する人々は、もっと大きな獲物を追っています。デジタル情報の基本単位の1と0で、宇宙全体の意識を説明したいと考えています。正または負の電荷を持つ粒子は、容易に1か0で表せるし、自然界の性質には常に逆の性質が存在するのも確かです。同じやり方で、重力は反重力と組み合わせることができそうです。けれども、数字は、生命のない粒子から愛や憎しみ、美しさ、喜びまで――「この中で」起きているすべてのこと――を理解するために、本当に役に立つのでしょうか？　ほとんど役立ちそうにありません。水が氷の創発特性を獲得するのを知ることは、あなたに氷の彫刻を見せることではないのです。何か別のことが働いているのは明らかです。

情報は「粒子が互いについて知っている何か」だと知りましたが、それは問題であって、解決ではありません。情報をより多く投入することで成熟した人間の脳を作るという考えは、トランプのカードの枚数をもっと増やせば、いきなりポーカーが始まるだろうというようなものです。ジャック、クイーン、エースのすべては情報を持っていますす。それは、脳に必要なこと、つまり情報の使い方を知っていることとは違うのです。

現実性を実証する

意識の問題に取り組んでいる人は誰でも、自分の側に現実性があると感じています。けれども、もっと目を凝らしてみると、何が現実かを示してくれる理論モデルはありません。レーダーは雨が降っているときあなたに知らせますが、雨で濡《ぬ》れると言えるのはあなただけ――経験からのみ判断できるのです。驚くべきことは、恒星の内部における核反応の猛火は、0と1に単純化することができますが、0と1の概念は人間的なものです。私たちがいなければ存在しません。

実際に、情報の概念を理解する人間がいなければ、自然界のどこにも情報は存在しません。情報理論がひどく損なわれた場合、最もありがちな代替案は、「いつかもっと良い理論が現れるのを待とう。その間も、日々新たな脳研究が現れる。それによって最終的には全貌《ぜんぼう》がわかるだろう」というものです。ところが、この手の確信は、「脳＝心」という疑わしい仮定に基づいています。

神経科学の分野全体はこの仮定に基づいています。間違いなく、人間が生きていて意識があるとき、脳内では活動が存在し、死はその活動の中止をもたらします。ところが、すべての音楽をラジオがもたらす世界を想像してみましょう。ラジオが壊れれば、音楽は死を迎えます。でも、この出来事はラジオが音楽の源であることを証明していません。ラジオは音楽を伝えますが、それはラジオがモーツァルトやバッハであることとはまるで違います。脳にも同じことが言えます。脳は、私たちに思考と感覚をもたらす伝送デバイスに過ぎないのかもしれません。脳スキャンがどれほど強力になろうとも、神経活動が心を生み出すことは証明されていません。

「脳＝心」の問題は2つの要素からなっています。ひとつは、心が付帯現象、つまり2次的効果だというのが前提になっていることです。焚き火を焚くときの1次的現象は燃焼です。2次的現象は炎が発する熱です。熱は付帯現象なのです。脳研究では、ニューロン内の物理的活動は1次的現象ということが前提です。思考や気持ち、感覚という主観的感覚は、2次的なものです。心は付帯現象になるのです。ところが、自分が誰であるか、自分はどこにいるか、世界はどのように見えるか――心から生じるすべてのもの――を意識している状態も、1次的現象であることは極めて明白です。音楽はラジオ以前に生じましたが、この事実は、ラジオの仕組みを原子と分子まで還元して研究しても損なわれません。

「脳＝心」の第2の問題は、私たちには自然を正確に見る方法がないということです。

私たちにはどれほどひどく現実が見えていないかを自覚するのは難しいのです。クリストファー・イシャウッドの著書『ベルリンよ、さらば――救いなき人々』（中野好夫訳、角川書店）で、語り手はヒトラーの台頭していくドイツに到着した無名の青年です。青年がどれほどショックを受けたのかを示す代わりに、イシャウッドは私たちに判断させたいと考えます。なぜなら、そうすることによってのみ、語り手が目にする恐怖を、私たちが信じるからです。青年は次のように話を始めます。

私はシャッターの開いているカメラだ。極めて受動的であり、記録をし、ものを考えていない。向かいの窓際で男が髭を剃《そ》っていること、着物の女性が髪を洗っていることを記録している。ある日、これらのすべては明らかにされ、注意深く印刷され、残さなければならない。

ところが、カメラはまさしく人間の脳ではないもの、人間の心ではないものです。私たちは現実の中に参加している、つまり、完全に含まれているということです。量子物理学は科学の実践の問題全体に、観測者を持ち込んだことで有名です。そして観測者の役割が何であるかを解決していないことでも有名です。

科学の実践は、解決を待つことを急にやめたわけではありません。ゆえに、最悪の事態での代替案が適用されたのです。それが、観測者を考慮に入れないことです。これはつまり、一部の物理学者にとっては、「観測者を差し当たって考慮に入れないようにしよう」ということで、その他の大多数の物理学者にとっては、「観測者をずっと考慮に入れないようにしよう――観測者が重要なわけでもあるまいし」ということです。けれども、現実性はカメラを差し引いた「私は～である」から始まります。誰でも朝起きると、第一者意識で世界に向き合います。それが避けられない現実です。

「脳＝心」については、2つの問題点から、大きな疑問があります。ところが皮肉にも、心は脳を必要とし、私たちの知る限り、脳がなくては何もできません。ラジオを通じてのみ音楽にアクセスできる想像世界のように、私たちの世界は人間の脳を通じなければ、心にアクセスできません。精神科医のデイヴィット・ヴィスコットは、病院での研修中に人生を変えるような出来事があったことを報告しています。ある患者が亡くなったときに病室に入ると、その瞬間に患者の体から一筋の光が出ていくのを目にしたのです。どう見ても魂か精神が去っていくようでした。

そうしたものを見たという事実――それはホスピスで働く人々にとっては珍しくないこと――が、ヴィスコットの考えを心底から揺さぶりました。彼の世界観ではそうした現象を説明できなかったのです。同僚の医師らは彼の言うことを信じようとはしませんでした。彼らが魂を持っていたとしても、それは魂を信じるということは意味しなかったのです。同様に、脳が心のための受信デバイスに過ぎなくても、それでもなお、脳は心であるという議論はできます（あなたの信念体系が現実性よりも強力であることの別の証明です）。

動いている矢を追う

「心ファースト」と「物質ファースト」の論争を解決する方法はあるのでしょうか？私たちの信念が障害になるなら、おそらく現実が実証するはずなので、結果には間違いがありません。何世紀も前に端を発した手段がひとつあります。ギリシアの哲学者ゼノンが紀元前5世紀に最初に提起したパラドクスで、「飛ぶ矢は動かず」で知られています。

ゼノンはこう言います。空中を矢が飛ぶとき、私たちは時間のどの瞬間にでも観測ができます。私たちが観測するとき、矢はある特定の位置にあります。どの位置であっても、その位置に矢がある瞬間には、矢は静止しています。だから、時間が一連の瞬間でできているなら、矢はずっと止まっていることになります。どのようにして矢は動いていると同時に、静止していることができるのでしょうか？　これがゼノンのパラドクスです。提起されてから2000年後に、テキサス大学のジョージ・スダルシャンとバイディアナート・ミスラが名づけた「量子ゼノン効果」の中によみがえりました。こちらで観測される物体は矢ではなく、有限の時間で通常の崩壊をする量子状態（遷移するときの分子など）です。

崩壊が起きる量子状態は、連続的な観測によって凍結します。すべてではありませんが、多くの解釈では、観測者のおかげで粒子の波のようなふるまいが「崩壊」して、私たちが測定や観測ができる状態になります。もっとも、観測者がどのようにこの遷移を操作するのかは、大いに議論の余地がありますが。これまで本書で見てきたように、分子状態が崩壊するその実際の瞬間の決定はできず、確率を使って推測だけができます。ところが、量子ゼノン効果では、観測での介入によって、不安定な系から安定な系に変化します。

実際に事象が起きるときを見るために、じっと分子を観測し続けていられるでしょうか？　答えはノー、そして、それがパラドクスなのです。ひとりの観測者がずっと、あるいは超高速間隔で観測すれば、観測されている状態は決して崩壊することはありません。飛んでいる矢を見るために時間を細切れの瞬間にするように、不安定な量子系の観測では、細切れの活動をさらに細かく分けて、何も起こらないほど細かくします。類推のために、あなたは結婚式で新婦の写真を撮るカメラマンだと想像しましょう。あなたが「笑って」と声をかけると、新婦が「カメラが自分に向いていると笑えません」と言います。するとあなたは立ち往生です。カメラを新婦に向けている限り、笑顔にならないのです。カメラを下げれば笑顔の写真は撮れません。これが量子ゼノン効果の核心です。

これがなぜ「心ファースト」と「物質ファースト」の議論の解決に役立つのでしょうか？「私」を方程式の中に取り戻すからです。現実性は、カメラの向いていない限り自然に笑う新婦に似ている、ということを表すのが量子ゼノン効果です。新婦は見られているのが好きではありません。ところが、厄介なことがあります。私たちはいつも現実を見ています。よそ見をするようなことはありません。それはつまり、誰も見ていないときの宇宙のふるまいには、意味がないということです（もちろん、人間は宇宙の生命の断片を求めてうろついているので、観測とは本当は何なのか、そして、暗には、誰が観測しているのかということに関しては、未解決の疑問として残っています。この点には、後で戻ってきます）。

「物質ファースト」陣営は、観測をし続けることに関するこの避けられない現実の受け入れを拒絶します。彼らは、新婦に「カメラを向けたときに笑えなくてもかまいませんよ。笑顔が撮れるまでカメラを向けているようにしますから」と言う結婚式カメラマンに似ています。カメラマンは永遠に待つことができます。量子ゼノン効果があるにもかかわらず、どうやら「物質ファースト」陣営にはそうすることができるのです。量子ゼノン効果によれば、私たちが見ることにこだわる限り、特定の分子の遷移は決して見られないでしょう。それどころか、さらに観測を増やすほど、不安定な系はさらに凍結するでしょう。

よって、そうした世界をよりじっくり見るほど、そして最も細かい構造をより詳しく見るほど、一定位置に凍結しがちになるということです。どういうわけか観測は、現実性に特異性を与えるのです。手掛かりを見つけたぞと思ったシャーロック・ホームズが、虫眼鏡で見ようとした途端に、現実性がスルリと逃げてしまいます。ところが、それを見ていた「心ファースト」陣営が歓声を上げる前に、量子ゼノン効果は、こちらにも良くない知らせをもたらします。離れた観測者は存在しないのです。この知らせによって「物質ファースト」の人々は立ち往生します。なぜなら、物理系が自然にふるまうときには、物理系がしていることを報告できないからです。「心ファースト」の人々は立ち往生します。なぜなら、独立した観測者を作り出すことができないからです。いわゆる観測者効果は、観測者が自分の測定したい系の外側にいられる場合にだけ作用するのです。

　観測者にひとつの小さなものの測定を要求することによって、観測者をいわば細切れにすることも可能です。スリットを通過するときに光子を検出するようなことです。ところが、あなたがずっと見ていると、観測者は見ている対象から目を逸らすことができません。これが理由で、量子ゼノン効果は番犬効果と呼ばれることもあります。ブルドッグが家の裏口につながれているとしましょう。その犬は裏口のドアをずっと目を離さずに見ていて、何でも怪しいことが起きたら吠《ほ》えるようにしつけられています。残念ながら、そのブルドッグは裏口の監視に釘づけになっているので、強盗は正面玄関や側面の窓など好きな場所から侵入できるようになっています。これでは番犬を飼っていないのと同じです。同様に、物理学でなされるどんな観測でも、観測者の注意をひとつのものにロックします。両者が固定している限り、ほかの何事も周り中で起きる可能性があり、誰ひとりとしてそれに気づきません。これでは観測者がいないのと同じです。

　このロックされている観測者と観測対象物は、量子ゼノン効果の中心に存在します。どうすれば、このロックを破壊できるでしょうか？　それを巡ってはたくさんの論争が起きています。たぶんロックは破壊できないでしょう。たぶん方程式によって壊せるかもしれませんが、実生活ではできません。この推論すべての真っただ中に、すばらしい何かが起きています。私たちがまさに必要としていた現実性が実証されたのです。現実性のメッセージは親密なものです。「私はあなたを抱きしめます。私たちは一緒にロックされていて、あなたがつながりを断とうとすればするほど、私はより強く抱きしめるのです」

言い換えれば、「物質ファースト」と「心ファースト」はどちらも「現実性ファースト」に屈しなければなりません。現実性の外側に観測者の立つ場所はありません。観測者は、海から逃げたいと考える魚のようなもので、海から逃げ出したところで、水から飛び出すと死んでしまうことに気づくのです。人間は、宇宙の中に加わっていることで、存在しているのです。存在することは、気づいていることです。それが人間にとっての要点です。驚くべきことに、同じことが宇宙にも言えます。意識がなければ、宇宙は夢のようにひと吹きの煙の中に消え、何も後に残さず、存在したことすら誰も知らないのです。宇宙は意識を持つ、ということでは足りません。宇宙はそれ自身が意識なのです。それをこれから納得できるように論じていきたいと思います。その結論が認められるまで、現実性のメッセージは完全には聞こえたわけではないのです。

8
最初はどのように生命が始まるか？

シェイクスピアは、人の愚かなふるまいと気高さを混ぜ合わせて、落ち着かなくさせるのを常とします。狂気のリア王は、降り注ぐ雨の中を王宮で仕えていた哀れな道化だけを連れ、激しい雷雨に向けて拳《こぶし》を振り回します。『ハムレット』では、死は嘲《あざけ》るかのようにいつもすぐそこで待ち受けています。ハムレットは「人間はなんという傑作だろう、なんという理性の高貴さ、なんという無限の能力！」などと感傷的に大げさな言葉を口にします。対照的に、第一の墓掘り人（第一の道化とも言われることがある）が、死体は偉大な人物のものであろうと、地面が湿っていればどれほど早く腐るか、といったことを冗談めかして言います。墓掘り人のおふざけがハムレットを病的な気分にさせます。結局、高貴な考えがあったところで何かいいことがあろうか？　ハムレットは問います。「皇帝シーザーも、死んで土に還《かえ》り／穴をふさいで、風を防ぐ」

科学では、物理学がハムレットで、生物学が第一の墓掘り人です。物理学はそれ自身をエレガントな方程式で示す一方、生物学は生と死のごたごたしたものを扱います。物理学者は時空を解剖し、生物学者は扁形動物やカエルを解剖するのです。

長い間、物理学は生命のミステリーには携わりませんでした。エルヴィン・シュレーディンガーは、『生命とは何か――物理的にみた生細胞』（岡小天・鎮目恭夫訳、岩波書店）という小作品を書きましたが、概して彼の同僚はそれを、エキセントリックで科学というよりもむしろ神秘主義の一篇ととらえました。少なくとも、シュレーディンガーが関心を持つのに慣れている相対性理論と量子力学の科学ではないと思われたのです。実際に、彼は遺伝学を物理学に結びつけようとしていましたが、１９４４年当時、ＤＮＡの構造はまだ知られていませんでした。その10年後に二重螺旋構造が発見された後でさえ、物理学は生物学とは無関係のままでした。その状況が徐々に変わってきたのは、ようやくこの数十年のことです。

方程式と理論、科学データと結果は全く身近なものではありませんが、生命は今この場に私たちとともにあるものです。生き物について極めて奇妙なのは、生き物がいったいいつどのように発生したのかを私たちが知らないことです。あなたが何であれ生きているもの――風邪のウイルス、Ｔ・レックス、シダの木、新生児――を見ると、先行した別の生物がいます。生命は生命から生じるのです。これでは生命が最初にどこで始まったのかが、わからないのは明らかです。しかし、死んでいる物質から生きている物質への変化が、何らかの方法で発生したのです。生化学では、この重要な瞬間は、一方に無機化学物質、他方に有機化学物質を設定することによって説明されます。有機化学物質は、生物――生命体――にだけに現れる化学物質として定義されます。例えば塩は無機物であり、つまり炭素に基づいていませんが、ＤＮＡによって生産される大量のタンパク質と酵素は有機物です。

ところがこの昔からの分け方は、生命が最初どのように始まったかを知りたい場合に、本当に役立つかは定かではありません。有機化学物質と無機化学物質という分け方は、科学としては有効ですが、生命の定義としてはそうでもありません。タンパク質の構成要素であるアミノ酸には、隕石《いんせき》の表面にも存在しうるものがあります。それどころか、生命の起源についてのある理論では、生命の最初の火花は、地球に落下してきた隕石がきっかけになったとしています。

身も蓋《ふた》もない話をすれば、生命は物理学にはひどく不都合なのです。生物学は抽象的な方程式に適合しません。生命の経験はどのように感じるものなのかを考えるには、生物学でさえ、それを説明するのにはふさわしくありません。生命には目標、意味、方向、目的が含まれますが、有機化学物質はそうではありません。タンパク質の鎖が何らかの方法で辿りを見回して、生きている生命体と関係のあることをするようになる、という話は擁護できません。それでは、ニューイングランド地方の土地にある石が、辺りを見回して、農家の柵《さく》になることを決めた、と言っているようなものです。そして、たとえ塩が「死んでいる」としても、生命は塩が加わっていなければ存在できません――体内のすべての細胞は、必要な化学成分として塩を含むのです。

生命は生命を起源とするという事実は、生物が前進し続けたいと思っていることを暗示します。すべてが絶滅するのでなければ、どうやら進化は止められない力のようです。なぜでしょうか？　大昔に――正確には6600万年ほど前に――巨大な隕石が地球に衝突し、恐竜を一掃したといわれています。その衝突が大気に大量の埃を発生させたので、太陽光が遮られ、地球は寒くなりすぎて恐竜が生き延びられなかったからだろうとされています。あるいは、植物が枯れ果てて、食物連鎖の全体が崩壊したために、ごく大型の動物は生き残れなくなったともいわれます。この大量絶滅の時代を生き延びた生き物は、小さくて取るに足りないものばかりでしたが、小さくて取るに足りない動物のままではいませんでした。哺乳類の時代が可能になったのです。新たな成熟の時代が訪れ、恐竜絶滅後の世界は、それ以前の時代よりも遥かに豊かで多様性が高くなりました。

生命の躍進は明らかであり、神秘的でもあります。池の水面で生育する藍藻類は、何億年もの間、進化をしていません。同様にサメ、プランクトン、カブトガニ、トンボ、あるいは、恐竜とともに生きていたほかの多くの生物形態も進化していません。何が原因で、当初のままの状態でいる生き物がいる一方、進化軌跡を疾走していく生き物もいるのでしょうか？　先行人類もまた、急速に進化した部類であり、数千万年から数億年ではなく、200万年から300万年ほどという記録的速度でホモサピエンス（人類）を生み出したのです。

科学の原則では、適切な質問は「どのように」であって、「なぜ」ではありません。私たちが知りたいのは、どのように電気が働くのかであって、なぜ人々はより大きな薄型テレビを欲しがるのかではありません。ところが、生命の進化はなぜの問題を提示し続けます。なぜモグラは光を捨てて地下に棲《す》んでいるのでしょうか？　なぜパンダは竹の葉しか食べないのでしょうか？　なぜ人々は子どもを欲しがるのでしょうか？　このように、ある種の目的と意味が関わってくるのです。あるいは、意識を持つ宇宙には、開闢《かいびゃく》以来の目的と意味の種《たね》があったのでしょうか？　現状では、そうした推測は科学界によってかなりの抵抗を受けます。宇宙が目的や意味を持たないというのが標準的な見方です。よって、生命の始まり方の新たなモデルを提示する前に、私たちはまず従来の考え方を取り払わなければなりません。意識を持つ宇宙では、既にすべてのものが生きています。生命は生命から生じるという観測結果は、宇宙の真実であることがわかります。

ミステリーの解明

人体の化学物質によって、その体は生きているのです。全有機化学物質の筆頭にあるのは、生命のコードを含むＤＮＡ（デオキシリボ核酸）です。ところが、一歩下がって考えると、生命がどこで始まったのかというミステリーを解くには、これは厄介で、おそらく不可能な方法のように思われます。炭素、硫黄、塩、そして水はおそらく死んでいますが、同時に生命には絶対に欠かせません。するとなぜ、有機化学物質は特権的と考えられるべきなのでしょうか？

微生物やチョウ、ゾウ、ヤシの木、その他あらゆる生き物がしていることは、その生き物の構成材料と同じ、というわけではありません。さまざまな化学物質を合わせてかき混ぜても、ピアノに曲を作らせることはできないでしょう。人体が有機化学物質でできているのと同様に、ピアノを包み込む木材も、全体にセルロースという有機化学物質でできています。ビートルズの音楽も、ほかのどんな音楽も、セルロースに関する何かで説明することはできません。同様に、人体の化学物質をあれこれいじっても、人が行う生活行動を説明することにはなりません。遺伝子学はぐらついている土台に立っているように見えます。

海水や木片の中の生命のない化学物質とは違い、人体の化学物質は特別だとする主張もあるかもしれませんが、常に隠された誤りがあって仮説としては脆弱です。このことを説明するひとつの方法が、ナノマシンとして知られる生きた細胞すべての特徴によるものです。ナノマシンは、顕微鏡でしか見えないような微細な装置で、製造工場のように機能し、細胞が生き延びて増殖するのに必要な化学物質を製造します。

私たちの細胞は、ゼロから作り出す必要はありません。ＤＮＡは、新たな細胞が作り出されるたびに、一から作られるのではありません。その代わりに、ＤＮＡはそれ自身の鏡像を形作るために、それ自身が半分に分割して、新たな細胞のための遺伝物質になります（この自己複製の活動がどのように生じるかについての説明はありませんが、ここではこのミステリーは除外しておきます）。細胞は一からほかの化学物質を作ることも望みません。進化の多くは、細胞の生きている間は損傷を受けずに続く、固定マシンへ行きつきました。それは、石炭工場と製鉄所に似ています。周辺の街でどれほどの変化が起ころうとも、工場は操業が止まることもなければ、解体されることもないのです。細胞内にはミトコンドリアと呼ばれる特定ゾーンがあり、ここから細胞のためのエネルギーが供給されます。ミトコンドリアは、非常に安定的なナノマシンなので、世代から次の世代へと変化せずに受け継がれます。あなたは、母親から自分のミトコンドリアＤＮＡを受け継いでおり、あなたの母親はそのまた母親から、人間の進化の軌跡を遡ってたどれる限り昔から受け継いできたのです。何らかの形で、ミトコンドリアはすべての生きた細胞で、エネルギー工場として安定を保ってきました。細胞内部での空気と食料の出入りは、絶えず渦巻いて変化していますが、ナノマシンはそうした出入りに影響を受けません。それどころか、さまざまな意味でそうした出入りをガイドするのです。

生命のマシン類

生命の始まったばかりのところを知りたければ、ナノマシンはミステリーのまさに中核部分に存在します。ところが、まずはアリスのように鏡を通り抜けて、原子や分子といった最も小さいものが大きく見える世界に行かなければなりません。それらは顕微鏡レベルで現実性の主導権を握っているのです。超新星の中心であれ、深宇宙のガス雲であれ、生きている細胞であれ、そうした自然界で起こることは何であろうと、原子と分子の相互作用を通して起こっているのです。物質面で生命の始まりに密接に関係するものはほかにありません。原子と分子がそれら自身で仕事を成し遂げることができなければ、生命は始まることができないのです。このことが、現在の生物学には適合しているのです。後で戻ってくるにしても、差し当たって量子を除外しましょう。

原子は、ほぼ瞬時に相互作用をします。人間の体内に存在するフリーラジカルとして知られている化学物資について、あなたは耳にしたことがあるかもしれません。フリーラジカルは、破壊のプロセスと構築のプロセスのどちらにも関係します。それゆえに、フリーラジカルは両刃《もろは》の剣です。老化と燃焼に関係しますが、同時に傷の回復にも不可欠なのです。ところがフリーラジカルの基本的な働きはかなりシンプルです――ほかの原子や分子から電子を奪うことです。放射能や喫煙、その他の環境要因のために、あるいは、体のそれ自身の自然過程から、フリーラジカル自身の電子の数は不安定です。免疫系はフリーラジカルを作り出し、侵入してきた細菌とウイルスから電子を奪うことで、それらを無力化します。最もよく電子をほかから奪いがちなのは、酸素ラジカルです。酸素は電子数が不安定な酸素ラジカルになると、最も近くて奪いやすい電子をつかんで安定な酸素になります。したがって、フリーラジカルは反応性が高く、たいていは寿命が短いのです。

生きている生命体とその細胞にとって、これは生きるか死ぬかの問題です。結局のところそれは、生命が安定性と不安定性を同時に必要とするというパラドクスになるのです。生命には、ナノ秒から何百万年まで非常にさまざまな時間スケールも必要で、それらが何らかの方法で結びついています——ひとつの細胞は数千分の1秒で動作しますが、数千万年かけて進化するのです。

生命を成り立たせる反対のもの同士は、理論的には調和しません。細胞の内側で一部の原子と分子は、ほかの原子や分子と結合することでさまざまな仕事をするために、完全に自由である必要があります。ところが仕事を終えれば、安定物質は一度も変化することなく持続しなければなりません。しかし、どの原子がどこへ行くのでしょうか？アドレスのラベルがついているわけではありません。問題をさらに複雑にすることに、ごく重要な有機化学物質の、主として植物のクロロフィル（葉緑素）と赤い血を持つ動物のヘモグロビンは、安定性と不安定性の微妙なバランスをとることを驚くほど極端にやっています。

ヘモグロビンは赤血球の内部に存在し、その細胞の乾燥質量の96パーセントを占めています。そして、ヘモグロビンの働きは、酸素を取り込んで血流に乗り、それを体内のすべての細胞に運ぶことです。血液の赤い色は、ヘモグロビンの鉄分によるものです。

鉄が錆びると赤みを帯びるように、ヘモグロビンは酸素原子を取り込むと赤くなります（同じ理由によります）。酸素原子が目的地に到着して放たれると、赤い色が薄れます。静脈の血液が青みを帯びている理由がそれです。静脈血は肺へ戻る途上にあります。肺で、酸素の運搬を最初からやり直す過程をスタートするでしょう。ヘモグロビンが酸素を運ぶ能力は、酸素がただ血液中に溶けているだけの場合の能力の70倍あります（一部の魚類を除いて、すべての脊椎《せきつい》動物はヘモグロビンを持っています。魚類は、空気で呼吸する代わりに、エラを通して水から酸素を摂取するので、異なるプロセスを採用しています）。

ヘモグロビンは、分子としては構造の奇跡です。私たちは鏡の国に入ったので、ヘモグロビン分子の中に入っていくことを想像してみましょう。それはまるで温室のような建物です。アーチ型の天井で、小さな分子が蜘蛛《くも》の巣のような鎖で桁や梁《はり》を作っているのです。まずは、ヘモグロビンの存在理由になっている鉄原子を見ることさえ難しいでしょう。タンパク質のリボンは螺旋を形作っており、螺旋をつないでいるその他の化学物質が溶接したボルトのような働きをしています。私たちはパターンを念頭に置くと、タンパク質の鎖の特殊な形に気づきます。ユニットかタンパク質の中にはサブユニットがあり、それぞれが、タンパク質ではない唯一のものに結合して、鉄原子がヘムを形成します――タンパク質の輪が鉄を取り囲んでいるのです。構造面については、特別なひだとポケットもあり、それらが所定の位置に収まっている必要があります。

お金持ちが巨大な邸宅に住んでいるのを考えてみましょう。合理的に言えば、そうした邸宅にひとりかふたりでポツンと住むのはスペースの無駄です。ヘモグロビン分子は1万個の原子でできています。それらが途方もなく広いスペースを作り出し、そこへきっかり4つの酸素原子を取り込んで運びます。とはいえ、これらの1万個の原子は、贅沢《ぜいたく》な無駄遣いといったものではなく、細胞が生きるために必要なもっと単純なタンパク質が再結合してできています。水素、窒素、炭素、および硫黄のほかに、ヘモグロビンの構造には酸素も含まれます。よって、何十億年も前に地球という惑星上で、無機物質が直面した実際の課題は、次のとおりです。

酸素は、周囲の貪欲な原子と分子に飲み込まれずに、大気に放出された。

それと同時に、酸素の一部は飲み込まれて、複雑な有機化学物質を形作った。

それらの有機化学物質は、タンパク質の構造に組み込まれた。そうしたタンパク質の中で、ヘモグロビンは極めて複雑なものである。

ヘモグロビンは内部が整備されて、４つの鉄原子をすっぽりと包み込んだ。ヘモグロビンと機構部分が似ているタンパク質も含めて、ほかの何百ものタンパク質には鉄原子は存在しない。

ダイヤモンドが鍵のかかった貸金庫に入っているように、鉄原子が不活性のままで包み込まれていることはありえない。鉄は電荷を蓄えて正イオンになったので、酸素原子を取り込むことができた。けれども、タンパク質を作るのに既に使われている酸素を奪うことは一切許されない。

最終的に上記の有機化学物質すべてを構成するために必要なマシン類は、次回すべきこと、その次にすべきこと、そのまた次にすべきことを記憶することになった。これに対し細胞内で近くに存在するほかのナノマシンは、ヘモグロビンを作るマシンの妨げにならない別の何百もの化学プロセスを記憶した。それらと同時に、細胞核では活動の全体をＤＮＡが記憶し、ぴったりのタイミングで実行する。

これではどう考えても、原子に求めることが多くなります。原子の自然なふるまいは、近くの原子と瞬時に結合して、その結合を維持するというものです。この自然のふるまいが止むことはありません。星や星雲、銀河にある無数の原子は、これまでも今も変わらずに、そのように働いているのです。太陽系に存在する原子も、太陽の中の原子も、私たちの地球にある原子も、みな同様です。ところが、生き物の中の原子は別なのです。自然にふるまう技も操りながら、それと同時に、創造的な副業を持っている、つまり生命も維持するのです。

動物はヘモグロビンの生成に従って生命を進展させていきましたが、植物を生かしてゆく自然のプロセスはクロロフィルを作りました。クロロフィルは、植物の生命を違った方法で、すなわち光合成によって維持しています。クロロフィル分子は137個の原子でできていますが、ここではそれ以上詳しい構造には触れません。ヘモグロビンの鉄に対して、クロロフィルの唯一の目的はマグネシウムの原子をひとつ包み込むことです。このイオン化したマグネシウム原子は、太陽光に触れると、炭素と水を非常に単純な炭化水素に変えます。太陽からの光子がこの新物質をどのように生成するかは、新たな謎を呼びます。とはいえ、最も単純な炭水化物分子が植物の葉で作り出された途端に、進化は新たな局面を迎えました。クロロフィルを製造するマシンは、ヘモグロビンを製造するマシンとは別のルートを取り、そのために、ウシは草として存在するのではなく、草を食べるというわけです。

(光合成では、クロロフィルは二酸化炭素の中の炭素原子だけを必要として、酸素原子を空中に放出します。ああ、なるほど、ほかの原子に取り込まれない自由酸素は、それに由来するのか、と思われるかもしれません。でも残念ながら、クロロフィルは生きるためには細胞の中にいることが必要で、クロロフィルが稼働できるようになる以前、その細胞は自由酸素を必要としていました)

さてここで、正しい質問をするためのお膳立てができました。生命は最初どのように始まったのかというミステリーは、「生命のない」化学反応から「生命のある」化学反応への変化がどのように起こったか、ということになります。生命は単純に、創造全体における普遍的な化学的ふるまいの副産物なのでしょうか？　それに対する答えには、一部の原子と分子だけがこの副産物に関わると同時に、残りは相変わらず自由気ままにしている理由も、含まれていなければなりません。

小さいものから何もないものへの旅

「生命は生命から生じる」と言わずに生命の始まりを説明するのは至難の業だというこ

とがわかります。明確な始まりが存在するようには思われません。ところが、科学者たちはどんどん小さいものへ向かう衝動に抗《あらが》えません。最古の生き物は、顕微鏡でしか見えない大きさで、細胞より遥かに小さいものでした。細胞が現れるのは、ようやくそれから数億年後になります。ごく最近の発見によれば、今から35億年前、つまり地球ができてからまだ10億年しか経っていなかった時期に、複雑な微生物は既に根づいていました。一部の微生物学者は、非常に古い岩石に細菌の化石が見つかる可能性があると考えています。けれども、岩石が発見されて年代を定めるたびに、いつも課題が生じます。化石を見ているのか結晶の痕跡《こんせき》を見ているのか、どちらなのかを判別するのは極めて困難なのです。

たぶんその解決の鍵は、細菌やウイルスよりもさらに小さいレベルにあるので、分子生物学の分野を訪ねることになるかもしれません。ヘモグロビンとクロロフィルについては、分子生物学の分野がすべてを明らかにしています。その分野の扉を叩くと出迎えてくれた分子生物学者は、生命はどこから来たのかと私たちが尋ねても、首を横に振るだけです。「私が研究している有機化学物質は既に生物の中に存在している」と言います。「その起源は誰にもわからない。化学物質は化石を残さないから」

私たちはその分子生物学者に気づかせることができるかもしれません。アミノ酸の証拠は隕石で見つかったのです、と。生命はここ地球で進化する前に、火星に存在したと推測する人々もいます。十分に大きな小惑星が火星に衝突したなら、たくさんの岩石を宇宙空間へ放出したでしょう。そうした岩石のひとつが地球にたどり着いたとしましょう。その岩石に、宇宙空間の旅で生き延びた生命が付着していたとしたら、それが有機化学物質の始まりになるかもしれません。

分子生物学者は、扉を閉めながら否定的な意見を述べます。「そうした種類の推測は科学というよりもSFに近い。何しろ裏づける証拠がないから。すまないね」

そういうわけで、悪夢のように無限の廊下を進んで次々に扉を叩いていってもきりがありません。問題をどれほど小さくしても、いつもさらに小さいレベルが存在し、しまいには物事の全体——物質、エネルギー、時間、そして空間——が、量子真空の中に消え、私たちはイライラがつのるばかりの状況に取り残されます。なぜなら、そこに答えがあるはずだからです——結局、生命はここに、私たちを取り囲んで存在するのです。私たちを生き物から何もないところに連れて行く旅は、逆にできなければなりません。「生命は生命から生じる」というだけでは、まずはどのように生命が登場したのかを説明する責任からは逃れられていません。

興味深くて非常に明快な方法として、マルチバースの考案者のひとりで物理学者のアンドレイ・リンデは、何も使わずに人間の生命がなぜ生じなくてはならなかったのかを示します。物理学の最近の発見で最も重要なものを訊《き》かれたとき、リンデは「真空エネルギー」を選びました。これは、空っぽの空間が非常に少量のエネルギーを含むことの発見です。私たちはこの事実に触れましたが、リンデはこれを、地球に生命が存在する理由として取り入れました。真空エネルギーは一見、全く取るに足らない量です。「空っぽの星間空間には1立方センチメートルあたりおよそ10のマイナス29乗グラムの見えない物質、つまり、その分量の真空エネルギーが含まれる」とリンデは指摘します。言い換えると目に見えない物質と真空エネルギーは、ほぼ同等です。「これはほぼ何もないことだ。1立方センチメートルの水の質量よりも29桁小さいし、陽子の質量よりも5桁小さい。……地球全体がそうした物質でできていたら、地球の重さは1グラムより小さくなる」

真空エネルギーは、それほど小さいものなのに、途方もなく重要です。空っぽの空間のエネルギーと、空っぽの空間の目に見えない物質とのバランスが、私たちの住んでいる宇宙をもたらします。どちらか一方が多すぎると、宇宙はビッグバンの直後につぶれて崩壊するか、どんどん離れ離れになってばらばらの原子になってしまうので、集まって星や銀河を作ることはなくなります。リンデはここに、地球の生命の鍵を見いだしています。

リンデは真空のエネルギーは一定ではないと考えています。宇宙が膨張すると、物質の密度は薄くなり、銀河は互いにどんどん離れていきます。こうなると、真空エネルギー密度も変わります。人間はどういうわけか、完璧にバランスの取れた点でたまたま生きているのです――そこに住まざるを得ないのです。私たちが現れた場所――生命が現れた場所――は存在するべきなのです。なぜでしょうか？　真空エネルギーは天秤《てんびん》の片方をどちらかに傾けていくので、可能性のある値がすべて生じるからです。子どもたちの成長が映っている、家族のホームビデオを想像してみてください。ほとんどの映像をうっかり失くしてしまいましたが、ひとりの赤ちゃんが生まれ、その後同じ子どもが12歳になったときの映像が残っています。映像を失っていても、ある日と12年後の間の成長の全段階が存在したことは確かです。

リンデは、自分の提示する地球の生命の起源の物語は、誰であれ考えうる最善のものだと言います。そして、その物語は楽観的なほうへと向かいます。「このシナリオによると、すべての真空のタイプが安定的というわけではないが、準安定的である。つまり遠い将来、私たちの真空は衰えていき、宇宙の私たちの部分で私たちが知っているような生命を破壊する。一方で、世界の別の部分では、再び何度も生命の創造を繰り返す」

悲しいかな、それにはひとつ問題があります。「準安定的」とは、十分に距離を置いて見てみれば、不安定な領域は打ち消されるという意味です。亡くなりつつある人の体内の炭素は、新生児の体内の炭素と全く同じように安定的です。距離を置いて見れば、生と死の間には何も起きていないのです。化学の授業ではそれでいいのですが、実生活では役に立ちません。銀河が生まれて、それから死んでも、あるいは人類が現れて絶滅に瀕《ひん》しているときにも、真空状態は安定的です。これでは、生命出現の舞台は整っていると言っているだけで、生命がどこから来たのかについては何も言っていません。リンデはエレガントな舞台を整えるというエレガントな仕事を——おそらく、これまでの誰の仕事よりも、エレガントな仕事を——成し遂げましたが、何もないところから生命の起源へ連れて行ってはくれません。

量子は生きているのか？

マルチバースは生命のミステリーをあまり解決していません。そして、もっと良い手掛かりがあります。それは、真空エネルギーといったエキゾチックな種類のものではなく、熱や光といった普通のエネルギーに関係します。普通のエネルギーは、むらがなくなるようにふるまうので、エネルギーの塊が生じると、エネルギーは即座に塊から逃れて均一な状態になろうとします。そのために、冬に家の暖房が消えると、家はどんどん寒くなって、家の内外が同じ温度になります。熱は均一になるのです。

このエネルギーの散逸はエントロピーとして知られています。そしてすべての生命体はそれに抵抗します。生命はエネルギーの塊でできていて、死の瞬間まで均一にはなりません。冬にあなたがバスを待つときは、暖房の消えた家とは違って、あなたの体は温かいままです。これは、あなたが寒さをしのぐための厚いコートを着ていることで、よく断熱されているから、というわけではありません。そうではなくて、あなたの体は食べ物から熱エネルギーを抽出し、およそ37℃の定温で蓄えています。すべての小学生はこの事実を学びますが、有機体がエントロピーに逆らう技を最初どのように見つけたのかがわかれば、生命が最初に存在した理由もわかるでしょう。

地球上で生命が入手可能な自由エネルギーは、ほぼすべてが光合成に由来します。植物が成長するためにエネルギー供給を必要とすることは別として、地上の動物の生命すべてを含む食物連鎖では、植物が最底辺です。太陽光がクロロフィルを含む細胞に当たると、太陽光のエネルギーが「収穫」されます。ほぼ瞬時に、化学処理を経てタンパク質とその他の有機生産物になります。このエネルギー変換は、ほとんど瞬間的に100

パーセントの効率で行われるのです。熱として浪費されるエネルギーは一切ありません。これに対して、あなたが朝、走りに出かけると、あなたの体の燃焼効率は、大量の過剰な熱になり、汗をかき、肌が温かくなります。多くの化学廃棄物も生じて、それらが血流に乗って筋肉から運び出されます。

化学は光合成の完璧に近い精密さを説明できませんでした。2007年に突破口が開かれたのは、ローレンス・バークレー国立研究所でグレゴリー・エンゲルとグラハム・フレミング、および同僚らによって、量子力学的な説明が考え出されたことによります。本書では既に、光子が波として、もしくは粒子としてふるまいうることには触れています。光子が、原子内の電子軌道と接触するまさにその瞬間、波が「崩壊して」粒子になります。すると光合成に多くの非効率を引き起こします。ダーツを的めがけて投げるときのように、ブルズアイ（的に描かれている二重の円のうち、内側の円のこと）に命中するまでには、外れるものがたくさん生じるのです。ところがバークレーの研究チームは、かなりユニークなことを発見しました。光合成では太陽光が波のような状態を十分に長く保つので、可能性のある「的」の全範囲のサンプルを試すことができて、そのとき同時に、結びつくと効率の良いほうを「選択する」のです。選べるエネルギーの経路で可能性のあるものすべてを見渡すことで、光を浪費せずに、効率的どころか最高効率のエネルギーを得るのです。

バークレーの研究チームによる発見は、詳細が複雑で、長期的な量子コヒーレンスに重点を置いています。量子コヒーレンスとは、波が崩壊して粒子になってしまうことなく、波の状態を保つ、波の能力です。光と、光のエネルギーを受け取る分子について、両者の共鳴をぴったり合わせることも、そのメカニズムに含まれます。2本の音叉《おんさ》が、ぴったり同じように振動していることを考えてみましょう。これは調和共振として知られています。量子レベルでは、太陽光の特定の周波数の振動と、受け取っている細胞が同調する振動との間に、同様の調和が存在します。

量子効果はほかに、ミクロとマクロが出会う重要な場所に存在することが知られています。聴覚の刺激は、内耳の中で量子の規模の振動によるもので、大きさは1ナノメートル未満です（1ナノメートルは10億分の1メートル）。一部の魚の神経系は、非常に小さな電界に対して感受性があり、私たち人間の神経系は非常にわずかな電磁効果を生じます。脳細胞の細胞膜で行われるカリウムイオンとナトリウムイオンの交換は、細胞によって伝達される電気信号を引き起こします。全く新しい理論によると、生き物が埋め込まれている「生物領域」は、電磁気的レベルを起源とするか、ことによると、さらにかすかな量子レベルを起源とし、まだ探索がなされていないとされています。このように、量子生物学には本当の未来があります。光合成が開いた突破口は、ターニング・ポイントだったのです。

しかし、これらの発見はすべて興味深いとはいえ、量子は生きていると宣言することでは、どのように生命を獲得したかはわかりません。ヘビが丸くなって自分の尾に噛みついているようなものです。人間が生きているのは、量子が完全に生命のような方法でふるまう（つまり選択をし、安定性と自発性のバランスを取り、エネルギーを効率的に取り入れる）おかげなら、私たちが証明してきたことはすべて、生命は生命から生じるということです。これは、私たちが既に知っていることです。

それにもかかわらず、生物学において量子効果は重要です。なぜなら、量子効果は、あらかじめ決められていないふるまいに、酸素原子がほかの原子に反応するときの状態を取り入れるからです。「選択」のような言葉には、決定論を少々和らげてきたというニュアンスがあります。でも、それで十分でしょうか？　木の中で緑の葉が揺れると、太陽光は量子意思決定論のおかげで炭水化物を作るために使われます。けれどもこれでは、肝臓の単一の細胞が何兆というほかの細胞と協調的な方法で何十もの処理を行っている前線で、意思決定がなされることについて理解するには不十分です。家を建てるときに、モルタルでレンガをひとつずつ積む方法を知っていることは重要ですが、それは家全体を設計して建築することとは同じではありません。

「どのように」から「なぜ」へ

科学は、生命がどのように始まったのかを説明する妨げとなり、それによって私たちはおそらく間違った質問をしてきたのかもしれません。誰かが真夜中に窓からレンガを1個放り投げると、暗闇では誰がそれをしたのかがわかりません。ところが、誰がしたのかを問う前に、なぜそんなことをしたのかという疑問が浮かびます。このように明らかに私たちの生活には目的がありますが、私たちが学んだとおり、自然には目的がありません――自然はただ存在するのみです。目的がない状態は、クォークや原子、星、銀河に眠れない夜をもたらしません。なぜ脇道に逸れて、食べ物や交配、その他の生存のための理由に駆られる生き物が生じるのでしょうか？

私たちは目的がないことはありえないと思っています。あなたが人間である限り、AがBを引き起こすには理由があります。脳を使う方法はそれしかありません。目的がなければ事象は存在せず、少なくとも人間の神経系を通して検知するほどにはなりません。あなたが無人島に置き去りにされて、60年経ったとしましょう。ある日、空から小包がパラシュートで落ちてきて、それを開くと中には2つの物体、スマートフォンとパソコンが入っています。どちらもバッテリーで動きます。スマートフォンは、1960年代から私たちが知っている電話とは全く似ていないにもかかわらず、電話として機能することに気づくには、それほど長くはかからないでしょう。電話が存在する理由を知っているので、かなり簡単に使いこなせます。番号を押すことと、相手方の応《こた》える声を聞くことの関係を理解してしまえば、スマートフォンの仕組みを知る必要はありません。

ところがパソコンは別の話です。なぜなら、1965年ぐらいより昔の世界は、コンピューターの揺籃《ようらん》期で、デスクトップコンピューターはどれもこれも、テレビで見たような巨大なIBMのメインフレーム（大型汎用コンピューター）のようなものばかりでした。あれこれいじくりまわして、自分がいったい何を扱っているのかを行き当たりばったりで見いだすために、何百時間も必要になるでしょう。この奇妙なマシンは、キーボードも画面も備えていますが、タイプライターやテレビと同じようなものではありません。機械をいじるのが好きなら、パソコンの筐体《きょうたい》を開けて、内部で作動している部分を見ることができるでしょう。内部には、あなたには全く理解できないパーツがたっぷり見えます。マイクロチップの機能を独力で理解することができると思いますか？　たとえそれができたとしても、その情報で、コンピューターのソフトをどのように動かすのかわかりますか？

どう考えても、ノーという答えが、可能性としては最も高いでしょう。電話が存在する理由を知っているのと同様に、コンピューターが存在する理由を知らなければ、コンピューターを分解することで「どのように」から「なぜ」に至ることはありません。飛行機の乗客の多くは、飛行機がどのような仕組みで飛ぶかを知りませんが、どこかへ移動する必要があるので飛行機に乗ります。飛行機の「なぜ」は十分にあるのです。飛行機が存在するのは、自動車や列車よりも早くあなたを目的地に運べるからです。それではなぜ、生命は存在するのでしょうか？　生命は必ずしも必要ではないのです。生命を創造するために相互作用する化学成分と量子過程のすべては、既にそれだけで十分なことなのです。

フランケンシュタイン博士の怪物が、嵐の中で落雷の電気で揺さぶり起こされたように、何らかの基本的な物理学的な引き金——生命の火花——によって自然の成り行きで生命が起こったなら、私たちの理解の助けになります。ところが、そんな引き金は存在しません。生きている生命体の広大なパノラマを見渡すと、生命は生命から生じるのであって、死んだ物質から生じるのではないという厳然たる事実に、私たちは身動きできなくなります。新たな形の細菌を設計している研究所においてさえ、いわゆる人工生命は、今もなお、細かく切り刻んだＤＮＡの組み換えなのです（石油を餌にする特殊な微生物を設計すると、海に流出した石油の掃除に役立ちます。そうした微生物を作りたいと考えた場合に、その新たな生命体の考案は、何らかの形で石油を糧として前から存在している生命体をもとにすることによってのみ、成功のチャンスがあります。目標を念頭に置かなければ、ＤＮＡをいじくりまわしても何も達成できません）。

ところが、自然はそれほど運が良かったわけではありません。生きている生命体をやみくもに作るしかありませんでした。作るのに必要なものが前もってわからなかったからです。自然は、作る途中でミスしたかどうかさえ知りませんでした。なぜなら、目的地がわからなければ、選択には正解も不正解もないためです。

何十億年も前、酸素原子には、生命の到来を予感させるようなものは全くありませんでした。太陽光が「収穫」されることになるとか、酸素が有機化学では必須《ひっす》になるだろうということを、酸素に教える者はいませんでした。生命は私たちの地球に大きな適応をもたらしましたが、酸素原子は適応しません。ほとんどの科学者は肩をすくめて、盲目の自然は、自動的な決定論的プロセスを通じて生命を創造したと主張します。原子は結合して単純な分子になります。そうした単純な分子は結合して、もっと複雑な分子になります。こうした分子が十分に複雑になったときに、生命が現れるのです。主流の科学が関係する限り、この全体として満足できない話は、基本的にはこれで全部です。

もっとましな話にたどり着くには、なぜ生命は、なくても全く事足りていたシステム——地球という惑星——に必要とされたのかを説明しなくてはなりません。それの「どのように」を知ることは無益ではありませんし、無益だと主張しているわけでもありません。けれども、例えばあなたが家を買いたいのだとしたらどうでしょう。あなたは銀行に行って、ローン担当者が、大量の書類に全部記入するようにと言います。担当者は、書類はどれも必要だと説明します。あなたは1枚も省略できず、申請書の一連の記載事項の中にひとつでも漏れがあると、契約が成立しません。何百万もの人々が歯を食いしばって、唯一の理由のために、つまり家が欲しいために、書類の一枚一枚に記入します。目的を念頭に置いているので、それに至るのに必要なステップを進んで我慢するのです。

自然は生きている生命体を生み出すために、何千もつながっているステップを通過しなくてはなりませんでした。これが目的もなしに起きたという話を本当に信じられますか？　顧客が銀行に入ってきて、何十枚ものランダムな用紙に記入し、ある日「あなたは家を所有しています。あなたが家を所有するために来たのではなく、これらの書類が何のためのものかを知らなかったということは、私たちにはわかっています」と告げられるようなものです。

生命がどこから来たのかを知りたいなら、今何が足りないのかが、私たちにはわかっています。「なぜ」がなくてもその全プロジェクトが起こるというのは、あまりにも信じ難いです。ランダムな変化に頼らなければならないというよりも、生命が目的だと知れば、すべてを説明するのが何千倍も楽になります。ところがここで、突然新たなミステリーが開陳されます。生命が宇宙の開闢時点から宇宙の一部だとしたら、心についてはどうなるのでしょうか？　ビッグバンの瞬間に、人間の心は必然だったのでしょうか？　私たちがそれを尋ねざるを得ない理由は簡単です。宇宙が心のある状態でなければ、心のない創造物から心を創造するのは不可能です。シャーロック・ホームズがワトソンに好んで言ったように、ほかのあらゆる可能性のある解決策がすべてだめになったら、残ったものが真実に違いありません。この場合、ずっと考え続けている宇宙というのは信じ難いですが、これから見ていくように、ほかのすべての答えは間違えていることがわかるのです。

9 脳が心を作り出すのか？

宇宙が心を持ちうるとする前に、私たちは自分たちの心について理解する必要があります。それは十分に理にかなうことです。イルカとゾウはどちらの種も特大の脳を持っていて、非常に高いレベルで機能しうるとはいえ、私たちがイルカやゾウの心を通して現実を見ることはできません。イルカやゾウのそれぞれの現実があるのはほぼ確実です。イルカやゾウの神経系に合うように、それぞれの現実はオーダーメイドでできているのです。イルカが言葉を学ぶことはよく知られています。人に親近感を与え、そしてまた人間のように、残酷な行動もできるのです。それでも、イルカは人間ではありません。私たちの現実を超えた現実に住んでいるのです。

この論理は驚くべき結論を導き出します。宇宙はそこに住む生き物によって規定されるのです。ふだん人間は、誰もが共通に認識する唯一のものとして、単に「宇宙」と呼んでいますが、それではバナナ2本と小麦粉1袋、冷凍ピザを買って家に持ち帰り、スーパーを買収したと思い込んで疑っていないようなものなのです。異なる神経系を通して感知する現実性はすべて、異なる宇宙を意味します。よって、イルカやゾウはそれぞれ独自の宇宙に住んでいて、ふだんの彼らにとってはそれが各々の「宇宙」なのです。ヘビの宇宙やパンダの宇宙だって、存在しないわけがないでしょう？　人間は現実に対しての独占的な行為を獲得したわけではありません——自分が獲得したと思い込んでいるだけなのです。それはおそらく、自ら招いた優越感からでしょう。

そうした思い込みは、脳のうぬぼれのためです。組み合わせの可能性が1000兆通りあることから、人間の脳は私たちの知る限り、宇宙で最も複雑な物体です。脳の働きのおかげで、私たちは自己を認識しています。馬は草を食べて満足しています。でも、私たちはホウレンソウを食べて、「これは好きじゃない」とか「これ、おいしいね」、あるいはその中間のどんな意見でも言うことができます。このことは私たちの思考に対する大きな支配力の存在を示しています。脳のうぬぼれは、すべての科学の背後にも存在しています。それは、私たちの脳が論理と理性というミステリアスな能力を持っているためです（「ブレインワイズ」のこと。つまり、脳の下部が発達した数百万年前ではなく、大脳皮質が進化した数万年前に、初期の人類が獲得した最新の能力のこと）。ところが、もっと詳しく調べると、脳のうぬぼれは打ち砕かれます。

まず科学、少なくとも古典物理学は、予測可能性と深い仲にありますが、心は違います。極めて簡単に賭けに勝つには、次に考えることを正確に予測できる誰かに、100万ドルを出すことです。そんな賭けを受け入れるのは無謀でしょう。私たちは誰でも日々経験を重ねているので、私たちの考えは予測が不能で自然に発生するものです。自由気ままに現れては消えていき、さらに非常に奇妙なことに、これがどのように働いているかのモデルもないのです。脳は考えるためのマシンだと言われています。しかし、いったいどんな種類のマシンが、同じひとつの入力に対して、これほど多種多様な反応を大量に生産するというのでしょうか？　世界で最もまともに機能しないキャンディマシンのようです。あなたは5セント硬貨を入れますが、毎回ガムボールが出てくるのではなく、マシンからはポエムや妄想、新たなアイデア、陳腐な決まり文句、そして時には偉大な洞察や奇怪な陰謀説が飛び出すのです。

実際に心と脳のひとつの理論が、考えの予測不可能性に気づいて、それを量子の分野に結びつけています。ロジャー・ペンローズは、麻酔専門医のスチュワート・ハメロフと共同研究を行い、意識は脳細胞のギャップであるシナプスで発生する活動によって生み出されるという従来の考えとは決別しました。「統合された客観収縮理論(Orch-OR理論《オーチオア・セオリー》)」として知られている彼らの理論は、従来の考えの代わりに、ニューロンの内部で起こる量子プロセスに目を向けるものです。つまり、「統合された客観収縮理論」という理論名の「収縮」は思いきった考えを示していて、化学反応よりも遥かに微小な自然の仕組みを研究していることを指しています。ペンローズとハメロフの提案によれば、微小管という細胞の微細構造における量子レベルでの予測不能な活動が、意識で起こっている事象の起源だというのです。心には、量子の存在が必要なのです。

理論名のほかの2つの言葉も同じぐらい重要です。「統合された」とは、秩序のある脳活動は、顕微鏡レベルの脳の起源そのものから制御されていることを意味します。これは興味深いことです。なぜなら、意識の基本的な質は秩序があり、系統立った考えだからです。「客観」が重要なのは、科学者が、意識を含めて創造物の何であれ物理的な（すなわち客観的な）プロセスで説明可能に違いないという前提を、維持したいと考えるからです。私たちの見方では、この前提は人間の経験の内面世界のこととなると破綻《はたん》します。私たちは心が量子を必要とすることを認めません。ペンローズとハメロフは、量子生物学を掘り下げて考えるという大胆な一歩を踏み出しました。将来の理論、すなわち、将来の改訂版「統合された客観収縮理論」によって、このレベルでの脳の研究が続く可能性は高いでしょう。

私たちの見解によると、「統合された客観収縮理論」は、人間の心は数式によって計算できないと主張する点に、特別な優位性があります。つまり、あらかじめニューロン

ニューロンが処理する思考はあらかじめ決まっての発火がどんなに決まっていようとも、ニューロンが処理する思考はあらかじめ決まってはいません。ハメロフとペンローズは、哲学と進歩的な論理からもヒントを得て、一部の洗練された量子力学的推論によってこの結論に至っています。ところが、つまるところは非常にシンプルです。要は、機械的なモデルは人間の考え方を絶対に説明できない、ということです。大きな混乱と必然的な行き止まりは、ほかの科学者たちがこの点を重く受け止めれば避けられるでしょう。

好むと好まざるとにかかわらず、私たちの心は二重操縦になっています。私たちが主導権を手にしているときもあれば、全く知らない力が主導権を握っているときもあるのです。これは理解しにくいことではありません。「2足す2は？」と訊かれると、あなたは必要な心のプロセスを呼び出して正しい答えにたどり着きます。これは、あなたが主導権を握っているからです。同じような作業は無数にあります。自分の名前を知っている、仕事のやり方がわかる、仕事先から車で帰るのにかかる時間を見積もれる、といったことです――そしてこれらのことが、自分は四六時中自分の心をコントロールしているという錯覚を与えます。ところが、不安や鬱病《うつびょう》に苦しんでいる人は、コントロールされていない心的活動の犠牲者なのです。そして、例えば精神疾患のように、制御の欠如はもっとひどくなりうるのです。さまざまな精神病に共通し、特に妄想型統合失調症で見られる症状は、患者が自分の体外の何かによって、たいていは頭の中で誰かの声に命じられて、自分がコントロールされていると思い込むというものです。正常な人は通常、精神的にコントロールできないとは感じませんが、私たちが自分の思考をコントロールしているということが現実に正しければ、グーグルで検索するように、私たちの欲するままにどんな思考も呼び出すことができるはずです。しかしそれは真実からはほど遠い話です。

一目惚《ひとめぼ》れは、良い意味でコントロールできません。芸術的なひらめきも同様です。私たちにできるのは、傑作の産みの苦しみにあったレンブラントやモーツァルトの喜びを想像することのみです。二重操縦には良い面と悪い面があるのです。感情が自分の中から湧き起こって現れる瞬間がなければ、そして、あらゆる種類のひらめきが生じなければ、生命はロボットのようです。この当たり前の日常が宇宙の鍵だとわかったらどうでしょうか？　人間は宇宙に浮かんだひらめきかもしれません。そして、ひとたび宇宙がその考えに気づいたら、宇宙の心はそれに同調しようと考えたのです。なぜでしょうか？　面倒を引き起こすし、苦しそうでもある人間のいったい何がそれほど魅力的なのでしょう？　それはたったひとつのことです。私たちは、宇宙が時空の次元にいることを宇宙自身に気づかせたのです。

言い換えれば、まさにこの瞬間に、宇宙はあなたを通して考えているのです。あなたが何をしていようとも——自転車に乗っていようと、ライ麦パンのホットサンドイッチを食べていようとも、子作りしていようとも——それは宇宙の活動なのです。宇宙の進化におけるステージのいずれかひとつを取り除いてみてください。すると、まさに今この瞬間は跡形もなく消えるでしょう。そんな主張は驚くべきものかもしれませんが、本書は初めからずっとその主張を築き上げてきたのです。量子物理学は、参加型の宇宙に私たちが住んでいるということを、否定できないものにしました。よって参加することがすべてであるというだけでは、小さな一歩に過ぎません。私たちの心は宇宙の心と融合しているのです。この結論に至るのに非常に時間がかかったのは、あの古い化け物——頑固な唯物主義のせいにほかなりません。脳を考えるマシンと見なす限り、宇宙の心は存在するはずがないのです。なぜなら、物理主義の言葉でいえば、脳がないことは心がないことに等しいからです。これ以上頑固な障害物はありえないでしょう。

障害物を取り除いて、人間の心が宇宙の心に融合することを可能にするには、脳が心とどのように関係するのかというミステリーに取り組まなくてはなりません。人間の脳を「3・5ポンドの宇宙」（訳者注：3・5ポンドはおよそ1・6キログラム）と最初に呼んだ人は、消し去ることのできないイメージを生み出しました。脳がスーパーコンピューターのように働く独特の物体であるなら、物理主義者が勝利したことになります。けれども、私たちの脳内の原子や分子を特別な地位に持ち上げる理由はありません。宇宙のすべての粒子が、心によって統治され、創造され、制御されているなら、脳も心が指図するとおりに機能するでしょう。それが解決の鍵です。私たちの最後のミステリーを解決する鍵なのです。

ミステリーの解明

脳が実際にすることを把握するのは驚くほど難しいことです。自然がユーモアのセンスを持つなら、これは究極のいたずらです。たとえ心が脳を絶え間なく使っているとしても、脳を隠しておくのですから。脳について考えるだけでは、ニューロンがどのように働くのかはわかりません。それどころか、ニューロンが存在することすらわからないのです。私たちは脳細胞を見たり感じたりしません。Ｘ線、ｆＭＲＩスキャン、外科手術の洗練されたテクニックが現れるとともに、神経科学によって脳のマシン類が見られるようになりました。それはそこに存在して、数マイクロボルトという電気を伴ってキラリと光り、シナプスを超えて神経伝達物質の分子数個を素早く動かしますが、あらゆる意味で、脳細胞は体のほかの細胞すべてと同じように活動します。皮膚の細胞でさえ、さまざまな神経伝達物質を分泌します。するとなぜ、持ち上げた肘《ひじ》をただ見る代わりに、日の出を見るために目を開かなければならないのでしょうか？

脳細胞がすること（原子と分子をあちこち弾ませること）と、脳が生み出している豊かな4次元世界との間のギャップを縮めることには誰も成功していません。この根本的な困難をうまく避けるために、現実性を徹底的に考え直さなければなりません。脳とコンピューターを同等と見なすという一般的な仮定は、ほぼ即座に捨てられます。クイーン・エリザベスという名の美しいピンク色の薔薇を見て、あなたの庭にひとつ植えることにするとしましょう。園芸店に着いたときにはその薔薇の名前を失念していましたが、しばらくして思い出します。もしその代わりに、スマートフォンに正しい名前を探させると、スマートフォンはメモリーチップに存在するありとあらゆるピンク色の薔薇を調べます。それは骨の折れるプロセスですが、正しい名前はクイーン・エリザベスだとあなたが教えない限り、スマートフォンには何が正しい名前なのかはわからないでしょう。

コンピューターは全く賢くないのです。チェス世界チャンピオンに君臨するガルリ・カスパロフが、１９９７年にディープ・ブルーとして知られるＩＢＭのコンピュータープログラムに負けたことは、世界中の耳目を集めました。人間とマシンの両者は2年間、互いに勝ったり負けたりしていましたが、ディープ・ブルーの最終的な勝利は、人工知能の進歩として称《たた》えられました。ところが、まさにそれ――コンピューターがしたことは人工的だったこと――が要点なのです。IBMが絶えず改良とアップデートを行う洗練されたソフトウェアのプログラムでは、統計的に最善の可能性が高くなるような指し手のために、基本のオペレーションは、すべての可能性のある指し手をくまなくチェックすることでした。よってある意味、カスパロフ対ディープ・ブルーは人間対人間の戦いでしたが、両者は非常に異なるアプローチをとったということです。

人間のチェスプレイヤーは、コンピューターより遥かに遅れてこの手順に従う、というわけではありません。それどころか、チェスをする技術を習熟しており、習熟したことによって、戦略と優れた問題解決力、対戦相手を評価する能力の感覚が生じます。――そして、技術的習熟によるだけでなく、同じぐらいの心理的習熟にもよって、多くの勝利を挙げるのです。チャンピオンは、可能性のある指し手のすべてを検討しなくても正しい指し手が「わかる」のです。実際にディープ・ブルーは、そもそもチェスをプレイすることができませんでした。ただ、数字を出してみて、賭けをすることができたのです。この遠回りの戦略が最終的に機能したのは、プログラマーが人間の心の働きかたをまねさせる近道を用いたためでしたが、コンピューターが自分でそんな近道を思いつくすべはありませんでした。実際、ディープ・ブルーを知能と呼ぶのは、加算器を知能と呼ぶのと同じこと――つまり、どちらも誤りです。

同様に、愛や喜び、ひらめき、発見、驚き、退屈、苦痛、落胆などといった数字に換算できない内的経験の世界を人間は経験します。それゆえに、内的世界全体は、コンピューターとはかけ離れています。本格的なＡＩ専門家は、内的世界をちょっとした不調や錯覚のようなものとして退けがちです。もしそれが錯覚というなら、芸術と音楽の歴史全体、またすべての想像力による活動とすべての感情も錯覚になってしまいます。そして煎《せん》じ詰めると、科学それ自体も錯覚になります。なぜなら、科学も創造的なプロセスだからです。明らかに、心はデジタル化できません。コンピューターがすることはすべてデジタル化されるので、脳をスーパーコンピューターとすることは誤りなのです。

コンピューターが心を持たない5つの理由

- 心は考える。コンピューターは数字をあれこれといじる
- 心は概念を理解する。コンピューターは何も理解しない

- 心は心配し、疑い、内省し、洞察を待ち望む。心には気持ちがある。コンピューターは計算したことに基づいて外に答えを出す
- 心はなぜかを尋ねる。コンピューターは、心を持つ誰かに指図されなければ、何も尋ねない
- 心は経験をすることによって世界を検索する。コンピューターは経験をしない。ソフトウェアを実行する。それ以上でも、それ以下でもない

実際に、脳のコンピューターモデルが名を上げたのは、単に従来のモデルでは不十分だと証明されたからです。これから、がらくた置き場の錆びついたモデルをざっと見ていくとしましょう。その際、心を脳の機能として説明しようとするとき、それぞれのモデルには致命的な欠陥がある理由に気づくでしょう。

否定論

これは最も初歩レベルのものです。脳だけが存在し、心はそれだけでは現実性のない副産物であるという主張です。否定論者には、ひとつの大きな強みがあります。すなわ

ち、否定論者は、心に煩わされることなく、これまでどおりに仕事をすることができるのです。それは多くの人々には魅力的な可能性です。否定論者は、どっちみち科学で実用的な仕事では心について話す必要がなく、科学に必要なのは経験することとデータを集めることだと言うのです。「ソフトな」否定論もあります。心は存在するが、空気中の酸素のように当たり前のものだと言うのです。心と酸素はどちらも大切ですが、一生にわたってそれらに注意を向けなくても科学をすることができるというわけです。

━否定論の致命的欠陥

否定論者には多くのことが、とりわけ量子的粒子の心のようなふるまいと観測者効果が、説明できません。意識が量子世界を変えるという事実は、ほかのどんな科学的事実とも全く同じように、現実的です。それゆえ、心を除外して議論はできません。心と物質が脳内で常に相互作用していることは必至なのです。思考は化学を引き起こし、また、化学が思考を引き起こすのです。それを現実的でないとまじめに言える人はいません。

━受動的認識

別の陣営のひとつは、心は実在するが限定的と認めます。脳はデータのコレクターとして働いている五感によって世界を知ります。この視点は魅力的です。というのも、科学自体はデータがすべてだからです。オートフォーカス・カメラのように、脳は受動的ですが、非常に精密です。脳は物体を焦点に持ってきて、ほかの4つの感覚を伴ったその光景を信用しさえすれば、それで十分なのです。もっと良いデータが必要なら（データがなければ科学ではありません）、いつでももっと高性能な望遠鏡と顕微鏡があるので、私たちの視界は裸眼では見えない領域へも広がります。

━受動的認識の致命的欠陥

すべての顕微鏡や望遠鏡、X線装置、その他のあらゆる機器は、受動的検知器として働くものとして作られており、人間の心がそれを解釈しなければ何も検知したことになりません。これらの機器を製作した心は、受動的にそれをしたわけではありません。心には意識の創造性が含まれていて、単なるデータのコレクションを遥かにしのぐのです。

━複雑性は意識に等しい

この陣営は心を非常に複雑な現象として拡張した見方をします。ミミズや魚類、爬《は》虫類《ちゅうるい》の原始的な神経系が、無限の豊かさを持つ人間の脳にどのように進化したのかを理解するために、実際に複雑性が役立つでしょう。複雑性の理論の魅力は、死んでいる物質が、思考したり脳スキャンで光ったりすることをどのように「学んだ」のか、という厄介な問題を回避することです。物質は物質、それだけのことです。何十億年もの間に、単純な原子と分子が進化して、信じられないほど複雑な構造を作り出してきました。そのうち最も複雑な構造物は、地球上の生命に関係するものです。生命が複雑性の副産物なら、同じ理屈で、生物の性質は複雑性に遡ることができます。

例えば、池の水に漂う単細胞生物が光を探し求めるようになり、この原始的な反応から、空中で数百フィート先にあるマウスの動きを見分けられるワシの目を含めた、すべての視覚系が進化しました。同様にして、人間の脳ができるすべてのことは、それがあまり上手ではない生き物の中に原型があります。例えば、チンパンジーの初歩的な道具や、ミツバチが蜜のありかを示すダンスといったものです。絶え間なく進化する複雑性の世界で、人間の脳は、王冠にはめられた宝石のごとく頂点に存在するのです。複雑性は、思考や理性などの可能性を脳に与えたのです。

――複雑性は意識に等しいとすることの致命的欠陥

これまで誰ひとりとして、生命の特性を複雑性でどう説明するかを示した人はいません。既に書いたように、トランプのカードの枚数をもっと増やせば、トランプはいきなりポーカーの遊び方がわかるようになるわけではないのです。原始的な細菌を取ってきて、もっと多くの分子を与えることでは、最初の細胞がどのように発生したのかが明らかにならず、それらの細胞がどのように複雑なふるまいをするようになったのかを全く説明していません。

ゾンビ仮説

この陣営は社会の隅に追いやられていますが、気を引くネーミングと、哲学者のダニエル・デネットという屈強な支持者の宣伝努力によって、メディアに注目されています。基本的前提は決定論的なものです。すべての脳細胞は、生化学と電磁気学の確固とした原則にのっとって働きます。ニューロンは、選択や自由意志は持たずに存在します。自然法則にとらえられ、調節されています。

それゆえ、人は誰でも脳細胞の生成物のため、ひとりひとりは本質的に、自分がコントロールできない物理プロセスに依存する操り人形なのです。私たちはゾンビのように生き物の動きを経験しますが、私たちが選択権や自由意志、独立した自己、意識さえも持っていると信じていることが、結局は、私たちゾンビが暖を取るためにキャンプファイアを囲んで話すような安心感を与える物語になるのです。ゾンビの理論は、心の複雑さの理論と同類で、意識が脳の1000兆もの神経結合の副産物だとします。それと同じぐらいの結合を持つスーパーコンピューターを打ち立てれば、見たところは人間と同じように意識を持つでしょう。

ゾンビ仮説の致命的欠陥

思いつくのは2つの致命的な誤りです（人間には意識がない、意識はまじめな思考というよりむしろいたずらじみているというばかげた主張はおいておくとして）。第一の欠陥は、創造性です。人間は、実質的に無限に発明や、芸術、洞察、哲学、そして発見をすることができますが、それらは固定した細胞機能には還元できません。第二の欠陥は、ゾンビの議論が自己矛盾していることです。ゾンビ仮説を支持する人は、すなわちゾンビであり、自分たちの考えが信用できることを示す方法がないからです。見知らぬ人がやって来て、「現実性について私から話をしようと思う。だがまず、私が現実ではないことを知っていただく必要がある」と言っているようなものです。

あなたの脳がビートルズのようではない理由

心臓に杭《くい》を刺して吸血鬼を殺すほうが、物体である脳が心を作り出すパワーを持つという前提を払いのけるよりも簡単です。しかし少なくとも、これまでに見てきたのは、脳と心の現行理論の致命的欠陥です。とはいえ、間違った考えを取り除くことは、もっと適切な考えを見つけることと同じではありません。ビートルズの名曲「レット・イット・ビー」を歌うポール・マッカートニーの美しい歌声から、もっと良い考えを明らかにすることができます。この曲の良さは、あなたの脳にはわかりますか？　あるいは、あなたの心にはわかりますか？　この議論で脳のほうについては、「レット・イット・ビー」が音の振動として耳管を通って入るとき、神経科学者が特定の脳のプロセスを指摘できます。

トロントのマギル大学の研究者たちは、音楽を聴いたときの脳活動を測定するために、電極を被験者に取りつけました。予測通り、音楽でない音に比べて、音楽は独特の反応パターンを作ります。音の生情報が大脳皮質の聴覚中枢に達すると、特定の場所へ散らばります。そこで、ものの数ミリ秒で、リズムやテンポ、旋律、音色、その他の性質が別々に処理されるのです。前頭前皮質は、現在聞いている音楽と、過去の経験から期待する音楽とを比べることもできます。両者の比較から、あなたの脳は期待していなかった何かを聞くことになる可能性もあり、さらに、それが嬉《うれ》しい驚きや嫌な経験にもなりえます。

その研究によると、子ども時代の音楽環境に従って脳の回路が「配線される」ことも示しています。中国人の赤ちゃんの脳は、中国音楽の和声に反応する特定のつながりを発達させ、それによって中国音楽を楽しめるようになるのです。西洋で生まれた赤ちゃんは、西洋音楽の和声に触れているので、中国音楽よりも西洋音楽を楽しむ配線になっています。最終的には、研究者たちは音楽演奏をコンピューターのソフトウェアによって徐々に変化させて、脳が何らかの変化に気づくかどうかを調べることができます。

本物のポール・マッカートニーの声と、最高の合成で作った声の区別はできるでしょうか？　それは場合によります。音楽がより機械的になり個人的ではなくなると、変化が極めて明白になるまで、脳は違いに気づかないことが多くなります。このことは音痴についての説明になるかもしれません。反対に、プロのミュージシャンが持っている、音楽スタイルの細かいポイントを感知する繊細な能力も説明するかもしれません。配線の違いによって、良さのわかり方も、違ったレベルになるのです。

音楽と脳の研究は、かなり洗練されてきました。とはいえ私たちは、音楽を調べるためのこの計画全体が間違っており、真実に近づく答えをもたらさないと主張します。脳研究が、例えばパーキンソン病の治療をしたり、脳卒中の発作を起こした患者の回復に役立ったりして医療に有益なとき、次の要素が関わっています。

- 何らかの器質的な面で脳がうまく機能していない
- 機能障害が切り離せる
- 機能障害が観測できる
- 機能障害を治す機構がよく理解されている

脳卒中の発作を起こした患者が、救急救命室に担ぎ込まれたとき、脳スキャンが出血部位を特定し、投薬か手術で止血します。そうして、損傷したものとして脳を治療することの利益がすべて満たされます。医療科学では、脳の機能がますます正確に調べられて、外科医がより微細な手術を行い、特効性の高い薬剤が局部的に効くようになっていますす。ところが音楽に関しては、決定的な要因はほぼ何もわかっていません。

- うまくいっていない脳機能はない
- 音楽を作り出す脳機能は複雑で、脳の配線はミステリーである
- 雑音の信号から意味のある音楽への実際の変化は、物理的に観測できない
- 高次の脳が、音楽を発明して、その良さがわかるように進化した理由を説明できない。ゆえに、音楽に全く無関心な人々を治療する方法は存在しない。それは病気ではない

これは、単に神経科学が立ち遅れているゆえの問題でしょうか？　大量の資金とさらなる研究助成金があればもっと良い答えが得られるのでしょうか？　モデル全体が根本的に間違っていると言えないでしょうか。脳はどういうわけか、生の物理的情報（空気分子の振動）から音楽を生み出します。誰でもそれには同意します。ラジオも音楽を生み出しますが、両者を等しいと言うのはばかげています。ラジオはあらかじめ定められた固定のプロセスに取り組んでいます。似ているように見えるかもしれませんが、人間の脳は、スイッチを切って聞かないことも含めて、音楽信号でやりたいことが何でもできます。脳のメカニズムは心が使用するために存在するのです。ある音楽を好きでも嫌いでも、心がその判断をするのであって、脳内の快楽と痛みの中枢が判断するわけでは

ありません。作曲家がインスピレーションを得るとき、心がインスピレーションを生み出すのであって、ニューロンが生み出すわけではないのです。どうしてそれが確信できるのでしょうか？　答えを書くと1冊の本になりますが、3つの部分に分けて次に示してみましょう。

1 ── 決定論は誤りである

子どもの頃から中国では中国音楽、インドではインド音楽、日本では日本の音楽を聞くための脳内回路が配線されているなら、なぜ、現在これらの国々すべてに、西洋式のシンフォニーオーケストラがあって、各オーケストラのほぼすべてのメンバーはその国で生まれた音楽家で、どのオーケストラも西洋のクラシック音楽を演奏しているのでしょうか？　接続が意思で変えられるときに、脳の配線が固定されているとは言えません。決定論は神経ネットワークの図式では適切に見えますが、実生活には当てはまりません。例え話をすれば、あたかも脳研究者が私たちに、家の配線が交流から直流に勝手に変えられると教えようとしているかのように思われます。それは中国音楽が好きだと脳が「決めること」と同等です。けれどもそうした変化を作り出せるのは心だけなのです。

脳の12の相互関係する部位が、耳障りな音や木々を揺らす風の音を処理するのとは対照的に、音楽を処理することに結びついているなら、どのようにして生の情報は、事前にどちらであるのかを知るのでしょうか？　聴覚中枢は、同じ内耳からの同じルートで、すべての生情報を同じように受信します。けれども、ピアノの生情報は音楽の処理に直接進みます。これは、どの音が騒々しいのこぎりで、どの音が音楽であるのかを聴覚中枢があらかじめ知っていることを暗示しているようですが、そうではありません。私たちは各信号がどこへ進むのかはわかりますが、なぜ進むのかはわかりません。

初めて「レット・イット・ビー」を聴いたときに遡ってみましょう。前頭葉は新しい音楽を個人の過去からの予想と比較します。これが、新たな音楽によって意表を突かれて驚いたり喜んだりすることを可能にするのです。けれども、新たな音楽が、同じ聴き手のまさに逆の反応を引き起こすこともよくあります。ある日はジャズを聴く気分ではないけれども、翌日は聴きたい気分かもしれません。エラ・フィッツジェラルドに飽きているかもしれないし、後になって、彼女はすばらしいと気づくことになるのかもしれません。つまり、音楽への反応は、気まぐれな変化次第ということです。機械装置はこの変化を説明できないので、ランダムな神経信号に単純化して、問題を深刻にするばかりです。あるニューロンの中の調整済みの化学的性質が、ある反応とその逆の反応を生み出すことは望めないのです。

2 ― 生物学は十分ではない

音楽は、なぜ一部の人間が生物学的に、あるいは進化の観点で、意味のないふるまいをするのかを明らかにします。私たちが音楽を愛するのは、音楽が好きだからです。私たちの祖先が、音楽に反応する遺伝子があれば、より多くのより良い赤ちゃんが産めたからではないのです。音楽に進化的必要性を求めることは、本末転倒というものです。生き残りのメカニズムとして音楽を獲得する代わりに、私たちは生き残っていることを喜び、私たちの心は音楽が大好きなので音楽に感謝します。合理的なダーウィン主義のあらゆる見方によれば、人間の聴覚は、可能性のある最も鋭い感度を選択していたはずであり、それゆえ、私たちの先祖は10ヤード（9・1メートル）や20ヤード（18・3メートル）どころではなく100ヤード（91メートル）離れたところにいるライオンの音を聞くことができたはずなのです。生き残るにはライオンに食われないことが正しいのですから。あるいは、ホッキョクギツネのように、2フィート（61センチメートル）積もった雪の下でネズミが動くのを聞くことができたはずなのです。冬になるべく多くの食糧を獲得するほど、より生き残りやすくなったはずですから。ところが、私たちはそうした鋭敏さを進化させませんでした。その代わりに、（生き残りの点では）全く役に立たないけれど、大きな喜びをもたらす音楽への愛を進化させたのです。

音楽は個人的で、気まぐれで、予想ができません。それは、科学が正したり説明したりする必要のある欠陥ではありません。人間の性質の一部なのです。第一次世界大戦中の有名な出来事に、敵味方の兵士たちがともにクリスマスキャロルを歌いながら塹壕《ざんごう》から出てきて休戦になったというものがあります。そうしたふるまいと、意味のない戦争で死ぬまで戦うことと、どちらが人間らしいでしょうか？　もちろん、どちらも、です。人間の性質は、音楽のように、複雑さにかけては説明し難いものです。

「レット・イット・ビー」が現れたとき、新しい何かが自然発生的に生まれました。新たなスタイルは、純粋なインスピレーションから生じるのです。ところが、誰かがスーパーコンピューターを作って、すべての可能な音楽のコードとフレーズ（なお、それらの種類は、宇宙の原子の種類よりも多いです）を入力し、そしてコンピューターのプログラムですべての可能な音楽のスタイルを作り上げるとしましょう。やがては、全くランダムに、ベートーヴェンの音楽を作り出すでしょう。ところが、それこそがコンピューター脳モデルの価値をなくします。なぜなら、ベートーヴェンは１００万時間もかけて、ランダムな組み合わせを打ち出して、ようやく新たなスタイルが出現したというわけではないからです。その代わりに、ひとりの音楽の天才が生まれて、ひとつの音楽の心が古いスタイルの音楽を聴いて、創造的に成長してそれを超え、クラシック音楽を永遠に変えたのです。

3 ― あなたの脳はビートルズを聴いていない ― あなたが聴いているのだ

ハードプロブレムとも呼ばれる心脳問題は、ありえないものだということがわかりました。なぜなら、最初に脳を置くことが間違いなのです。ニューロンは音楽を聴きません。私たちが聴くのです。それゆえ、なぜ、音楽やあらゆる経験を鍵としてニューロンを調べるのでしょうか？　意識の最も基本的な要素でさえ、脳にはないのです。脳は、脳自身が存在することを全く知りません。脳にナイフを突き刺しても、脳は痛みを感じません。ビートルズでもレッド・ツェッペリンでもどちらでもいいのです。要するに、心はどんな物体や物事を使っても説明できないのです。私たちの脳という卓越した物体を使っても。あなたはカーラジオに、ビートルズとレッド・ツェッペリンのどちらが好きかを尋ねないでしょう。あなたは自分のパソコンがナイフで刺されたら「痛い」と叫ぶとは思わないでしょう。

事実に直面すべきときです。空気振動を音楽に変える物理的プロセスは存在しません。脳の内側には音はなく、完全に静かな環境です。「レット・イット・ビー」は、声の美しさや、宗教的な感情、喜び、その他すべての特質が、脳内回路の産物ではありません。それは、私たちの神経系によって処理された心の無限の可能性から作られたものです。ラジオやピアノ、バイオリンの中、あるいは、化学信号と電気信号をお互いにやりとりするニューロンの集まりの中では、音楽は見つかりません。

これらの事実を真剣に考慮に入れると、心はマシンが複製できない状態を前提とします。この状態は、私たちが意識と呼ぶものです。意識は製造できません。天の川と呼ばれる銀河の中心から3分の2の場所にある幸運な惑星上に、何らかの方法で意識がまとめられた場所としてではなく、あらゆるところに意識が存在する場所として、宇宙を再構成することを、意識が可能にするのです。物理学には多くの傍観者がいます。彼らはやがて、自然は意識のようなやり方で行動することを認めることになります。しかし、彼らには宇宙が完全に心のようにふるまうことが信じられないのです。

シュレーディンガーは、ほぼ1世紀前にこの行き止まりを受け入れていました。それは彼が、意識をさらに区分するのは意味がないと宣言したときのことです。仮にも存在するとすれば、それはあらゆる場所に存在するのです。そして、常に存在する、ということも私たちはつけ加えます。それゆえ、意識がもっぱら人間の脳の特質であるという人は、手前勝手な議論をするという罪を犯しています。脳は、宇宙の隅々に至るまでどこにでも発生していること以外に、特別なことは何もしていません。なぜ人間の心は創造的なのでしょうか？　それは宇宙が創造的だからです。なぜ人間の心は進化するのでしょうか？　それは進化が、現実性そのものの仕組みに組み込まれているからです。なぜ、私たちが生きていることに意味があるのでしょうか？　それは自然が自発的に、目的と真実に向かって進むからです。私たちは、日常生活でいたるところに現れる「なぜ」という質問に答えることを約束しました。そして今、私たちはそれらすべてに対する鍵を握っています。すなわち、宇宙の心はすべての事象を引き起こし、それに目的を与えるのです。

この時点で、私たちは9つの宇宙のミステリーについて触れてきました。それが2つの結論に行きつきます。第一に、科学が最善のものとして提示する答えでは不十分ということです。「私たちはほぼ到達している」陣営は楽観的な仮面をかぶっていますが、仮面の裏に混乱と自信喪失が隠れています。遥かに不人気なのは、「私たちは答えを見つけることをほとんど始めていない」陣営ですが、その立ち位置の側には、圧倒的に多くの証拠があります。今日でも、この見方が研究者と理論家の大多数によって支持されていると言ってよいでしょう。

第二の結論は、現実性が何か新しいことを私たちに語ろうとしているということです。宇宙は再定義が必要だと言っているのです。物理主義によって退けられた禁句——創造性、知性、目的、意味——は、息を吹き返しました。それどころかそれらは、人間の心の進化のために創造されたのが明白な、意識を持つ宇宙にとって不可欠であることを本書で示してきました。現実性は究極の裁判所です。それより上のレベルの控訴裁判所は存在しません。現実性が新たな宇宙への方向を指し示すなら、抵抗は無駄でしょう。「いつかすべての答えがわかる」という誓いを守ることは、今この場では現実性の性質に取り組む目標に近づくことにならないのです。

PART 2

自分の中の「宇宙的自己」を喜んで受け入れる

10

個人的な現実が持つパワー

「宇宙的自己」が存在するということを、どうしたら皆さんに納得してもらえるでしょうか。それでもお手軽で簡単な答えに満足しないでください。宇宙的自己を受け入れるということは、私たちが現実と呼ぶものすべてに責任を持つようなものです。ウォルト・ホイットマンは、叙事詩「私自身の歌」の中で、自分の普遍性について喜び溢れる奔放さで描写しています。

私は自分自身を祝福し、自分自身を詠《うた》う。
そして私が思うことをあなたも思うだろう。
私に属している原子はすべてあなたのものでもあるからだ。

理性的に考えれば、これはかなりばかげた内容に思えます。しかしホイットマンが、「私は大きい。私は大勢を含んでいる」と述べたときも、読者はそれを文字通りにはとらえませんでしたし、この詩人ほど恍惚《こうこつ》状態を人々に感染させることに長けた人はいませんでしたが、彼が「時計は一瞬を示す――それなら永遠は何を示すのだろうか？」と書いたとき、それに追随しようとする人はほとんどいませんでした。しかしホイットマンは、驚くような答えも持っていたのです。それは「永遠は人間が宇宙の子どもであることを示していて、私たちの生命は時間の境界線を超越している」ということでした。

私たちはこれまで数えきれないほどの冬と夏を経てきた。
この先も数えきれないほどの冬と夏がやってくる。そのまた先にも。

生命の誕生は、私たちに豊かさと多様性をもたらした。
さらなる誕生が私たちに豊かさと多様性をもたらすだろう。

本書では、詩という形ではありませんが、これまで受け入れられていた従来の現実を覆すような事実として同様の答えを提示しています。宇宙的自己というのは単なる持論ではなく、誰もが持っている最も根源的な自分なのです。もし宇宙的自己が存在しなかったら、すべての人々やものを含む物質世界も存在しないことになります。自分自身のことを詠っている詩人が、現代物理学において最も先見の明のある理論と合致しているというのは驚くべきことです。一方、ホイットマンは次のように詠います。

ああ私の兄弟姉妹たちよ。あなたたちには分かるだろうか。
それは混沌でも死でもない――それは形であり、統合であり、計画である――
それは永遠の生命であり――それは幸福である。

このホイットマンの言葉は、「私たちは意識的な宇宙に生きている」という考え方と完全に一致します。何十億年も前に、渦巻く混沌から心の特性が生じたという従来の理論に代わるものは、「ヒューマン・ユニバースにおいて、心はいかなるときもいかなる場所にも――実際は、時間も空間も超越して存在してきた」という考え方です。皆さんがここまで読み進めてきた、宇宙のミステリーに対する答えとして、この考え方は「合理的な」説明がすべて排除された後にも残り続けます。つまりそれ以外につじつまが合うものがないのです。量子重力、ダークマター、ダークエネルギーなど、未解決の問題はたくさんありすぎます。現実の中のあまりに多くのことが目に見えないのです。あまりに多くの余剰的な（4次元を超えた）次元は、理論と現実が一致しないという行き詰まりから脱するための、純粋に数学的な揺らぎです。かつての信用は崩れ落ちました。なぜなら自然の構造要素である原子と素粒子は、観察者なしでは固有の特性を持たないということがわかったからです。

シャーロック・ホームズの登場するミステリー小説では、偉大な探偵が犯罪の謎解きをする瞬間があります。その謎解きも、「まだらの紐《ひも》」として知られている、毒蛇が召使を呼ぶためのベルの紐を伝ってズルズルと下りてきて人を殺すといった風変わりで予測不可能なものだったりします。ホームズはそのような瞬間に演繹《えんえき》的推論で謎解きすることを好み、信頼する親友ワトソン博士に「ほかのすべての合理的な説明が除外された今、どれほど不可能に思えても、最後に残るひとつが正しいに違いない」と指摘するのです。

公平に言えば、演繹法によるホームズの話には落とし穴があります。偉大な探偵は、密室殺人と数人の容疑者に直面し、比較的迅速に合理的解決法を余すところなく出し尽くすことができました。しかし、宇宙は密室とは違います。過去何百年間もの歳月が証明しているように、宇宙は、より新しくて風変わりな理論に向かってほとんど無限に拡大しているのです。

心のないものが存在する余地はない

人間の生命が最も重要視される「意識的な宇宙」という考え方を提示することは、単にメニューに加えられた新しいアイテムではありません。意識的な宇宙とは、宇宙学においてしのぎを削る理論の中でもユニークなもので、意識のないものをすべて排除します。意識のないものはリアリティを持たず、そして私たちにはそのリアリティを想像することさえできません。なぜならそこに存在しないからです！　ただそれだけの単純な話です。

意識的であるとは、妊娠しているとかしていないとか、死んでいるか生きているかというようにハッキリしていて、どっちつかずの折衷状態はありえません。私たちの観点から「脳は思考しない」と論証したとき、折衷状態は完全に消え去ったのです。物理的な物体としての人間の脳は、心の源にはなりえません。同じ論理で「物質的な宇宙」も心の創造者としては不適格と見なされるべきです。宇宙は人間の脳と比べれば巨大ですが、物理的メカニズムをより大きくすることで、脳がもっと賢くなることもありませんし、そもそも思考できるようになることさえありません。

主流派の科学者たちにとってはショッキングで腹立たしいことであるにもかかわらず、原子、脳、もしくは宇宙全体、何であれ、それが心のようにふるまうことができる唯一の方法は、それ自体が心であることなのです。しかし、この結論からの逃げ道はひとつあります。18世紀啓蒙主義の考え方である、いわゆる「時計仕掛けの宇宙」（訳注：神がゼンマイを巻いて始動させ、あとは物理法則によって運行される宇宙。啓蒙主義の時代に主流だった考え）というものです。当時の知識人たちの間には、日々観察される宇宙の運行から神の働きを除外する風潮がありました。しかし科学者たちによってプロセス――粒子が原子量によって正しい場所に収まる際の規則正しい順序など――は、秩序だったシステムの存在を示唆していました。その解決法は、一種のソロモンの判決でした。神は完璧な精密さで宇宙を始動させる許可を得ましたが、その後まもなく神は天へと追放され、一方で自然の時計仕掛けのメカニズムは自力で作動し続けたのです。

［訳註］聖書ではソロモンの判決というのがある。神様から善と悪を区別する大いなる知恵を授かったソロモン大王が、子どもを取り合うふたりの母親（遊女）の裁判を行ったときの話。遊女にはそれぞれひとりずつ子どもがいたが、そのうちのひとりが亡くなってしまう。ふたりとも残った子どもが自分の子どもであると訴えました。そこで、ソロモン大王は「では

体を半分に裂いて分けなさい」と言うと、ひとりの女は「私は子どもは要りません、あの人にあげてもいいので、どうか、子どもを殺さないでください」と言い、もうひとりの女は「子どもを自分のものにも、この女のものにもしないで、2つに裂いて分けてください」と言った。その言葉を聞いたソロモン大王は子どもを生かしたまま最初の女に授けた。

今日では「時計仕掛けの宇宙」という概念は古風なものに思えますが、それは宇宙現象を説明する際に、科学者たちが（不満げではあったものの）科学的構成要素としての「意識」という考えと和解した、ほぼ最後の機会でした。その和解は一時的なものだということがわかったのです。神がひとたび追放されると、アインシュタインが「知りたいのは神の心についてであり、その他は取るに足らないことだ」と述べたときの隠喩《いんゆ》を除いて、宇宙の心の可能性について考える理由はなくなったのです。

私たちの意図は、（数学がすべての自然現象の究極の答えであるともてはやされているときにありがちな）天地創造説の支持者たちのように神を堂々と正面から引っ張り込んだり、もしくは裏からこっそり連れ込んだりすることによって、神を取り戻したいということではありません。数字は言うなれば、安住できる特別な楽園を与えられているのです。現実を純粋な存在の目に見えない領域にまで遡った最初の哲学者はプラトンでした。彼は、この地球上の美や真実に関わるものはみな超越し、投影された、いわゆる実在の洞《どう》窟《くつ》の中にある絶対的な美と真実の影であると考えました。今日において数学は、完璧な数学的法則に従って配置するために物質的存在から距離を置き、プラトン主義の領域を占めています。

超越した価値を表す言葉である「プラトン主義（platonic＝プラトニック）」は、「神の（divine）」という言葉と非常に近い関係にあります。数学の調和をプラトン主義の特性と呼ぶことは、神の贈り物のようなものです。神を締め出すこと、もしくは介在させることを巡る問題は、どちらも同じことなのです。湿り気というものが水の中にあるのではなく、甘さというものが砂糖の中にあるわけではないように、意識は宇宙の「中」にはないのです。「この水はほぼ正しい。私たちはただそこに少し湿り気を加えなくてはならないだけだ」とか「私はこの砂糖が大好きだけど、砂糖を甘くする方法がわかればもっといいのに」などとは言いませんね。同様に、意識は不活性原子を思考可能にするようにふりかける魔法の粉ではありません。意識はすでにそこに存在しなくてはならないのです。

私たちは、心のようなふるまいをすることが物質の特性ではないということを見てきました。むしろその反対です。宇宙の心は、いつでも望むときに、物質の特性を獲得することができるのです。宇宙の心は、量子レベルでは波もしくは粒子のようにふるまうことを決められます。そのような選択がなされるとき、それは精神的な選択であり、私たちにショックを与えるものではありません。定義によれば、選択とは精神的なものです。「私の胃は朝食にオートミールを食べることを決めた」などとは言いません。私たちがオートミールを食べようと決めるのであり、体が決めるのではありません。もちろん、心と体はつながっているため、体も選択に参加します。心ここにあらずでも、お腹がグーッと鳴れば食べることを思い出すでしょう。それはちょうど、あくびが出ることで眠ることが思い出されるようなものです。肉体的な面、精神的な面、どちらも参加することが許されているのです。

主流派の科学は、意識に背を向けるという重大な決定をしましたが、今ではそれを徐々に後悔しはじめています。心と宇宙のこととなると、意識の問題を無視するのはもはや有効な言い訳ではないと、現実世界自体が要求しているように思われます。宇宙は、誰かひとりの署名によって心を持たなくなったわけではありません。これは、現代科学の初期段階において行われた集団的な決定でした。200〜400年前の当時は、誰もが学校で習うようなアイザック・ニュートンとリンゴのエピソードを通して描写することができるような、心を持たない機械的な宇宙という考え方が完璧に道理に適っていました。そのエピソードは非常に有名なので、隠された次元など存在しないように見えるかもしれませんが、実は存在するのです。同僚のウィリアム・スタックルに向かってニュートンが語ったように、詳細について述べる価値はあります（実際、リンゴはニュートンの頭に落ちてきたわけではありませんでした）。

「私たちは庭へ行き、リンゴの木の木陰でお茶を飲みました。彼と私のふたりだけです。ほかの話をしている最中、かつて重力の概念が心に思い浮かんだときに、彼もまた私（ニュートン）と同じ状況にあったと告げたのです。『なぜリンゴはいつもまっすぐ下に落ちていくのだろうか？』。彼は心の中で思いました。それは物思いにふけっているときに、リンゴが落ちてきたことから生じた思いです。『なぜリンゴは、横でもなく上でもなく、常に地面の真ん中に向かうのだろうか？　確かに、その理由は、地球が引っ張っているからなのだ。物質には引っ張る力があるに違いない。そして地球という物質の引っ張る力の総体は、地球の側面ではなく、中心にあるに違いない。したがって、このリンゴは垂直に落ちる、もしくは中心に向かって落ちるわけだ。もし物質がこのように物質を引き寄せるなら、それは量に比例するに違いない。したがって、地球がリンゴを引き寄せるだけでなく、リンゴも地球を引き寄せるのだ』」

落ちるリンゴを見てひらめいたというエピソードを信じず、ニュートンはもう既に重力について熟考していたのではないかと推測する人々もいますが、それでもこれはニュートンに関するお気に入りのエピソードでした。どちらにしても、この話の中に隠れている次元とは、表に現れている部分ではなく、出てきていない部分です。ニュートンとリンゴは、明確に当てはまらないものをすべて排除することで真実に至った典型例なのです。例えば天気、風景、ニュートンの健康状態、彼が着ていた衣服といったことに加え、リンゴの種類も無視されています。私たちは、「非科学的な」経験をすべて排除することにあまりに慣れてしまい、それが習性となってしまったのです。理性的な心は、自然の仕組みに非常に鋭く、そして的を絞って焦点を当てるためにこのような力を持つという事実は称賛されています。

一見したところ、現実は包含的です。実際、現実はすべてを包含しているのです。日々の経験を排除することは、任意の精神的行為です。それはニュートンの万有引力理論のような驚くべき発想をもたらすかもしれません——とりわけすばらしいのは、地球の重力がリンゴを引き寄せると同時に、リンゴの重力も地球を引き寄せるという彼の洞察でした——しかし、排除すると、現実の実際の動きに背くことになるのです。このことが、啓蒙主義を掲げる科学者たちを煩わせることは特にありませんでした。彼らは、可動部分のすべてを発見するために時計仕掛けの宇宙を分解したからです。しかし今日、私たちは「不明瞭《ふめいりょう》な宇宙」（量子確率によれば、リンゴが横や上へ向かいうる可能性がほんのわずかでもある宇宙）の中で生きており、そしてすべての中で最も不明瞭なものとは、私たちの指の間からすり抜けていってしまう現実なのです。

排他主義は多くの成功を収めていますが、人間の心はそもそも包含的なものです。レストランで、ウェイターがシェフの作ったすばらしい創作料理をあなたの前に置くとき、あなたは「ちょっと待ってください。この料理を見るか、味わうか、触れるか、匂いを嗅《か》ぐか、音を聞くか、決められません」と言ったりはしません。私たちはどんなときも、全体像を取り入れているのです（そしてこれは、意識ある心という領域を遥かに超えたところで起こります。催眠状態にある被験者は、屋根裏部屋へと続く階段の数を数えるといった、写真のような正確さで子ども時代の記憶を呼び起こすことがよくあります）。包含的であれという自然からのメッセージに心を留めることが、日々の経験に従うことなのです。

ニュートン自身は完全な排他主義者ではありませんでした。敬虔なキリスト教信者であったニュートンは、旧約聖書に示された歴史の時系列を文字通りに信じていました。

言い換えれば、自然法則による物質世界の支配を容認する一方で、スピリチュアルな世界の支配者としての神に従うという分裂派だったのです。しかし、分裂派（もしくは正式な言葉を使えば、二元論者）であることは、近代において神がひとたび排除されると、完全な排他主義へと至る旅路の中継地に過ぎませんでした。今日において、超ひも理論やマルチバースについて話すことには、ごくわずかな数学的側面を除いた現実のすべてを排除するという意識的な決定が含まれます。方針を変えて、包含主義を選ぶことは、現実のとらえ方における劇的な変化を示唆します。現実が薄切りにされてデータになるたびに、真実のひとかけらが真実すべてと交換されているという、不利な取引なのです。

神がひとたびその建物を出てしまうと、妥協するという行為は信用を失いましたが、神はその建物の周辺にかなり長い間おしとどまっていたのです。死の瞬間に体から抜け出る魂の重さを測るという取り組みは19世紀になっても続けられましたが、うまくいきませんでした。しかし、最近では、魂に関する科学的研究が、物質に心的な性質を持たせる汎心論《はんしんろん》という概念を通じて新たな地位を獲得しました。私たちはこれを行き止まりと考えます。汎心論はホリスティックな響きを持っており、良いことではありますが、何の説明にもなっていません。原子は心があるかのような動きをする、というところで行き詰まったままです――それでは答えにならず、解決が必要な問題なのです。懐疑的に言えば、汎心論は、すべてのものにはスピリットが存在するというアニミズムや土着信仰に立ち戻るという、物理学において最も復古的な方向性のように思われます。

たとえ答えになっていなかったとしても、汎心論には魅力的な点もあります。第一に、心をあらゆる物質が持つ特性に変換するという試みは賢明な策です。死の瞬間に体から抜け出す魂の重さを測ることとは違って、特性は計測可能な重さや次元を持ちません。消えたり現れたりすることもありません。例えば、男か女であることは、哺乳類の間ではひとつの特性ですが、各性別がどのぐらいの量か、もしくはどんな色かを識別したり、採血のような抽出はできません。第二に汎心論では、宇宙が量子の不思議な特性ではなく、自然なふるまいとして心のように動くことを容認しています。この点だけとっても、この理論に人気が出る理由になるでしょう——ただ致命的な欠陥はあります。心は物質の特性であると主張するとき、物質は心の特性であるという正反対のことも同様に言えるわけです。あるホルモンが放出されると、ふたりの人間は互いの胸に飛び込み、セックスを始めるかもしれません。しかし、同様にありうるのが、ひとりが「少し自由時間がある」と思うとします。たぶんセックスするのは素敵だろうと思い、そしてそう考えることで刺激されてホルモンが放出されるということです。よって私たちの行動は量子レベルになっても、単純に「原因と結果」を成り立たせることができないのです。物質が心のようにふるまうとか、心は物質のようにふるまうということはどちらの場合にも無理があります。そうでなければ、私たちは、次のようなおかしなことを言うようになってしまうでしょう。「水の湿り気が、人間を泳ぎたい気分にさせるものだ」と。単なる特性は原因にはならないのです。

宇宙について説明する際に、最も排除したくないものは人間の経験です。私たちが「包含」という語彙を自分のものにできるかどうか見てみましょう。現実がすべてを包含しているということに疑いの余地はありません。そしてほぼ奇跡的に、人間は現実がもたらす多様なものを無限に受け入れることができます。すばらしい夕焼けを眺めながらも足元の地面の質感を無視したり、または恋人とのふれあいにうっとりしながら、部屋の家具がどのように見えるかを完全に排除したりといった、スイッチ切り替えのメカニズムはどこにあるのでしょうか？　私たちはこうしたことを自動的に行っているので、それを当然のことだと思っています。重要な問題は、世界を経験するとはどのような意味を持つかということです。

その答えは「私たちは選択を通じて世界を経験している」ということです。定められた世界などありません。もしニュートンのリンゴがスーパーで売られているリンゴのようなものだったら、それは赤くて甘くてサクッと歯ごたえがあり、質感はややきめが粗く、ある一定範囲内の重さを持つものでした。これらの特性のどれも、自然界には存在しません。それは人間の心の知覚なのです。あなたはリンゴと出会うたびに、リンゴを再発明する必要はありません。ひとたびあなたの知覚が、リンゴは梨《なし》やアボカドというよりはリンゴのような味がすると決めたら、あなたの精神的設定ではそのようなものになるのです。先に見たように、現実は脳とそこに埋め込まれた限界（前出のアルフレッド・コージブスキーによる革新的な思考を思い出してください）というフィルターをかけられています。しかし、脳の不完全性は、私たちが知覚するすべてが、何百万年にわたる進化の過程で積み重ねられた精神的な創造である、という単純な事実を否定しないのです。

リンゴが甘いのは私たちが選んだことであると言うと妙に聞こえます。なぜならリンゴは大昔から甘かったからです。甘さがひとたび私たちの知覚の一部になると、それは味蕾《みらい》で身体的に表されました。そして次に、遺伝子で暗号化されるのです。甘いものの好き嫌いを検知するそれぞれの装置は私たちの脳内に暗号化されています。しかし変化は常に起こる可能性があります。例えば、もし風邪で具合が悪く、何を食べてもおいしく感じられないなら、リンゴの甘さはあなたの知覚によって完全に消去されるかもしれません。意識ある生き物として、私たちはまだ普遍的な知覚者ではないのです。私たちの目は、真っ暗闇の中では何も見ることはできません。もし人間の脳が、超音波振動数と赤外線を感知するというコウモリ、サメ、爬虫類など、自然界のどこででも見られる特質を持ち合わせていたなら、その能力は私たちの脳の機能の仕組みに合わせて変換されるでしょう。しかし私たちの感覚の及ばない光や音の振動数を感知するための計器を開発することで、限界ある脳の配線を超えることができるのです――その意味において私たちは結局、自身を潜在的にあらゆるものを知覚することができるように変化させたわけです。選択する者としては、私たちは自然界の勝者であるように思われます。

重力、岩の硬さ、そしてレンガの壁の堅固さなど、私たちには変えようと思っても変えられない多くのものが存在するように思えますので、何らかの区別をする必要があります。私たちの知覚は3つのタイプに分けられます。

- 変えられない知覚
- 変えられる知覚
- 変えられるときもあれば、変えられないときもある、どっちつかずの知覚

あなたの個人的な現実においては、これらの3つのタイプはすべて混ざり合い、調和しています。もし着ているシャツの色が気に入らなかったら、着替えることができます

――これは変えられる知覚として位置づけられます。もし壁を通り抜けて歩くことができないなら、これは変えられない知覚に位置づけられます。各タイプから何百という例を挙げ続けることができるでしょう。私たちが変えられる知覚によって人生にちょっとした刺激がもたらされる一方で、人生における確固とした安全性は、私たちには変えられない知覚からもたらされます。もし毎週月曜は重力の法則に従わないと決めることができたなら、まずあなたの体は原子のぼんやりとした雲の中に消え始め、混沌とした世界が後に続くことでしょう。

しかし、真に興味深いのは第3のカテゴリー、つまり変えられるときもあれば、変えられないときもある知覚です。このカテゴリーでは、量子論によって私たちと自然との関与がさらに謎めいたものにされ、同時にさらに魅力的なものになったのです。そこでは、粒子と人がどちらも決断をすることができるような影の領域が作り出されました。関与せずに、ただ受動的に存在するという選択肢はもはやなくなったのです。すべての知覚は現実に関与するという行為です。ある人をあなたにとっての最愛の人だと知覚するとします。するとあなたの行動は、そう知覚する以前には未知のものであった現実の領域へと導いてくれるでしょう。日々、私たちの行動は進化の最先端、つまり心が警戒と好奇心の狭間である境界線に存在しています。最も顕著な例は奇跡です。人間がかつて水の上を歩いたということを、信仰のおかげでがんが一夜にして治ったことを、死者が生きている人と交信できるということを信じたがらない人がいるでしょうか。しかし奇跡を巡る論争は、奇跡が起こりうるかどうかということではなく、どんなカテゴリーに属するかというところにあるのです。物事が起きることもあれば、起きないこともある、という第三のカテゴリーに合致する場合のみ、奇跡は得られるのです。もちろん、奇跡を常に完全に排除すること（無神論者や懐疑論者たちの固定的な態度）も、全面的に受け入れること（宗教的に敬虔な人々の固定的な態度）も可能です。

そして、もし明白に決まった立場を持たなかったらどうでしょうか？　そのときあなたは時代を先取りする量子物理学の先駆者であったヴォルフガング・パウリの仲間に属します。パウリは「科学は将来的に、『超自然的』でも『物質的』でもなく、両方が混ざり合ったものか、そのどちらでもないものになるだろう」というのが私の個人的な意見です」と述べました。「超自然的」という、科学が回避する言葉をあえて使うことで、パウリは一種の究極のミステリーを暗示していたのです。私たちが宇宙と呼んでいる壮大な物理的メカニズムは、自然法則と思考に同時に従い、二重のコントロールを受けています。これは、私たちが不明瞭な宇宙に生きていることの基本的な理由なのです。しかし、心と物質との混合体である現実は、心でもあり体でもあり、そして同時に心でもなく体でもないとパウリが予言したとき、解決への道が指し示されたのでした。これは矛盾しているように聞こえますので、なぜパウリが否定し難い真実をひたすら主張していたのか明らかにするために、その矛盾を解明してみましょう。

クオリア：現実は誰でも手に入れられる

この議論を個人的なレベルに落とし込みましょう。自分の現実のどんな部分なら、心だけを使って変化を起こし、実際に違いを生み出すことができるでしょうか。それに答えるには、「クオリア」という新たな用語が必要となります。一般的にはあまり馴染みのない言葉だとしても、その概念は極めて重要です。クオリアであなたは知覚を変えられたり、変えられなかったりします。クオリアであなたは現実を変えられたり、変えられなかったりします。クオリアは、私たちが人生をどのように測定するかではなく、どのように経験するかということを表します。クオリアという言葉は「質」を意味するラテン語で、量子物理学と同じぐらいに遠大なものではありますが、物理的実体から離れて主観的な経験という反対の方向を向いている世界を示すラベルのようなものです。量子はエネルギーの「容量」である一方、クオリアは光、音、色彩、形、質感といった存在の日常的な質のことで、これらが示唆する画期的な意味合いについては既に説明しはじめてきました。

あなたは今この瞬間、世界をクオリアとして経験しています。それは五感をまとめ合わせる糊《のり》のようなものなのです。薔薇の香りはクオリアで（単数形でも複数形でも同じようにqualiaという言葉を使います）、その花びらのベルベットのような質感も、その色彩も色合いも影もひだもみなクオリアなのです。脳の観点から日々の経験を見てみると、精神科医で神経理論学者のダニエル・シーゲルによる「ここ」にある現実というモデル【SIFT】になります。SIFTとは、Sensation（感覚）、Image（イメージ）、Feeling（感情）、Thought（思考）の頭文字を取ったものです。今この瞬間にあなたにどんなことが起きていようと、あなたの脳は感覚（暑い、この部屋は空気が淀んでいる、ベッドのシーツが柔らかいなど）、イメージ（夕焼け空がすばらしい、祖母の顔を思い浮かべている、鍵はダイニングテーブルの上にあるなど）、感情（私は結構幸せだ、職を失うのが不安だ、子どもを愛しているなど）、もしくは思考（休暇の計画を立てている、ちょうど面白い記事を読んだところだ、夕食は何だろうなど）のいずれかを経験しています。

クオリアはどこにでもあります。クオリアがなかったら何も起こりえません。それは、もしあなたが人間の脳を使って現実に参加しているなら、あなたの世界はクオリアからできているという意味です。もし私たちの知覚を超えたところに現実が存在するとしたら、それは文字通り想像を超えたものとなります。あなたが気づき、想像し、感じ、考えることすべてを取り去ってしまったら、後には何も残らないのです。

ここに思いがけない落とし穴があります。クオリアは主観的なものなので、現代科学の客観性を直接的に攻撃します。そのうえ経験は「意味のある」ものなので、クオリアは「意味のない」自然のような、行き当たりばったりのひな形にも攻撃をしかけます。そしてさらに多くのものが問題となってくるのです。

クオリア科学の最も革新的な点は、主観的な経験「だけ」が信頼に足ると断言していることです。一見この主張は、特に科学者にとっては不合理なものに見えます。主観性は信頼できないことで悪名高いものなのです。まるで、レストランで前菜の見た目が気に入らないと言う客のように、「重力は嫌いだ。取り除いてくれ」などと言う権利が私たちに与えられているでしょうか？　もちろんそのような権利はありません。何故なら本書でも見てきたように、変わってほしいと望むだけでは変わることのできないものがあるからです。しかしこうした「ゆらぎ」についての議論は成り立ちません。もしあなたの基準が計測することだとしたら、それもありえるというだけの話です。もし知らない人が道を尋ね、Aという人は西へ1マイル（1・6キロメートル）行くように答え、B

という人は東へ2マイル（3・2キロメートル）行くように答えたら、どちらが正しいかは地図が解決してくれます。

しかし、計測とは「おとり」のようなものなのです。アインシュタインは、相対性理論の影響を受けないものは皆無で（皆無とは絶対的な無を意味する）、相対性理論とはまさに知覚のことであると、最終的に証明しました。もし地球から打ち上げられた宇宙船に乗ったら、あなたの体には重力の大きなGの力がかかってきます。宇宙飛行士は打ち上げの間は驚くほど体が重く感じるものですが、その知覚は本物です。アインシュタインによれば、加速は「本物の」重力と同じだということです。同様に青色は、人間の目のような光に反応する目がなかったら存在しません。もし火星人が地球に上陸し、「地球の空はグリミックだ」と称賛したとしても、人間にはその意味を理解することができないでしょう。なぜなら「グリミック」という色は私たちの現実には存在せず、ましてやそれが色なのかどうかさえ私たちにはわからないからです。

クオリアは、現実を構成する真の要素なのです。あなたは科学的測量をせずに人生を送ることはできますが、科学者は見たり、聞いたり、触れたり、味わったり、匂いを嗅いだりすることなしに何もすることはできません。あなたが「茹《ゆ》でたキャベツの匂い」が好きな一方、ほかの誰かはそれが嫌いだとしても、これは主観性が信用できないものであるという証明にはなりません。それは、クオリアが活動する場においては、私たちは無限に創造的な自由を持っているということを証明しています。

いわゆる客観的計測値は、個々のスナップ写真のようなもの、つまり実際の経験の流動性を瞬間的にとらえたものに過ぎません。こうしたスナップ写真は正しくもあり、同時に間違ってもいます。あなたが、気まぐれな10代の娘を持つ心配性の父親で、娘の後をつけるために私立探偵を雇ったと想像してみてください。1週間後、その探偵は写真の束を持ってきます。ある1枚は、娘が靴を試着しているところをとらえたもので、ほかの写真にはバーで偽の学生証を見せているところや、路地で内緒でタバコを吸っているところ、映画館で女友達にメールを打っているところが写っていました。スナップ写真はそれぞれが本物ですが、すべてを合成しても、その合成が漠然とした関連性しか持たない多くの様相を持つという点を除き、あなたの娘についての本質を何もとらえていません。その翌週に撮られた一連のスナップ写真には、病気の友人を病院に見舞ったり、動物保護施設でボランティアをしている姿が写っているかもしれませんし、前の週の写真で示されたパターンとは矛盾するでしょう。物理学も、そうしたスナップ写真と同様の立場にあり、何千という個々の観察を整合しなくてはいけないという例外があり、その最も基本的な観察は素粒子に焦点を当てたもので、数千分の1秒しか続かないというものなのです。

それに反して、クオリアは持続し、継続的に首尾一貫しています。もしあなたが自然の細部を撮ったスナップ写真を永遠に続く映画と差し替えるなら、宇宙は実際のところ人間の神経系を映し出している鏡なのです。物理学者フリーマン・ダイソンは、次のような結論を支持しています。「生命は大きな困難にもかかわらず、自らの目的に沿って宇宙を形作るのに成功したのかもしれません」

部品の数を数えたり、いじくりまわすことのできるような宇宙機械という仮面の背後で、宇宙は人間のように表現されています。実は、それ以外に宇宙が存在する方法はないのです。「そこ」にあるものは、私たち自身の意識の中以外では、経験されることができません。物理学者デヴィッド・ボームが「ある意味、人間は宇宙の縮図です。よって人間とは何かを知ることが、宇宙を知る手掛かりになるのです」と書いているように、私たちはボームによって開拓された道をたどっているのです。

物理主義者の護身術

物理主義者たちが窮地に追い詰められたときに使う、彼らの護身術は巧妙なものではありません。クオリアの信用を落とすために、以下のような例えがしばしば用いられます。「形而上学のことは忘れなさい。現実こそ既知の事実です。もしバスにひかれたら、あなたの理論全体は完全に消えてなくなります。ほかの人と同じように死ぬのです」

バスと衝突したらぺしゃんこになることは常識的に考えても想定できることに思えますが、バスは自動車や電車やレンガの壁に置き換えてもよいのです。しかし、あらゆる物質の99・9999％以上が空っぽであるということを考えると、なぜバス、電車、レンガの壁がそもそも硬いのか、物理主義的には説明することができません。硬さは電磁気の接触度合いで決まるという標準的な答えは、なぜ砂糖は甘いのかについて説明するためにショ糖の化学式を差し出すようなものです。

次に、クオリアは自由に動き回るものではありませんし、一時的に現れるものでもありません。水の湿気やレンガの壁の硬さといった特質は固定されたものです。クオリアは、ショ糖の化学式と同じぐらいリアルな構造を形成します。そしてクオリアの大きな利点は、ショ糖の化学式は経験の地図に過ぎず、地図からリアルな生活を味わうことはできないけれど、甘さは本物の経験であるということです。

意識ある宇宙は、「変化」「非変化」「潜在的な変化」という状態をすべて包含します。このことは、あなたがひとたび可能性に対して心を開けば、なぜ宇宙は完全に人間的なものになっていると感じるかというもうひとつの理由であり、また最も重要な理由のひとつなのです。ここまでに「変えることのできる知覚」「変えられない知覚」「変えられるかもしれないし、変えられないかもしれない知覚」があるということを見てきましたね。こうした知覚は、クオリアという構成要素で創造された世界です。人間の体が、動いているバスに押しつぶされるだろうという事実は、変化しない設定に属しています。その事実は、その設定がそもそもどのように作られたのかということについては何も語っていません。

もし私たちが、今も作られ続けているその設定がどのように作られたかについて知っていたら、現実がどのように進化するかという秘密を解き明かすことになるでしょう。洞窟に住んでいた私たちの祖先は、アインシュタインやモーツァルトの大脳皮質とほとんど変わりない高次脳（大脳皮質）を既に進化させていました。しかし狩猟採集社会では、アインシュタインやモーツァルトは不要でした。生存するという目的は、彼らによって果たされることはなかったでしょう。その代わり、宇宙の心は、いまだにその理由はわかっていませんが、無限に適応することができる脳の仕組みを作り出しました。初期のホモサピエンスが石矢じりを作ったり、動物の腱《けん》で皮を縫ったりする技術に没頭しているときに、高次脳は未来に備え、モーツァルトのソナタや量子力学のための準備を既にしていたのです。

1000年後、1万年後の未来に作用しはじめるような、どのようなもののために私たちの脳が用意をしているのか、それは誰にもわかりません。進化がこのように次の展望を見通すことができるのは奇跡的なことです。というのも、チンパンジーのようなほかの高等霊長類も原始的な道具を作っていたのは間違いないのですが、どこかある時点で進化の壁にぶつかっているからです。ある1匹のチンパンジーの能力が、現在の能力を超える可能性は極めて限られています。しかし私たち人間の能力はその限りではありません。人間の歴史は、戦争や暴力の計り知れぬ恐怖に満ちていますが、私たちの脳は、仏教の瞑想《めいそう》、クエーカー教の平和主義、神秘主義的エクスタシーを受け入れられるようにもできているのです。

要するに、人間的な宇宙とは、物理的世界に閉じ込められて物質的世界のルールに取り囲まれていると感じている私たちの現在の能力を超越したその先を見ることで成り立つのです。宇宙の心と私たちの関係はこの先もずっと続きます。パワフルな進化の力は、信じられないほどのスピードで、比類なき高みにまで人間の大脳皮質を駆り立ててきたのです。高次脳の進歩にかかった時間はたったの3万年~4万年であり、それは進化の過程をスクリーン上に映し出した場合、ほんの一瞬を占めるだけです。進化の高波がどこに向かっているのかを見いだすには、ここまでの理解ではほかのどんな生物とも共有していない、人間だけが持っている最も驚くべき特質のひとつを探求することだけが必要なのです。私たちは気づいていることに気づいています。自分が意識的であることに意識的であるとも言えるでしょう。次の展望は私たちの内側にあるということがわかり、そしてもし進化における次の躍進を望むなら、参照できる唯一の地図とは私たちが自分のために自分の意識の中で創造する地図なのです。

11

あなたは本当はどこから来たのか？

宇宙の心とつながることは、あなたの神経系に組み込まれています。私たちは生まれつき、光を見て音を聞くことができます。そのような能力もまた、神経系に端を発しているのです。音楽が鼓膜を振動させ、花火が網膜で輝くとき、特定の部位が光るでしょう。しかし宇宙の心は脳内の特定な部位にあるわけではありません。私たちは、宇宙のつながりが本物であることを、もしくは宇宙とのつながりが私たちのために何かしてくれていることをどのようにして知るのでしょうか？　懐疑論者なら、あまりに多くの人々の人生に惨めさ、貧困、暴力が存在していることを指摘するかもしれません。最も幸運な生涯でさえ、途中で事故や病気に見舞われることでしょう。懐疑論者は、ありふれた日常の困難を排除することができないのなら、いわゆる宇宙とのつながりはどのように役に立っているのかと尋ねるでしょう。

それに答えるために、個人の心と宇宙の心について、その仕組みについてもっと深く見ていかなくてはなりません。変えられるものもあれば、変えられないものもあり、そして第三のカテゴリーにおいては、物事は変えられるかもしれないし、変えられないかもしれないということはもう述べました。中世キリスト教ヨーロッパのような運命論的社会では、神は絶大なる存在であると考えられていたので、個人が自分の人生において運命を向上させられる余地はほとんどありませんでした。逆に、現代は願望で満ちています。人は、自己改善だけでなく、完全なる変容を求めています。だから「意識ある宇宙」という概念が、今ちょうどこのような勢いで根を下ろしつつあるのです。そのような宇宙は、個人の意識の拡大を促進するために構築されています。意識ある宇宙を基盤にするだけで、私たちは変化について、そして変化をどう成し遂げるかについて語ることができるのです。

あなたにとって馴染み深い世界――家族、友人、仕事、政治、余暇といったものが存在する世界を、閉鎖的なシステムとして考えてください。このシステムの中では部分同士が組み合わさって作動しており、枠組みを外れたところにはもっと大きな現実があると示唆することはほとんどありません。もしこの「より大きな現実」に気づいていないなら、変化の可能性は、あなたの世界で許容されているものだけに限られてしまいます。認識していないものを変化させることはできないのです。したがって、意識ある宇宙は存在しないも同然なのかもしれません。あなたの日常生活に何の影響も与えないいからです。もしも、あなたは人生のどんな瞬間においても宇宙の心とつながっているのだと誰かに言われたとしたら、懐疑的な態度を取るのは正常で自然な反応でしょう。

さて、それとは正反対の、世俗的なものから完全に切り離されていることが特徴となっている存在たちについて考えてみましょう。たとえばヨガ行者、禅僧といった、完全に超然の境地に到達した人は、物事がどう展開していくかに執着がありません。善悪や苦楽についても、悪は少なく善は多いほうが良い、苦は少なく楽を多く得たい、という反応が起きることはもはやありません。人間の神経系は無限に柔軟で、私たちの誰もが望むならば、その純粋で平和的な均衡状態の存在を、自分の一部として取り入れることができるでしょう。どんなシステムからも自由になりますが、代償は必要です。まず普通の人々が情熱的に追い求めるようなもののほとんどを放棄することになるでしょう。なぜなら、超然とした境地において変化は意味のないことだからです。つまり、得ることも失うことも結局同じなのです。これは高い精神性に関する話に聞こえるかもしれませんが、世界を放棄することは、完全に世俗的な人生を生きるのと同じぐらいに、宇宙の心から切り離されているかもしれません。

あと残っているのは、変化が可能だったり不可能だったりする第三の選択肢です。これは進化的な選択と呼ぶことができるでしょう。なぜなら、私たちの人生は、さらなる気づきを求め、愛、真実、美そして創造を通じて気づきという果実を享受するよう駆り立てられるからです。しかし同時に、あらゆる存在の根底をなしている、平和でバランスの取れた、超然とした境地を私たちは包含しています。この第三の選択肢――不変のさ中で起こる変化――は私たちに都合が良いものです。なぜなら、宇宙の心とのつながりを十分に活用しているからです。壮大なダイナミズムと変化がある一方で、すべての創造が生じてくる静かな源である「純粋意識」という現実があるのです。

選択肢がどのようなものかをひとたび把握すれば「主観的」「客観的」といった言葉はもはや妥当ではないことは明らかです。外的な人生と内的な人生はひとつとなって動きます。日々の活動もまだ個々のものです――私たちは目覚め、車のエンジンをかけ、仕事に出かけるという個々の人間であるように――しかし現実を創造する意識はすべての人に共通するものなのです。興味をそそる感じに聞こえますが、宇宙の心とのつながりが本物で、機能するもので、そのようなつながりのない人生は改善されるべきことを証明しなくてはなりません。もしあなたが、単に母親の子宮からではなく純粋意識の領域から生まれてきたなら、それを理解することが、非常に多くの人々が求めて切望している真の変容を引き起こすことができるのです。

「私の」心？　それとも宇宙の心？

抽象的概念とは常にあやういもので、そして本書の最終章になってさえも、宇宙の心というのはあまりに抽象的な概念すぎて、本物もしくは実際的なものにはなりえないように見えるかもしれません。例えば休暇の計画を立てていて、山に行くか海に行くか迷っているとします。宿泊先を探してみると、マイアミビーチに格安ホテルが見つかり、そこで状況が変化します。さて、こうしたプロセス全体は宇宙の心の中で起こったのでしょうか？　私たちは「心を決めた」とか「心の目で見る」といったフレーズに慣れていています。そうした言葉が意味するのは、各人が自分の心を持っていて、休暇もホテル探しも、そして海に行くという決意も「自分のもの」であるということです。

しかし、これこそまさに「外側にある」現実を自分から切り離してしまう幻想なのです。二元論の設定の中では、「私の」心と宇宙の心は異なります。ひとつには、「私の」心は宇宙の心よりずっと小さく、またその観点は私が生まれて以来の経験に限定されています。しかし、もし私たちが分離しているという幻想を捨てるなら、二者択一の選択をする必要はなくなります。心は個人的なものであると「感じ」、また同時に心は宇宙的でもあるのです。あなたが、瞬きながら量子真空を出たり入ったりするひとつの電子になったと想像してください。ひとつの粒子としてのあなたは「私」という個人であるように感じます。しかし現実において、あなたは量子場のひとつの活動であり、また粒子ではなく波という形をとるなら、あなたはいたるところに存在することになります。日常生活において私たちは自分が個人であるように感じることに慣れていますが、一方、別の次元では誰もが宇宙の活動であるということを見過ごしているのです。ひとつの電子にとっての真実は、電子（そしてその他の素粒子）から構成される人間の体のような構造にとっての真実なのです。

ホリスティックな自己を無視して分離の中で生きているとき、人生はあらかじめスライスされたパンのようなものになります。分割し、そしてさらに細かく分割しようという衝動のせいで「主観性」と「客観性」は全く異なるものであり、そして客観性のほうが優っているという間違った主張を科学にさせてしまったのです。しかし量子の時代になって、こうした細かい分割はなくなり、現実が新しい方向へと向かいはじめました――これこそまさにここまでの章で述べてきたことなのです。

しかし、現実を分割や分離もない全体像として直接的に見ることはできるのでしょうか？　それは、先の時代なら「神との一体感」「アートマン」「悟り」と呼ばれるような、精神性の探求のように聞こえるかもしれません。分離を超越することは、魂と交流したい、そして同時に世俗的な苦しみから逃れたいという願望が原動力なのです。今その原動力は、より高次な意識と潜在能力を発揮することにもっと焦点が当てられ、異なるものになっています。しかし、新たな動機を見つけることは、私たちはどこから来たのかを理解しようとすることと同じぐらいに重要です。なぜなら、宇宙の心こそ私たちの源であると確信させてくれるのは、確かな知識だけだからです。そう確信してしまえば、誕生と死は、永遠性という側面を考慮し、非常に異なる観点で見られるようになります。

現実をきちんと管理できるような断片に薄切りする習慣を捨てるのは難しいことです。そのおもな理由は、ホリスティックなアプローチは文字通り不可能に思えるからですが、少なくともこのことは日々の経験が示唆しているようです。あなたは人間の体を、細胞、組織、器官に分ける代わりに、どのようにして全体としてとらえますか？　あなたは空間、時間、物質、エネルギーといったものを超越して、どのように宇宙をとらえますか？　私たちは全体としての人間であることの難しさを、誇張すべきではありません。日常生活について言えば、体は細胞、組織そして器官として経験されることはないのです。むしろ、体は異なった「状態」として経験されています。目覚めている状態は、夢を見ていたり、眠っていたりする状態とは異なります。気分が悪い状態は、気分が良い状態とは異なります。これまで見てきたように、量子力学もそれと似ています。粒子の異なる状態が波なのです。

さらに「心」と「物質」は互いに非常に違ったものであると考えられています。そのように考える理由は、私たちの思考の習慣であるからに過ぎないのですが、現実は「心」と「物質」は同じものの異なる状態、つまり意識の場の異なる状態なのです。脳を見れば、ひとつの状態から別の状態へと変わるところをとらえることができます。というのも、脳では心的出来事の連続的なひとつの動きによって脳内化学物質が作り出されるからです。このように、もしあなたが高速道路を運転している途中に近くで衝突事故が起き、それによって怖い思いをしたならば、その心的出来事はアドレナリン分子になり、それが次には口渇、動悸《どうき》、筋肉の強直といった身体的変化になります。こうした変化に気づくとき、あなたは心の領域に戻っています。同様に、あらゆる種類のシグナルが、明確な終点のない肉体から精神への変容の旅をしています。命は変容そのものなのです。

私たちの体に起きることは、宇宙でも起こっています。宇宙では、どのような出来事も意識から心、もしくは物質への継続的な変容であるといえます。しかし、そのような考え方も私たちが意識とは何であるかを知らなかったら、何の説明にもなりません。もし「私の」心、「私の」体、外的宇宙の何十億という銀河、そして宇宙の心のすべてが意識の状態に還元されるのなら、私たちには実際に意識とはどのようなものなのかということを最終的に確定する義務があります。そうでなければ、私たちは例えばチョークとチーズは明らかに同じものではないのに、同じものだというふりをしているだけのことになってしまいます。

第一に、意識には多くの状態があるので、たとえ意識はひとつのものであっても、ひとつのものであるようには見えません。もしあなたがジャマイカのビーチにいることを夢見ているなら、五感を通していわゆる白昼夢を見ていると言えるでしょう。足元で熱い砂を感じ、海風によって運ばれてくる南国の花々の香りを嗅ぐことができます。しかし、その夢から覚めた途端、あなたは自分がただ特別な状態にあったということに気づくのです。

全体性に至る鍵は、自分がどのような状態にあるかを知ることです。スポーツカーを運転するドライバーがふたりいるとしましょう。ひとりのドライバーの車には5つのギアが付いており、彼はギアチェンジに長けています。もうひとりのドライバーは5台の車を持っており、それぞれにひとつのギアが付いています。彼にとって、運転はホリスティックなものでも統合されたものでもありません。なぜなら、彼がどの車を選ぶかですべては決まり、それぞれの車はたったひとつのギアに限定されているからです。あるべき姿は、すべてのギア（空間、時間、物質、エネルギーに加え、電荷、磁場などの物理的特性）が交換可能であるような宇宙を通って、私たちの道を進んでいくことです。もし、全体像をとらえるまとめ役がいなかったら、すべてのものは溶けて量子のスープになるかもしれません。そしてそのまとめ役を担っているのが、宇宙の心なのです。時間、空間、物質、エネルギーは、同じギアボックスから操作されており、そしてドライバー（意識）はどのような状態でありたいかを選びます。現実は、意識というひとつの源から生まれる、変化するもので、交換可能な状態から成っているのです。

宇宙に立ち退きを命じる

私たちが暮らしているこの宇宙は生きている、と考えるのは魅力的なことです。もし宇宙に心があるのなら、当然のことながら、宇宙は生きているということになります。しかし、それを「意識ある宇宙」「生きている宇宙」もしくは本書で述べたように「ヒューマン・ユニバース（人間的な宇宙）」と呼ぶかどうかというところで問題が生じてくるのです。そのうちのひとつは、実際的な問題です。意識ある宇宙の中で、あなたはどのように生活していくのでしょうか？　これまでとは異なった感じでスーパーで買い物をしたり、誕生日パーティーに行ったり、休憩中に噂《うわさ》話をしたりするのでしょうか？　答えはイエスです。意識ある宇宙とは、私たちが今暮らしている不確実な宇宙が完全に変容したものです。そしてその変容は非常に深いところで起きているので、そのすべてのふるまいが問われるわけです。鋭い洞察力と才能を持ったクオリア理論家のひとり、ピーター・ウィルバーグは、私たちは目があるから見えるわけではない、と説明しています。目は、見たいという心の願望を叶《かな》えるために進化した器官です。心が優先されるのです。心の中の感覚、イメージ、感情、思考と共に五感を包含するクオリアを通じて現実を経験することを、心は意図しています。

あらゆる聖人、聖者、神秘家が約束してきた精神性の転生は、新しい現実、つまり新しい宇宙があってこそ成り立つものです。もしくは、むしろ既存の宇宙を新しい方法で見ることで成り立つのです。そのような私たちは再生するという夢には大きな障害があり、それは全体としての現実に対処するときに私たちが直面する2つ目の問題です。心に制限があると転生はできないのです。制限のある心には、再生に至る道について考えたり、その方法を想像したり、変容がどのようなものになるのか感じたり見たり触れたりすることはできません。不確実な宇宙と、それを生み出した心のつながりは鉄のように強いのです。言い換えれば、もし心が自身の知覚の中でとらわれているなら、その同じ心がどのように自身を解放することができるというのでしょうか。私たちは、まるで自分の尾を噛む蛇のような窮地に直面しているかのようです。

ここで、「一元論（monism）」という新たな言葉が役に立ちます。「一元論」とは、「単独の」「独自の」という意味を持つギリシャ語「monos」に由来する語で、二元論に取って代わりうるものです。現実が持っている基本的特性は、分離ではなく一体性です。一元論の中でも、存在するすべてを神の体の一部として考える種類のものもあれば、宇宙はただひとつの物質からできていると考える種類もあります。あらゆるものがひとつの物質源に遡ることができると信じる物理主義者たちは、一元論の中のひとつの学派を支持しています。アインシュタインによる、科学の聖杯ともいうべき統一場の探求は一元論です。それに対抗する、あらゆるものは心でできていると信じる流派は、唯心論と呼ばれていました。しかしこの言葉はすっかり信用を失ってしまったので、代わりに「意識」という言葉を使うことにしましょう。

物理主義か意識か（または「物質が先か」vs「心が先か」という区別のしかたもあります）、自分がどちらの一元論に属しているか宣言するまでは、次の大統領選挙で投票することを許されないという状況を想像してみてください。さて、あなたはどのようにして選びますか？　どんなの人の心も、かつて自身が行った選択に苦しみ、救いようがないほど条件づけられています。そして、かつてのこうした選択は、幼年時代の最初の数時間にまで遡るのですが、自己中心的なものであったことがわかります。子どもの成長過程で「自分は自分でなくちゃ」、つまり独立した個人でありたいという衝動があります。しかし、この衝動を宇宙に映し出すことによって二元論が暴れ狂うのです。事実に反するにもかかわらず、分離した自己の有用性が自然の法則になってしまいます。

日常生活における二元性は、誰にとってもお馴染みの、次のような対比として見ることができます。

好きなもの　vs　嫌いなもの
快楽をもたらすもの　vs　苦しみをもたらすもの
やりたいこと　vs　やりたくないこと
好きな人たち　vs　嫌いな人たち

つまり、反対のもの同士で成り立つ二者択一の世界です。「前」の反対は「後ろ」で、

「近い」の反対は「遠い」で、「ここ」の反対は「あそこ」です。しかし、こうした相反するもの同士の組み合わせは、実際にはリアルなものではありません。それは心が作ったものです。よって、もしリアルさを求めるなら、心が作ったものはすべて排除しなければなりません。最も俗っぽい次元で言うと、もしあなたが人々を肌の色で判断している場合、肌の色という概念がこの件と関係がなくなって初めて、彼らの本当の姿を知ることができるのです。二元論によるこうしたひとつの「症状」をなくすには何十年もかかるかもしれません。二元論を捨て去るのがいかに難しいか、それは想像することしかできません。そのプロセスは個人的価値観を遥かに超えるものなのです。本質的に、二元論を捨てるというのは宇宙に立ち退きを命じるようなことです。素粒子は固定した特性を持っていません。素粒子からできているものも同様です。これを真に受けるなら、素粒子から銀河に至るまで、あらゆる物体が追い出されなくてはなりません。

物体が存在するには空間が必要です。よって、物体が追い出されるなら、空間も出ていかなければならないのです。そしてアインシュタインによれば、空間は時間と相対的な関係にあるため、同様に時間もいつまでもそこに留まっていることはできません。物理学の現状として、少なくともある範囲においては、ここまではわかっています。物質、エネルギー、ほかの物理量、時間、空間から絶対的に固定された現実が失われている見方は、弱い二元論と呼ぶことができます。なぜなら、物質的宇宙を退けるというのは大胆なことですが、私たちはまだ全体性には到達していないからです。そもそも心が物質的宇宙を作ったということにひとたび気づいてしまえば、心が自らを信じる理由はあまりなくなります。科学者の中には、クオリアを作り出す心の能力について熟考し、あらゆるものには意味などなく、宇宙全体が無意味であるという間違った結論を出す者もいます。

しかし、全体性に向かう旅における次の段階へと入るきっかけになるのだとしたら、こうした不信も有効なものとなるでしょう。自ら作り出した幻想を信じることをやめるには、条件づけられた心もまた、立ち退きを命じられます。しかも今回は自らによってです！　そのとき初めて、その後を継ぐものとして、宇宙の心が登場するのです。それはあたかも、自分に心臓移植をする心臓外科医のようなもので、その内容がさらに扱いにくいものであるというだけの話です。ルパート・スパイラという天才的なスピリチュアル・リーダーは、これを、「心的出来事ではないものも存在することの受容」と呼びました。死は、そのひとつの例です。心は、死をも生き延びたいと思っているから、復活して、その経験がどんなものだったか語れるのだと、スパイラは冗談を言います。

本質的に、心とは活動ではなく、何かほかのものなのです。それはちょうど、湖が本質的には表面を伝わる波ではないように、思考したり、感じたり、識別したり、想像したりという活動が心というわけではありません。湖は静止した水域を表し、心は波のない意識を表します。これは、移り変わるすべてのものの、変わることのない背景です。もはや、固執するような心的出来事もなくなり、そして時間の経過とともに着実に、静かな心はふるさとのように、あなたが真に属している休息の場のようになるのです。ここでの良い知らせとは、心的な出来事がないからといって、心が機能しなくなるわけではないということです。そうではなく、心はまさに最初からずっと求められていたことを行うのです。つまり状態を変えることです。この場合、それはいつもの思考、願望、恐怖、切望、記憶（分離の経験）から、ただ意識的で、気づきがあり、目覚めている状態（全体性の経験）への変化です。こうした変化を起こすという選択を行うのは私たちです。現実は限りなく柔軟であるため、分離の経験も全体性の経験も、完全な説得力を持つことができるのです。しかし、その2つの状態は明らかに異なって感じられます。次に、分離とはどのように経験されるものか、いくつか例を挙げてみます。

―分離するとはどのような感じか

あなたは自分を切り離された個人であると思っている。

あなたは自分のエゴの要求に耳を傾け、「私が、私を、私のもの」という主張を他者の主張よりも優先させる。

あなたはとてつもない自然の力を前にすると無力である。

生き残るための基本は、働き、必死になり、そして心配することを必要とする。

あなたは孤独という問題を解決するために他人と一緒に過ごすことを望む。

快楽と苦痛というお決まりの繰り返しを避けることはできない。

あなたは、絶望、不安、敵意、嫉妬《しっと》といった、コントロール不能な精神状態の犠牲になっていることに気づくかもしれない。

外的な世界が内的な世界を支配している――つらい現実を回避することはできない。


自分たちと同じような分離状態にあるかどうかほかの人々に尋ねると、やはり彼らも同じであることがわかります。誰もが同じスープの中にいるので、こうした状態は現実として受け入れられるようになります。この一覧には十分すぎるほどの例が挙げられていますが、そのすばらしい点はどれほど多くの苦悩が述べられているかということではなく、挙げられたすべての状態と宇宙のふるまいとの関連性にあります。量子物理学の先駆者たちが指摘しているように、宇宙とは、実験者が探しているものが何であれ、それを映し出すものなのです。

対照的に、分離という幻想がなくなった後にはどのような感じがするか、次に挙げてみましょう。

―リアルであるとはどのような感じがするか

あなたは宇宙の中にいるのではない。宇宙はあなたの中にある。
「内側」と「外側」は互いの姿を映し出す鏡のようなものだ。
意識は継続的で、あらゆるものの中に存在している。それがひとつの現実だ。
宇宙の中の分離した活動のすべてが、実はひとつの活動である。
現実はただ微調整されているわけではない。完璧に調整されている。
あなたの目的は、自分自身を宇宙の創造性とつなげることだ。

次にあなたがやりたいと感じることが、あなたにできる最善のことだ。
存在することは、自由で、オープンで、障害がないと感じられる。
マインドとエゴはまだ存在するが、休止している時間がずっと多くなる。
真の自分を知ることで、あなたは未知の可能性を探求するため、旅立つ。

一番最初に挙げた「宇宙はあなたの中にある」というフレーズは、おそらく最も不可解なものに感じられるでしょう。物理的事実の声明として、おおよそ不合理なものです。何十億という銀河が人間の内側に閉じ込められることなど、明らかに不可能だからです。銀河はどこにあるというのでしょう？　頭蓋骨《ずがいこつ》の中でしょうか。もちろん違います。しかし、「宇宙はあなたの中にある」というフレーズは、探求の旅の終わりに現れるものであり、孤立した考えではありません。旅の間中、あらゆる経験がクオリア――言い換えれば、色彩、味、意図といった特性――として起こるのを私たちは目にしてきました。クオリアは意識の中で起こるため、物質的な次元には限定されません。「あなたよりも私のほうが、青色は大きい色に感じる」とか「私は自分の語彙をよく行くロサンゼルスのロッカーの中に入れてある」などと自慢できる人などいないのです。

クオリアには――背が高かったり低かったり、スピードが速かったり遅かったりといったこともなく――次元がないため、精神的な空間に限って言えば、風邪ウイルスが何十億の銀河と同じスペース（空間）を占有することは全く可能なのです。青色は、意識の中以外に特定の居場所を持ちません。それは心に呼び起こされるか、もしくは放っておかれるかのどちらかです。同じことがあなたの語彙についても言えます。「キリン」という言葉を思い浮かべる場合、残りの語彙は精神的な空間に存在させたままにしています。そしてその精神的な空間はいたるところにあり、またどこにもないのです。脳はクオリアでできています。固めのオートミールのような質感で、小さな水っぽい湖のようなものが複数あり、さまざまな分泌物を出しています。こうしたクオリアすべてでも、風邪ウイルスや十億もの銀河と同じ「空間」を占めるのです。それらはみな意識の中にあります。私たちが一般的に「外的空間」と言うときに意味するものは、また別のクオリアです。あなたは「私の脳はちゃんと頭蓋骨内にあるし、この事実はどうやっても覆せない事実です」と異議を申し立てるかもしれません。しかし愛する人の顔を想像してみてください。脳組織の中には存在しない方法で、脳はそのイメージを生み出します。どれだけ熱心に調べても、脳の中でそのイメージが見つかることはありません。

よって、脳がひとつの機能を果たしているということは間違いありません。それはつまり、あらゆる考え、経験、記憶、イメージ、クオリアのすべてが存在する、精神的な「空間」にアクセスすることです。ラジオは、内部に隠れている何百人という音楽家を見るために誰かに分解してもらわなくても、何百曲もの交響楽に触れることを可能にします。しかし神経科学者たちは、ラジオを分解するのと同じようなことをし続けているのです。彼らは、現実において脳は、意識が存在する場所へ通じる入口に過ぎないのに、脳こそが意識が存在する場所であってほしいと思っているのです。なぜ意識はそのような入口を必要としたのでしょうか？　バスにひかれることでケガをしたり、死んだりするのと同じ理由です。意識は、もの、出来事、経験を生み出すという固有の習慣を持っています。これはごく自然なふるまいなのです。すでに数回引用していますが、マックス・プランクは次のように述べたときも、次のようなことが心にあったのでしょう。「私は意識を根源的なものととらえています。私たちは意識を回避することはできません」。意識がどうふるまうかについて、現実が説明をする必要はありません。なぜなら現実には何も答えることはなく、ただありのままの現実があるだけなのです。

創造主としての心

このことが旅の新しい段階へと導き、その段階では自分の個人的な現実を作っているのは心であり、心はずっとそのように機能してきたということを明白に理解するようになります。このこと自体は、深遠な洞察ではありません。恋に落ちた数か月後、もしくは数年後に、恋人が実は平凡な人間だったと気づくに至ったことがある人ならみな、心によって作られた現実がどのようなものであるかを知っているでしょう。真の洞察とは、心が創造するにはレンガもモルタルも、最も微細な物質、エネルギー、時間、空間さえ必要なく、唯一必要なのが概念であると理解することです。分離された自己である「私」という概念について考えてみてください。心があらゆる分離の根源である「私」というものについて考えた瞬間、宇宙全体が「私」から分離した世界となります。

もし「私」が幻想を通して見たならば、構造全体が中身のないつまらないものになり、分離を持続させるような多くの経験が作り出されるわけです。多くの人にとって科学とは、幻想が「機能する」ことを証明するものです。そういう人たちは、存在するどんなものも、月や星と同じぐらいに確かなものだと思っています。ハッブル望遠鏡を宇宙に送り出し、「外側」についてさらに詳細に調べるためには、想像力と技術と創意溢れるアイデアが必要でした。それは裸眼で目を細めて見ることに比べたら、幻想の大いなる昇格です。しかし、幻想をよりよく見る方法を身につけても、幻想が本物になることはありません。同様に、太陽が輝いている夢を見るとき、もし2つの太陽が、もしくは12個の、１０００の、１００万の太陽が輝いていたとしたら、夢は現実になるのでしょうか？

ここまでに心が何もないところから現実を構築するさまを見てきて、分離した状態とはいかに説得力があるものか、心自体があらためて驚嘆するかもしれません。これこそ私たちが現実は無限に柔軟であると言ってきたことで、説得力を持つものである限り分離状態が蔓延《まんえん》することを許容するというものなのです。新種の蘭《らん》、より高級な料理、より美しい女性――あなたが望むクオリアが何であれ、起きている間の人生すべてをそうしたものを探し求めることに費やすことは可能です。どんな経験もクオリアから構成されているので、「まぁリラックスして。外側にあるのはそれがすべてだよ」と自分に言うことさえできるでしょう。正直に言うと、あなたが幻想を見抜くとき、そこにはかすかな悲しみがあります。蘭や料理や女性の美しさもすべて心が作り出したものであると知ることで――しばらくの間――空虚な感情が生まれます。

そのうち心は、ほかのどこかにより良い世界があるに違いないと確信し、この新たな確信が悲しみの感覚に打ち勝ちます。パレットをゴミ箱に投げ捨てる画家のように、心は架空の概念を捨てる決意をするのです。それはとても大胆な決断です。宇宙さえもひとつの巨大な概念だからです。「どのような」概念も、分離の状態へと導きます。リアリティ（現実・真実・本質）だけが例外です。リアリティは心が作ったものではないので、想像も及ばないものなのです。

この事実を認識することは——つまり気の利いた考えとしてだけでなく、それを個人的に経験するという意味ですが——大きな休止状態を生み、あなたは気づきます。「なんということだ。私は真にリアル（本物）であるとはどういうことなのか、決して理解できないだろう。それは私の心、感覚、想像を超越したところにあるのだから」。次に何が来るのでしょう。大きな休止状態とは、ゴータマ（ブッダ）にとっては菩提樹《ぼだいじゅ》の下に腰かけることであり、ジーザス（キリスト）にとっては十字架にかけられ「すべて終わった」と言うことですが、大きな休止状態はハイゼンベルクやシュレーディンガーを含む、科学者の言葉の中にも見つけられます。彼らは突然にして、現実は2つではなく、たったひとつしか存在しない、ということをはっきりと理解しています。内側も外側もなく、あなたも私もなく、心も物質もなく、半分に分けられたものがそれぞれ自分の領域を用心深く守っているだけなのです。この気づきは休止状態のようなものです。なぜなら心は現実を思い描くことをやめ、現実を「生き」はじめるからです。

○K牧場で戦う一元論者たち

意識的な宇宙に関する議論は、宇宙学者たちの間や学会で10年以上堂々巡りを続けてきました。しかし「宇宙、めちゃくちゃになる！」といったトップニュースが報道されることはありません。物理主義者としてスタートし、結局は意識こそすべてであると認識するに至った理論家の数はゼロではありませんが、ゼロから遠くない数です。ホラー映画の中には、ヒーローがありとあらゆる正しい行いを――ヴァンパイアの心臓を銀の弾丸で撃ったり、ドラキュラを十字架で撃退したり、昼の光を浴びせてひるませたり――します。そしてその生き物たちは何度でも戻ってくるのです。物理主義は、ほとんどの場合、復活し続けます。私たちがほぼ最初からお話ししてきた精神的習慣であるナイーブなリアリティ（無知な実在論）のためです。「バスにひかれたら死ぬ」と言うことですべての異議に反論し、それで話を終わりにしてしまうのです。

もっと洗練された異議は「闘う一元論」と呼んでもよいでしょう。その提唱者たちは、現実とは実にひとつのものであるが、それは精神的なものではなく物質的なものである、として譲歩しています。その議論はどのようなものになるか、以下に示してみました。

物質的一元論者「あなたは、宇宙が心で作られたものだと言います。あなたの一元論の中では心が物質に変わりますが、それがどのようにして起こるかについては述べられていません。あなたの考えによると、脳は心が存在する場所ではないということですが、もしも誰かの頭を切り落としたら、心はもう残っていません。よって、あなたの意識モデルが持つ唯一の利点は、あなたがそれをたまたま信じているということです。

おや、驚いた。私たちも一元論者なのですよ。私たちの一元論では、すべてのものの背後に物質的プロセスがあるのです。私たちはこうしたプロセスを測定できます。そのプロセスは数学的な予測に美しく適合します。脳をスキャンすると心が動いていているところを観察することができます。私たちの一元論は、あなたの一元論と同じぐらい一貫性のあるものですし、それに山のような証拠によって裏づけられているのです」

読者の皆さんはもう、この議論に反論するための多くの方法について読み進めてきたわけですが、単に反論するだけでは十分でないということは明らかです。テクノロジーは科学の切り札であり、もしも私たちが物理主義的方法論を捨てれば、世界は原始時代へと退行するだろうという暗黙の脅迫のようなものがあります。テクノロジーは、愚かな神秘主義者や哲学者たちのせいで行き詰まってしまうでしょう。誰もがiPhoneや薄型テレビなど、物理主義的アプローチによって生み出されたテクノロジーが大好きです。それらをすべて失うリスクを負う人などいるでしょうか？　これは薄いベールで覆い隠された脅威ではありません。人気惑星科学者ニール・ドグラース・タイソンは、度重なるインタビューにおいて、哲学は科学と比べたら無用以下のものであると警告しており、以下のような2つの例を挙げています。

1―ここで私が懸念しているのは、哲学者というものが、実際に自然についての深い問いかけをしていると信じている点です。そして科学者にとっては、それはいったい全体何をしているのだ？　と言いたくもなるわけです。なぜあなた方は、意味の意味などに興味を持つのでしょう？

2―哲学の授業でそう教わったからという理由で、あなた方が重要だと思っている問いから脱線しないでください。科学者はこう言います。「私は、外側の未知なる世界すべてを理解しました。私は先に進み、あなた方を置いていきます。あなた方は既知のことが深い問いだということに遮られて、道を渡ることさえできないのですから」

こうした主張の背後にある自信は、ドグラース・タイソンが軽視する「深い問い」が、前世紀の最も偉大な量子物理学者たちによってもたらされたという事実を無視しています。まぁそれはいったん脇に置いておきましょう。私たちは、意識がテクノロジーよりも良い暮らしをもたらしてくれることを示す、異なる道を進むことができます。そうすることにより、地球は潜在的な破滅から救われるという未来が開かれるのです。そして個々人は、自身の選択によって個人的な現実が変えられるようなスイッチを与えられます。同時に「この未知なる世界のすべて」には、意識だけが与えることのできる答えが提供されるでしょう。もし私たちが、本書の結論においてこうしたことすべてを成し遂げることができるなら、ＯＫ牧場での一元論の闘いも終わることでしょう。そして闘いが終わっても、やはり誰もがiPhoneを握りしめているのです。

12 居場所と自由が手に入りそうだ

英雄崇拝だけでは限界があります。私たちは量子物理学の先駆者たちの第一世代を、戦士としてではなく探求者としての「偉大なる世代」と見なしてきました。ノルマンディー海岸を突撃する代わりに、彼らは時空という海岸に、そして究極的には、現実という大陸に突入したのです。しかしカリフォルニア工科大学の、ある物理学教授はアインシュタインの名が恭《うやうや》しく使われているのを耳にしたとき、こう反論しました。「カリフォルニア工科大学の理論物理学専攻の大学院生なら誰だって、今ではアインシュタインよりもよく知っていますよ」と。現在活動中の物理学者の多くがその言葉に同意するでしょう。アインシュタイン、ハイゼンベルク、ボーア、パウリそしてシュレーディンガーは思考の面で非常に遅れており、私たちにも後れを取ることになるでしょう。

例えば、量子物理学の先駆者たちの中でビッグバンについて現在の私たちが知っているような知識を持つ人はいませんでしたし、どれほど英雄崇拝をしてもその事実から逃れることはできません。今日の宇宙は、もしも137億年前にビッグバンが起こったならそのように動くであろう方法と、全く同じように動いています。そして異なる動きをするようになるまでは、ビッグバン仮説は「お山の大将」のまま覆されることはありません。

意識ある宇宙に目を向けると、ビッグバンは偶発的な概念になることでしょう。新しいお山の大将は、意識の中で作られた特質であるクオリアになるでしょう。ちらちらと瞬くろうそくの炎は、熱と光を放出します。それはビッグバンも同様でした。しかし人間が熱と光を経験しなければ、私たちが知っている形での創造は存在しえなかったでしょう（「ダーク」エネルギーと「ダーク」マターがどれほど不可解なものであるかに留意してください。私たちはいまだにそれらに適合するクオリアを探しているところなのです）。そういうわけで、クオリアがまず先にあり、ビッグバンのようなとてつもない出来事でさえ2次的なものです。物質的宇宙を今の姿にしているのはクオリアなのです。

もしクオリアに対する理解が疑いの余地のないものになったなら、私たちの居場所である日常生活に大変革がもたらされるでしょうか。もしくは、私たちはただ肩をすくめて、いつもどおりの生活を続けるのでしょうか。もし宇宙を人間的なものにすることができたとしても、意識ある宇宙は単に弾みがつくだけのことでしょう。弾みがつかなければ、不明瞭な宇宙という現状が続くでしょう。概念としての不明瞭な宇宙は、宇宙的偶然という場合を除けば人間の居場所はなく、遠く離れていて、行き当たりばったりで、敵対的な環境であることを証明しました。私たちは宇宙のカジノ（賭博場《とばくじょう》）における勝者ではなく、絶滅するのを待っている宇宙のドードー（モーリシャス島に生息していた絶滅鳥類）のような存在なのかもしれません。マルチバースが私たちを必要としているというわけでもありません。サイコロを数えきれないほど振れば、再び私たちの種に合う新しい宇宙がもたらされるかもしれません。

私たちの英雄崇拝は正当化され、またプランク、アインシュタイン、ハイゼンベルク、ボーア、パウリ、シュレーディンガーらを現代の予言者として引き合いに出すのは私たちだけではありません。実際のところ高次の意識を信じるために科学的な裏づけがほしいなら、彼らを引き合いに出すのはごく普通のことです。量子物理学の先駆者たちのスピリチュアルな側面は、主流科学にとっては困惑の種ですが、探求者にとっては指南役なのです。問題は、意識についてのそのすばらしい洞察を、英雄たちが徹底的に追求することはなかったという点です。彼らの科学者としての生涯は、実際のところ、何にもまして不明瞭な宇宙を創造するために費やされたのです。おそらく、それ以外のことに費やされることはありえなかったでしょう。結局のところ、彼らがしようとしていたのは、神に新しい身なりをさせることではなく、物質的な宇宙を研究するための根本的に異なる方法を打ち立てることでした。

英雄崇拝がひどく貶《おとし》められたら、その次はどうなるのでしょうか。進むべき道は彼らが始めた仕事を終わらせること、つまり宇宙は意識的な方法でどのように動いているかを示すことです。それは、本来の偏見をものともせず、誰もが同意できるような証拠を提示するということです。科学は、真実を選別するために存在しています。例えば、コアラとパンダはどちらもクマに見えます。しかしクマらしくないことに、共にベジタリアンであり、またどちらも普通のクマが棲むような地域には棲んでいません。その問題は、決定的な証拠がなくては解決することはできません。まず、コアラについての問題が先に解決しました。コアラは生まれたばかりの赤ん坊を腹袋に入れるため、クマではなくカンガルーのような有袋動物であるという理由からです。ジャイアントパンダは、遺伝子的に見てクマであり、それもクマの中でも最も古いタイプのひとつであるということがわかるまで、少し時間がかかりました（奇妙にも、ジャイアントパンダは草食動物ではなく肉食動物の遺伝子を持っています。つまり、パンダが常食としている竹からエネルギーをほとんど得ることができないということです。実際、得られるエネルギーがあまりに少ないため、パンダの活動のほとんどは食べることか眠ることにあてられるのです。繁殖期にオスがメスを巡って争うための余剰エネルギーさえ十分ではありません）。

では、どのような証拠があれば、宇宙には意識があると、通常の理性的な人（説得不能な頑固な懐疑主義者たちは除きます）を納得させることができるのでしょうか？　私たちは、証拠よりも説得力を持つ行動を相当数提示することになるでしょう。それらの行動は意識ある宇宙だけでなく、人間的な宇宙についても示唆します。そのような宇宙において、人間は真の居場所を見つけ、同時に完全に自由であるという私たちの長年の夢がついに叶うのです。

出発点には問題なし

もしパンダは植物である、もしくはコアラは昆虫であると考える生物学者の陣営があったとしたら、彼らはそれ以上先へは進めないでしょう。宇宙学には基本的に「物質が先」と「心が先」という2つの陣営があります。そしてどちらの陣営も、出発点は時空を超越しており、純粋な可能性のみがある、次元のない無の領域であるということで意見が一致しています。この点についてはもう十分に説明してきました。アインシュタインは、もし宇宙から物理的物質が消えたなら、時間と空間もなくなるだろうと指摘しました。瞬くように存在と非存在を行き来しつつ、すべての素粒子が量子真空の中に入るということは、素粒子が時間も空間も存在しないところへ行くということを意味します。宇宙全体が同じ旅をするという事実は、永遠性は私たちのすぐそばにあること、忠実な友であることを意味します。

両陣営が共に意見を同じくするもうひとつの点は存在についてですが、あまりに基本的すぎて無意味に思えるほどです。もちろん宇宙は存在します。しかしその主張に意味がある理由は、ひとつの素粒子が量子真空へと小さな旅をするときでさえ、時空間が存在しないからといって素粒子が消滅することはないことを意味しているからです。ともかくその素粒子はまだ存在しているのですが、永遠性の中に存在すると同時に、いたるところに存在します。量子真空の取り込む力があまりに強いため、量子が波のようにふるまうとき、同時にいたるところに存在するという力を持つのです。つまり、存在は白紙状態ではないということです。秘密の場所に、何か価値あるものが隠されているのです（物理学者の中には、神秘主義的なものへ抵抗を感じることもなく、宇宙全体をひとつの波、もしくはひとつの粒子とさえなぞらえる人もいます。これは、真に神の粒子の性質でしょう）。

出発点に関して意見が一致したところで、次の一歩は物語のどこで議論が始まるかということです。初期宇宙は、物理的な力によって存在するようになったのでしょうか。それとも心によってでしょうか。レンガ職人がいないのにレンガを積めるのでしょうか。例えば、宇宙の代わりに大聖堂をイメージしてください。石、金属、ステンドグラスといった、ノートルダム寺院を造り上げている材料を調査することで、建物の工法や建造された歴史上の時代についてのヒントが得られますが、ノートルダム寺院は決して部分の単なる総和ではありません。それは意識ある存在たちによって創造されたものであり、「死んでいる」物質が入る余地のない、生きた存在であることを示しています。石、金属、ステンドグラスは建築物の材料ですが、芸術ではありません。よって、ノートルダム寺院を描写する際には、部分からは大聖堂を構成している「もの」の量についてわかりますが、建築自体からは美しさや宗教的重要性といった、その建物のクオリアについてわかるのです。量とクオリアとの間の溝を埋めることで、宇宙の「リアル」な現実を発見するという次のステップへと導かれます。

私たちは、宗教にとっての神と同じように機能する、科学にとってのレンガ職人を必要とするのです。宇宙は大聖堂とは比べ物にならないほど複雑な構成要素を持ち、そしてそのすべてを識別することができるレンガ職人になりうる唯一の候補者が、宇宙の心なのです。ノートルダム寺院の建築家たちはずっと前に亡くなっているけれども、意識が存在していたことは明白です。意識という主体が作用していたということは、推測するだけで十分にわかります。同様に、宇宙における意識のふるまいを推測することができます。推測するだけで十分であり、わざわざ宇宙の建築家と会って挨拶《あいさつ》する必要はありません。私たちに必要なのは、宇宙がどのようにして、ぶつかり合う物質のようにではなく、目的を持ってあらゆることを行っている「心」のように動いているかを観察することだけです。

人間味

もしあなたが、宇宙がどのように動いているのかを説明するのに意識を引き合いに出すのはふさわしくないと断言するならば、人間の心自体が、進化の周縁をうろついたまま取り残されてしまいます。そんなことが本当にありえるのでしょうか。物理主義者の中には、宇宙があたかも心を持っているかのようなふるまいをすることをしぶしぶ認める一方、非常にデリケートな言葉だからという理由で、それを意識と呼ぶことを拒む人たちもいるでしょう。ビッグバン直後、物質と反物質として互いに消滅し合うことで、創造の多くは破壊されたと考えられています。しかしある一定数に、ほんのささいなアンバランスが生じたために目に見える宇宙が存在できるようになり、これによって物質と反物質が互いを完全に消滅させる前に、一種の平和協定を結ぶことができることを示唆しています。この調和状態は、専門的には相補性として知られ、共存する方法を見いだした2つの相反するものは相互補完的であるといわれています。例えば、2つの粒子が物理学で言うもつれの状態にあるとき、両者が何十億光年も離れている場合でさえ、スピンや荷電のように鏡で映し出されたような性質を示します。これが相互補完的な関係を作り出すわけです。ひとつの粒子の変化が、もう一方の粒子に即座に反映されるのです。それが示唆するところは、相補性は、光速を絶対的限界としてとらえる相対性よりずっと根源的なものであるということです。瞬時のコミュニケーションは不可能です。しかしそれでいて非局所性（訳者注：宇宙における現象が、離れた場所にあっても相互に絡み合い、影響し合っているという性質のこと）が生じるのです。このことは、光速を限界ととらえる規則によって制約されている自然界の4つの基本的な力よりも、もつれの状態はさらに根源的なものであるということを意味します。

何十億光年と隔てられた粒子同士が、どのようにして互いに「おしゃべり」しているのか想像するのは興味深いことです。なおかつ同じようなミステリーが、さらにずっと身近なところに存在しています。脳の中では、私たちが物質的世界と呼ぶ3次元のイメージを生み出すために、あちこちに散らばっているニューロン同士の協力が必要です。この種の調整もまた、素粒子のときと同様に瞬間的なものです。この組織立った計画が全体として作動します。映画のセットにおいては監督が、照明、撮影、音響、演技に指示を出します。それぞれに個別の手順があり、それらを調整するには時間がかかります。しかし世界を見渡してみると、心は「照明はよし。音響はどこだ？　誰か音響にキューを出してくれないか？」などと言いません。その代わり、生命という映画を製作するのに必要なあらゆる要素が瞬時に調整されているのです。

これが示唆することは、概して相補性とは粒子や物質の特性ではないということです。相補性とは意識の特性であり、実際に意識が宇宙を顕在化させる最も根源的な方法のひとつなのです。そして「心が先」とする陣営をかなり強力に支えているものです。しかし、もし意識ある宇宙を証明する証拠を積み上げ続けるとして、人間的な宇宙を正当化するにはそれで十分なのでしょうか。私たちは本当に創造の舵取《かじと》りをしているのでしょうか。もしくは私たちは宇宙意識の命令に従う働き蜂なのでしょうか。その問いかけは修辞的なものです。なぜなら、私たちの知っている、もしくは知りうる唯一の意識とは人間のものだからです。あらゆる自然法則は、人間の神経系を通じて知られるようになりました。神の命令によってではなく、人間の存在に完璧に合った仕組みへと自然の全側面を適合させる相補性があるゆえに、私たちは創造の価値をはかる基準なのです。

それ以外のすべての代替案は、心が作った境界の内側に私たちを閉じ込めます。こうした境界には、生来の落とし穴があります。例えば……

- もし人間を多次元宇宙カジノでの偶然の勝者としてとらえるなら、私たちの存在は行き当たりばったりの偶然に委《ゆだ》ねられてしまう
- もし自分自身を物理的な力の産物としてとらえるなら、私たちは有機的な化学品でできているロボットも同然
- もし私たちは適者生存を通じて進化してきたというなら、私たちは単に獣の中で最も獣らしい生き物ということになる
- もし自分自身を複雑な情報の構築物と見なすなら、私たちは単に高速処理された数字のまとまりということになる

現実は私たちを自由にすることができるのか？

根本的に人類の物語とは、拡大する意識の物話ということになります。それは何千年もの間続いてきたことですし、そしてその物語は決して終わることはありません。しかし、ついに私たちは、本書が冒頭で掲げた宇宙に関する9つのミステリーに答えること

ができるようになりました。

ミステリー① ビッグバン以前には何があったのですか？

回答

創造以前の意識で、次元がない状態。この状態では、意識は純粋な可能性である。あらゆる可能性が種子の形で存在している。このような種子は無からできていて、実験などで測定不可能。したがって、ビッグバン以前には何も存在しなかったという主張は、ビッグバン以前にはあらゆるものが存在していたというのと同様に正しい。

ミステリー② なぜ宇宙はこれほど完璧に組み合わさっているのですか？

回答

組み合わさってはいない。なぜなら「組み合わさる」というのは、分離した部分を注意深く所定の位置に収めるという意味だから。実際に、宇宙は単一の分割されていない全体である。その構成部分は、それが原子や銀河や重力のような力であろうと、クオリア――意識の性質――に過ぎない。すべてのクオリアは、現実では同じ場に存在している。心の目で薔薇のイメージを見るには、自然が実際の薔薇を作り出すときにアクセスしているのと同じ場に行っている。

ミステリー③　時間はどこから生じたのですか？

回答　あらゆるものが生じてきたのと同じ場所、つまり意識から生じた。時間も、砂糖の甘さや虹の色彩と同様にクオリアである。宇宙が創造の子宮から生み出された時点から、あらゆるものが意識の表現である。

ミステリー④　宇宙は何からできているのですか？

回答　宇宙の真の構成要素はクオリアである。その創造性は、観察者しだいで無限の広がりを持っている。あなたの意識状態が、あなたの周囲のクオリアすべてを変化させる。夕焼け空は自殺したいほど辛い気分の人にとっては美しいものではないし、ひどいこむら返りもマラソンで優勝した瞬間なら無視できるものになる。「観察者」と「観察される対象」と「観察プロセス」は密接に関わり合っている。それが明らかになると、宇宙という「モノ」が現れる。

ミステリー⑤　宇宙に設計はあるのですか？

回答

それはイエス・ノーでは答えにくい微妙な問題である。もし宇宙の「中」に設計があるとしたら、その両者は陶芸家と土の塊のような関わり方をしなくてはならない。外側の心を働かせることによって、形ないところから形が現れることだろう。キリスト教のお馴染みの説教においては、人間の体が神の器または導管として言及される。現実において、設計とは非常に順応性のある意識的な知覚である。野の花を美しい設計に基づいたものとしてとらえる人もいれば、それを雑草もしくはよくわからない生物標本としてとらえる人もいる。彼らが牧草地から立ち去った後、1匹のホリネズミ（訳者注：中央アメリカおよび北アメリカに生息し、地下に広大なトンネルを掘ることで知られている）はその野草が食べられるものだと見抜くかもしれない。設計は心と知覚の相互作用である。宇宙というものを「完璧な設計」「完全な行き当たりばったり」「完璧な設計と完全な行き当たりばったりが混ざったもの」もしくは、神秘主義者たちの中には「実在性が皆無の単なる夢のようなもの」として見なすことも可能である。

ミステリー⑥　量子的な世界は、日常的な生活と関わっているのですか？

回答

これもまたややこしい問題だ。経験というクオリアは、あなたの意識状態によって変わる。通常、私たちが起きている状態では量子の領域はあまりに小さく、直接経験することはできない。そしてそれを大きな物質の世界に関連づけることは非常に難しいことがわかる。私たちを導いてくれるような経験がなく、実験室での実験から矛盾する結果が出されれば、物理的なつながりは論争を招くものになる。しかし、量子的領域とは単に「心のようなもの」というだけではなく「量子という姿をとった心を表すもの」だと受け入れれば、答えは比較的シンプルなものになる。量子的領域は、別のクオリア領域だ。すべての領域は意識から作られているので、量子的領域は日常生活とのつながりを必要としない。しかし量子領域を直接経験することは、ベールで覆われた非局所性と宇宙の検閲により阻まれている。

ミステリー⑦　私たちは意識的な宇宙に生きているのですか？

回答　そのとおりだが、意識的な宇宙という概念が、思考、感覚、イメージ、感情で溢れている場合、そうは言えなくなる。思考、感覚、イメージ、感情は心の内容だ。そうした内容を排除して、残ったものが純粋意識である。それは静寂で、不動で、時空を超越しているが、創造的な可能性で満ち溢れている。純粋意識は、人間の心を含むあらゆるものを生み出す。その意味において、私たちは賃貸物件に居住する賃借人のようにこの宇宙に住んでいるわけではない。私たちは、宇宙と同等である、同じ意識に参加していて、それが宇宙なのだ。

ミステリー⑧　生命はどのように始まったのでしょうか？

回答　意識の中の可能性として、種子の形からあらゆる種類の生物が形成された。岩に生えた柔らかい緑の苔《こけ》を生き物と呼ぶ一方で岩には生命がないとするのは、心が作った区別に過ぎない。現実で存在しているあらゆるものが、その起源

（次元のない存在）から、意識が自分自身から創造することを選ぶ状態に向かうという同じ道をたどる。未実現から実現へ至る同じ道をたどっているため、岩と苔も平等な条件で生命を共有している。

ミステリー⑨　脳は心を創造するのですか？

回答

そうではないが、その反対が正しいわけでもない。心は脳を作ったりはしない。これは陶芸家と土の塊の間に距離があるというもうひとつの例で、心と脳は陶芸家と土のような関係ではない。心は、銀河間の空間に最初に存在していたものを見つけて、そこから脳を作り出すことはしなかった。物質は、思考をしはじめるほど十分に複雑になって初めて、より大きく、より複雑な塊へと寄せ集まっていったのだ。ここで適用される原理は相補性であり、相補性があるからこそ、明らかに相反するものがお互いの存在なくしては存在しえないわけだ。そこに卵が先かにわとりが先かというジレンマはない。なぜなら現実は相反するものを一度に両方作り出すからだ。

現実的に考えればこれらの回答は、おそらくあなたが期待していたものとは非常にかけ離れたものに聞こえるでしょう。しかし、私たちが言ってきたことで科学に反するものはひとつもないということを付け加えておきます。科学において実験的手法が終焉《しゅうえん》に至ったのは、神秘主義者、詩人、夢想家、聖者、変わり者たちの陰謀ではありませんでした。科学のありふれた手法は、現実それ自体によって時代遅れになったのです。時間と空間がプランク単位系において崩壊する、ダークマターとダークエネルギーに支配された宇宙において、新しい方法を探すことは反科学的ではありません。

私たちはテーブルの上に「クオリア」「意識」「人間的な宇宙」という3枚のカードを並べたわけです。その3枚のカードでどんなゲームが行われるのでしょうか？　それは誰も予測することができないことです。量子物理学の先駆者たちを啓発した、意識についての最もすばらしい洞察は、ほとんど1世紀にわたって動きがありませんでした。物理的な宇宙というものを額面通りの意味でとらえることが、多少の例外を除いては初期設定になったままなのです。

結局、私たちが語ってきたのは隠された現実に関することです。それは意図的に、もしくはいたずらに隠されたわけではありません。心は自ら手かせ足かせを作り出すものであり、そして、その理由や経緯を説明するには世界史を振り返る必要があるでしょう。

幸いにも、現実について知りたいという衝動が消えることは決してありえませんし、私たちがたまたま誰になっていようと、私たちの内側の何かが自由であることを切望しています。アインシュタインが神秘的なインドの詩人と席を共にし、存在の真の性質について論じたとき、それは運命的な日でした。もしも、人間的な宇宙こそが存在する唯一のものであるというタゴールの考えが正しかったのなら、私たちは創造の喜びの中で無限の希望という未来と向き合うことになります。未来の世代にとって、「あなたこそが宇宙である」というのは、もはや神秘の内側に包まれた夢ではなく、人生の指針とすべき信条になるでしょう。

付録1

クオリアに馴染む

読者の皆さんにとって、「クオリア」という言葉は耳新しく、おそらく馴染みがないものではないでしょうか？　私たちはクオリアを非常に重要なものと考えているため、皆さんにもぜひこの言葉に馴染んでいただきたいのです。ひとつ難しい点は、クオリアが包括的なものであるということです。あらゆる経験はクオリア、つまり意識の質から成っています。ある晴れた夏の日に、暖かい空気、明るい太陽光、刈りたての芝の匂いなど、五感によってもたらされるクオリアを受け止めることはさほど難しくはありません。

難しいのは、あなたの体もまたクオリアとして経験されるものであると信じることです。今まさにこの瞬間にあなたが感じているすべての感覚は、それを個人的に経験して初めて現実となります。したがって、体はクオリアの塊なのです。さらにもっと深く突き詰めれば、脳の経験もクオリアです。概念がこのように普遍的になってくると、それをどう扱うべきかを知るのが困難になります。ルールや境界はどこにあるのでしょうか。もしくは、私たちはクオリアのスープでできた現実の中で生きているのでしょうか。そして外側の経験、つまり「目の前の世界」はどうなっているのでしょうか。それもまた、クオリアの経験なのです。

クオリアにルールはありません。クオリアは古典物理学が定めた自然法則と同じ立場にあり、量子物理学が想像を絶するほど洗練されたレベルにまで引き上げました。熟した甘い桃は、数や方程式や原理によってではなく、経験を伴って感覚を溢れさせます。物理主義者の領域で使われている語彙は用いることができません。「甘い」という言葉は「熟した」とか「暖かい」という言葉と比べて、重くも軽くもなく、大きくも小さくなく、濃いわけでもありません。

科学が将来的に取る方向がクオリア科学だとしたら、その利点とは、あまりに完璧に現実と調和しているということです。桃を味わうことは、概念的な枠組みを必要としない直接的な経験です。この抽象的概念の欠如は、多くの主流派科学者たちを苛立《いらだ》たせるものですが、それこそ物理的な宇宙を意識に基づいた宇宙へと変容させる、自然の新しいとらえ方の種子なのです。

クオリア科学が将来的にどのように発展していくか、簡潔な未来像を示すために、本書の多岐にわたるテーマから抜粋したいくつかの法則をご紹介しましょう。

クオリアの法則――意識の科学のための土台

1―科学とは物質主義的なもので、物理的な宇宙はあるがままの姿で存在することを既知の事実として受け入れます。しかし、量子物理学はとうの昔に物理的物質という概念そのものを打ち壊しました。宇宙はその基盤において、固体でもなく、実体があるものでもなく、固定されたものでもありません。したがって、外的な物質的宇宙ととらえる古い科学は、量子物理学という新しい科学によって致命傷を負ったのです。

2―この不確実性が、自然を完全に新しい方法で解釈する扉を開きます。それがクオリア科学です。

3―もし物性が根底から損なわれるなら、未来の科学にとっての信頼できる土台として何が取って代わるのでしょうか。それは物質主義者たちによって常に拒絶されるもの、つまり意識です。意識はあらゆる経験を可能にします。「客観的な」実験から意識を排除しようとしても、この事実から逃れることはできません。

4 クオリア科学は「意識が人間の中に完全に出現して初めて、物質的土台から進化した特性になる」と断言するところから始まります。意識とは根源的で、理由もない、存在の基底状態です。意識的な存在としての人間は、意識のない現実を経験することも計測することもできませんし、それを想像することもできません。

5 「通常の」現実の基底状態としての意識は、物質やエネルギーにとっての量子場のように、あらゆる点において「場」のようにふるまいます。どんな場においてもそうですが、意識は意識自体と関わります。この関わり合いが、私たち自身の意識のような、あらゆる特定の形の意識へと増殖していくのです（意識は、長い時間をかけて原子や分子の2次的な性質として生じたわけではありません）。しかし、次元を持たない、さらに深いレベルの意識が存在することを理解しておかなければなりません。なぜなら時空内のどんな次元もクオリアを含んでおり、そして本質的に、純粋意識はクオリアを持たないからです。量子真空が量子の源であるように、純粋意識がクオリアの源なのです。意識はすべての場の「場」であると考えられています。なぜなら意識こそが、あらゆる場が存在することを可能にする場だからです。

6―特定の形をとる意識（ゾウ、イルカ、アカゲザル、もしくは人間など）のすべてが、主観的に世界を経験します。個人の主観性は、その源である意識の場の中に留まります。どのような形の意識であれ、源から分離しているものはなく、それは電磁気の働きがいたるところにある電磁気力の場から分離されることがないのと同じです。

7―人間にとって、主観的な経験は「感覚」（Sensation）、「イメージ」（Image）、「感情」（Feeling）、「思考（Thought）」という形をとっています（SIFT）。これらを表す一般用語がクオリアです。主観的な現実とは、色彩、光、痛み、快楽、質感、味、記憶、願望、不安、喜びといった、異なるクオリアの壮大な混合物なのです。

8―あらゆる主観的な経験はクオリアです。これには、あらゆる知覚、認識、心的出来事が含まれます。愛、慈悲、苦しみ、敵意、性的快楽、宗教的エクスタシーといった感情を含み、いかなる心的出来事も除外されません。微細な次元におけるクオリアは、洞察、直観、想像、インスピレーション、創造性として認識されます。

9 「客観的」な外側の物理的現実は、それ自体が私たちの前に現れるのではなく、私たちが知覚できるクオリアを通して現れます。私たちが主観的に関わることがなければ、あらゆる科学的変数や量を含む、空間、時間、物質、エネルギーもそれ自体が存在できません――もしくは存在するとしたら、それらのリアリティは不可解なものとなります。私たちはクオリア宇宙に生きています。私たちのクオリア宇宙との関わりはすべて経験的なものであるので、究極的には主観的なものなのです（独立した客観データは存在しません。なぜならそれは、データ収集者の経験の一部にほかならないからです）。

10 体の経験はクオリアの経験です。精神的な活動の経験はクオリアの経験です。世界の経験は――どのような世界のものであっても――クオリアの経験です。

11 「私」という感覚は、クオリアの経験です。「あなた」という経験は、クオリアの経験です。

12 そしてクオリアは、私たちに共有物を通してあらゆるものとつながることを可能にします——どんなものも意識というひとつの場の、ひとつの側面なのです。

13 私たちは、人生のあらゆる瞬間において現実を処理している意識的な存在として、クオリアの語彙で自らを表現します。クオリアの語彙は経験を言葉に置き換える試みです。しかし、科学の言語はその反対を試みます。つまり、客観性という名のもとに経験を抽出しようとするのです。しかし「客観性」自体は経験を意味しますので、クオリアから分離した言語は存在しないのです。

14 昆虫、バクテリア、動物、鳥といったほかの生命体は、独自のクオリアを持ちます。私たちはそれがどのようなものか想像しようとすることはできますが、把握することはできません。それぞれの種は独自の神経系を持つからです。微生物でさえ、環境に反応します（光や空気や食物やお互いを求めます）。私たちがほかの生命体を理解するとしても、単に人間の神経系のクオリア処理を反映しているに過ぎません。実際、ほかの神経系によって知覚される現実について、私たちは知る由もないのです。

15 知覚は、各々の種の特定の経験を創造するエンジンのようなものです。それぞれの経験は、あらゆる新しい変化に遅れず付いていくクオリアの（人間の）語彙へとつながり、物理的現実を作り変えます。昆虫や鳥を含む「低位の」動物たちも極めて複雑な語彙を持つという事実は、言語と現実の間に創造的なつながりがある証拠です。

16 私たちは、目があるから見えるわけではありません。耳があるから聞こえるわけでもありません。感覚器官は知覚を作り出しませんが、それらを通して意識とそのクオリアが知覚経験を生み出すレンズのようなものなのです。知覚が現実になることは決してありません。私たちは、自身の種が知覚するために進化してきたことを知覚します。真にリアルなもの、現実であるものは何であれ、私たちが知覚したり、思考したり、感じたりするものよりも原初的なのです。クオリア科学は、知覚と現実の間の境界を探求し、それを超越するという目的を持っているのです。

17 人間の脳は、特定の生命体によって感知される現実を代理しています。経験は行き当たりばったりにではなく、象徴的に組織されています。私たちは現実を人間的なものにして、次に脳内に刻印されるクオリア（痛み、光、空腹、感情など）が脳と体を象徴的表象として進化させるのです。このフィードバック・ループは意識に由来していて、脳の仕組みに由来するものではありません。人間の意識は、未分化の意識の場にとっての特有の表出口なのです。つまり、ひとつの意識から多数が作り出されているわけです。

18

私たちは、犬や鳥といったほかの生命体と相互に関わることはできますが、そのクオリア経験が私たちのものと同一であると見なすことはできません。別の種にとって、どのようなものが熱い、寒い、軽い、重い、遅い、速いと感じるのか、私たちは知ることはできません——こうした基本的なクオリアは、私たちの反応と同じように、彼らも感じることができるのかどうかはわからないのです。彼らが私たちと似たような感情や感覚経験を持つであろうと推測することはできますが、せいぜいそう言うのが精いっぱいなのです。カラスがカーカー鳴く声が、私たちには同じに聞こえますが、カラスにとっても同じに聞こえたり、私たちには同じに聞こえる犬の鳴き声が、犬にも同じように聞こえるという可能性は極めて低いのです。しかし私たちは人間として互いに交流することができます。なぜなら、自分のクオリアの信号を、一般的に受け入れられている（人によって、また文化によって大きく異なるにもかかわらず）クオリアの語彙へと変換するからです。

19 — 生き物それぞれが、すべての存在の根源的土台である純粋意識と相互に関わることによって、独自に知覚現実を創造しています。純粋意識とは、あらゆる可能性の場です。それぞれの可能性がクオリアとして現れます。しかし、純粋意識の場はクオリアに先立って存在しています。それは言葉では表すことができないもので、クオリアを通してのみ現実を認識する脳によって感知することもできません。創造の子宮は、空間、時間、物質そしてエネルギーを超越しています。

20 — 独自のクオリアを持つ生命体のレパートリーの数だけ、知覚される現実（物理的脳、体、世界）も存在します。

21 — 主観的経験の理解、または他者への共感という感覚は、共有されたクオリアの共鳴を通じて起こります。私たちが、ほかの種、ほかの存在、もしくはほかの次元の存在に対して持つどんな洞察やつながりも、そういった存在の主観的クオリアに関する私たちの主観的クオリアの感受性と精練を通じて起こります。私たちが共感と呼ぶものは、意識に登録され、共有された共鳴なのです。

22──誕生は、特定のクオリアのプログラム（計画や予定）の始まりです。個々のクオリアの実在は、生命として姿を現すクオリアの中にある可能性と共に世界に現れます。一生のうちに起きることは私たちが共通して持っているもので、つまりほかのクオリアの実在とそのクオリアのプログラムと互いに影響し合っているのです。

23──死は、特定のクオリアのプログラム（個人の生命プログラム）の終焉です。クオリアは、意識の内側の潜在的な状態へと戻って改造され、新しい生命体として再生されるのです。

24──意識の場とそのクオリアの母体は非局所的で、消滅することはありません。非局所的とは、その場がいたるところに広がっており、どこにおいても同じであるという意味です（実際、まさに「どこにおいても」という言葉自体がクオリアです）。場は、そこで起きる特定の出来事ひとつひとつの影響を受けます。全体と部分との関わりは決して失われません。失われたり、忘れられたりすることは決してないのです。

25 ― 私たちは、場自体を経験することはありませんが、場から出現するクオリアを経験します。私たちは、特定（すなわち局所的）の視点を持つ個人になるために、こうしたクオリアを用います。局所性は、非局所的な意識の場におけるクオリアの経験です。

26 ― 量子力学は、私たちの自然経験として定義されるクオリア力学を測定するための数学的ひな形です。それは領域ではなく地図なのです。根本的に、地図は数学的です。なぜなら量子領域は正確な形と可能性を示すからです。数学は、経験を数字に落とし込み、データをもたらします。このようにして現実を地図にする方法は、経験を構築しているクオリアをすべて失うのです。

27 ― 現実を、実際の姿――普遍的な共通の場から現れ、物質、エネルギー、世界、生命へと分化する、連続した動的な意識の流れ――に似せて映し出すことは可能です。

真に存在するものをとらえるためには、それを小さくて動かない薄片にして測定する数字とは対照的に、科学が「クオリア物理学」「クオリア生物学」「クオリア医学」などへと改良されることが必要になります。

28 多くの文化における古代の叡智《えいち》の伝統は、主観的な知識は有用で、系統だったものであると認めていました。こうした伝統はクオリアの世界を受け入れ、そしてそれを意識の法則とふるまいへと系統立てます。「アーユルヴェーダ」や「気功」そしてその他のクオリアを土台にする医学が、どうやって秩序立ち、信頼でき、効果あるものになったかの基準点を、意識は認めています。欧米の物質主義においてさえ、心理学、さまざまな精神療法、神話や元型、幼児期の発達、性別研究——これらはすべて世界の主観的な（クオリア）経験から枝分かれしたものですが——が占める余地が作られてきました。

29 精神性を高める実践は、独特のものでも日々の経験から分離されているものでもありません。それは意識の微細な基準点を土台としており、実際に自己認識の地図を描いているのです。自らを見つめる人間の意識は、自らを見つめる意識の場そのものを映し出しています。

30 精神性を高める実践は、自己認識を微調整します。その調整が十分に微細であるとき、クオリアが自らの源を隠すことはありません。それは映し出されたものを見るのではなく、鏡を見るようなものです。意識は自らを見つめ、その純粋で絶対的な存在——創造以前の状態——を認識します。世界の叡智の伝統が衰退し、純粋意識との確固たるつながりが失われたときでさえ、現代科学にとっては異質なもので「超常現象」「奇跡」「不可思議なこと」として解釈される、古いクオリア科学が遺した有益な遺物は存在します。実際に、自然のより微細な側面がクオリアの中で展開しない限り、超自然的なものは存在しないのです。このような正常範囲から外れたクオリアも、科学が正当と見なしたクオリアと同様の正当性を持っています。

31 クオリア医学は、アーユルヴェーダや伝統中国医学のように既にさまざまな形で世界中に発現しました。こうした古代の伝統は、薬草の働きについてのかなりの知識を提供してくれますが、体が薬草に対してだけでなく、環境内のあらゆる影響に対してどのように反応するか、科学的に解明することを現代の研究に求めています。

エピジェネティクスの領域は、日々の経験とストレスが遺伝子の活動にどのような変化を起こすかを詳細に研究することで隆盛しはじめています。

32 クオリア生物学は、生命とその起源についての新たな理解につながるでしょう。生命は、純粋意識として常に存在してきました。生き物の中に現れたあらゆる特性の源は、表に現れていない潜在的な可能性、原初的な知性、創造性、進化の衝動の中にありました。非局所的であるため、無限の可能性の領域には始まりがありません。したがって、生命には始まりもありません。始まり、進化し、衰退し、終焉するものは、そのクオリアのプログラムを実行している生命体なのです。

33 生命体の起源は、純粋意識（純粋な生命）が生命の多様な形態もしくはクオリア複合体（相対的世界の生命）への分化です。

34 種の進化は自然淘汰《しぜんとうた》を通じて起こりますが、それは生き延びるために食べ物を見つけることや繁殖する権利に完全に基づいているダーウィンの自然淘汰よりも、さらにもっと包括的な意味においての自然淘汰です。実際にさまざまな種の個体群が選ぶものは、増強されたクオリアの経験です。これこそが進化の原動力であり、そして意識は無限であるため、新たなクオリアが出現し、広がり、最大限の表現を求めます。地球上に存在する多様な野生の生命体は、ひとつの惑星の生態をクオリアの遊び場にしようという総体の試みです。進化の目的は、あらゆる種類の経験を最大化することなのです。

35―進化とは、それぞれの種を通じて目的に導かれていて、その種が置かれた環境で実験をしながら、フィードバックを得ているものです。フィードバック・ループは、環境からのどんな困難にも創造的に対応するよう設定されています。全体として見ると、地球上の生命はクオリアのネットワークですが、それぞれの種の個体も同じくクオリアのネットワークです――全員の経験が全体に影響を与えるのです。

36―遺伝子、エピジーン、神経回路網は、経験の足跡としての道をたどりながら、進化の各段階を保存し、記憶しています。こうした記録装置が、活動的なクオリア・ネットワークの象徴的な特質であり、真の正体なのです。各ネットワークは自己組織化されています。なぜなら全く同じクオリア・プログラムで作動している2つの種もしくは2つの個体は存在しないからです。それぞれのシナリオが独自のものであり、それぞれが自身の可能性を通じて作動しています。

37
進化は決して終わることのないプロセスです。なぜなら意識の生来の特性である、創造の衝動に根差しているからです。進化と成長は同義ですが、実際のプロセスは新たな創造を保持することと、それをシステム全体に同化させることを含みます。そのシステムが人間の体であろうと、環境内の適所であろうと、宇宙全体であろうと、新しい創造を同化させていくのです。

38
人間は、自由への鍵となる自己認識という能力を持っています。自己認識とは、自分のクオリアの傾向によって衝動的に突き動かされたり、とらわれたりしないという意味です。私たちは心自体と同じぐらい動的です。このことは、純粋意識との間の断ち切れないつながりを示しています。純粋意識は定義上、自らをとらわれの身にすることはできません。無限の可能性に限界はないのです。自己認識することは自らの本質を受け入れ、種としての私たちの創造的進化における、さらなる飛躍の出発点となるでしょう。この飛躍はまた、私たちが人間的な宇宙に生きているために、宇宙を作り変えることにもなるでしょう。宇宙は、私たちの現実に対する知覚と合致していくのです。

39

進化におけるこの飛躍は、人間の大望によって影響されて意識的なものになるでしょう。それによって、クオリアの構造体や集合体の新しい自己編成ネットワークが出現するでしょう。つまり、新しい考え方が現れ、発火し、転換点に到達し、最終的には人間の次なる現実として確立されるのです。そのような変容は神秘的なものではありません。武力侵略、戦争、貧困、部族主義、恐怖、喪失、暴力といった層が剥がれ落ちはじめるとき、残ったクオリアはその創造的な源により近づくことになります。古くなったクオリアにとっては、まず剥がれ落ちることが極めて重要です。そして次に無意識から生まれた惰性が、新しいクオリア・ネットワークの活動的な成長のために放棄されることが求められます。

40

量子力学と古典科学は新しいテクノロジーの創造にとって常に役立つものですが、クオリア科学は、私たちの文明を「全体性」「癒《いや》し」「悟り」の方向へと導くことでしょう。

付録2

すべてが相対的なのか？

宇宙意識はどのようにふるまうか

現代物理学は、物質的宇宙のふるまいについて詳細に描写してくれました。唯一の問題は、その描写には目的も意味も伴わないことです。もし、宇宙の主要な原動力が行き当たりばったりの性質であるという状態を覆したいなら、同様の絵を描きつつも、そこに宇宙の心を取り入れることによってどのような変化が起きるかを示す必要があります。

次に、宇宙における意識の働きを簡潔に紹介します。それぞれが創造を通した既知のふるまい、量子原理に基づいたふるまいに目を向けるよう選ばれたものです。

1ー宇宙意識は反対のもの同士のバランスを保ち、片方がもう一方を破壊することがありません。正反対のものが共存することは相補性と呼ばれます。正反対のものが存在する状態において特定の状況下では互いに置換可能ですが、それと同時にマイナスがプラスを暗示し、北が南を暗示するように、それぞれが互いに暗示し合っています。

2―宇宙意識は、新しい形や機能を自ら考え出します。この種の自己組織化は「創造的双方向性」と呼ばれます。生きている有機体は知覚可能な双方向性を持っています。生き物は常に周囲の環境と相互に関わっており、ほかの知覚可能な存在や、食べ物を求めることや、種の繁殖や、異なる階層で「他者」の存在を認識することが含まれます。感覚を持つのは人間だけであるという主張は、真実味に欠けています――感覚は意識自体が持つ基本属性です。

3―宇宙意識は古いものの上に新しいものを創造しようという強い衝動を持っていて、この働きを「進化」と呼びます。進化するのは地球上の生命体だけだとするのは狭い考え方です。宇宙全体が「進化」を基本的な特徴としています。進化以外の選択肢は――100億年以上も行き当たりばったりで活動してきた宇宙は、地球という惑星が現れたときに進化に出会ったに過ぎませんが——理屈に合わないのです。より単純なものから進化する、ということがなければ、惑星はどのようにして存在するようになったというのでしょうか？

4―宇宙意識は、互いに共鳴しているとは考えられないほど離れたところにある分離した出来事を通して局所的に作動します。しかし宇宙意識は同時に、分離していない、より深い階層において、こうした出来事同士を結びつけます。この特質は「隠された非局所性」と呼ばれます。

5―宇宙意識は、私たちの見方が物理学を通してであろうと、生物学を通してであろうと、乱されることがないように宇宙を調整します。各々の見方は自身を正当化します。私たちが現実についてどれだけ多くの物語を語ろうと、全体像は隠されたままです。この特質は「宇宙の検閲」と呼ばれます。

6―宇宙のあらゆる部分は、構造的に似ているか、もしくはより深い階層において類似していると考えられます。異なる階層の自然を観察しているふたりの人間は、互いに伝達したり理解し合うことができます。なぜなら類似しているパターンや構造が繰り返されているからです。この原則は「反復」と呼ばれます。

宇宙意識は、観察者の存在状態を映し出しています。たとえ昔、宗教が特権的な見方を主張し、今日では科学が同様の主張をしているとしても、特権的な見方というものは存在しないのです。しかし、各物語には主張を裏づける証拠が与えられています。なぜなら私たちの存在状態は「観察者」「観察されるもの」そして「観察プロセス」が切り離せないものであるという現実と非常に密接に関わっているからです。私たちがこれまで述べてきた概要は自然の各側面のふるまいについてであり、高度に抽象的な夢想ではありません。宇宙意識は、自己組織化することのできる生きたシステムとして宇宙を生み出しました。ビッグバン以後あらゆる瞬間に、自然は各階層において、同様のふるまいを繰り返し続けています。生き物がＤＮＡを基本形として自己を作り上げるということは、生物学において否定できない事実です。馬は赤ちゃん馬を作り出します。馬の肝臓は、新しい肝細胞を作り出します。各細胞は「食べる」「呼吸する」「排出する」「分裂する」といったプロセスを維持します。この自己組織化は活動的で、必要とあれば新しい状況に適応する柔軟性があります。馬はアンデス山脈の高地でも、死海の海抜以下の場所でも生息することができます。なぜなら馬の細胞には順応性があるからです。馬は走ることも、じっと立っていることもできます。妊娠することも、しないことも可能です。これらは状態の大きな変化ですが、馬の体はＤＮＡの階層から一貫してずっと、自ら調節しているのです。もし変化する状態に適応しなかったら、死んでしまうでしょう。

この適応能力は、分子や原子、そして素粒子の構造に反映されています。いかなる場合でも変化に直面すると適応が起こり、そしてシステム全体がそれに参加します。もし一頭の馬のさまざまな階層を丹念に調べるなら、原子から始まって、分子、細胞、組織、器官、そして最後には完全な生き物という全体像を見ることになるでしょう。しかし大聖堂がガラス、石、大理石、金属、布そして宝石以上のものであるように、馬は部分が集まった以上のものです。もし馬の肝細胞が全体の働きから身を引いたなら、馬は存在できません。もしひとつの細胞内のＤＮＡが分裂しないと決めたなら、馬は存在しません。あらゆる種類のものが身を引いたりしないのはなぜでしょう？　1頭の生きた馬の中には、膨大な数の部分が関与しています。自動車やトラックは非常に多くの部品から成っていて、常にいくつかが壊れかかっていたり、壊れる恐れのあるものが含まれていたりするのは私たちを欲求不満にするものです。

しかし「自然」に関する限り、馬は唯一の物体で、意識を持ったひとつの種であり、意識の階層においては関わるすべてのものが統合されているのです。フグ、ミバエ、カブトガニなど、どんな生き物も、それぞれの次元において相互に関わっています。それぞれの階層は、絡み合いながら次の階層へと向かいつつ、それ自体の全体性を保っています。この動的な協調の流れは、創造のあらゆる階層を見事に織り上げたのは神であるとする「偉大な存在の連鎖」という宗教的見解の現代版です。非宗教的な言葉を使えば、複雑なシステムは先に挙げたような意識の自然なふるまいを通して自身を編成するのです。

次に、人間を宇宙で一番進んだ存在にしている要素を総括してみます。これを理解するためにハッブル望遠鏡を覗《のぞ》く必要はありません。もっと身近なところを見れば、心臓、肝臓、肺の細胞は宇宙そのもののように働いています。すべてが完璧に組み合わさっているのです。

すべての細胞はどのように宇宙を映し出すのか

相補性：各細胞は、体全体とのバランスを維持しながら個々の命を保持しています。骨細胞と血液細胞のような対照的に見える細胞でさえ、互いを必要としています。どんな細胞も全体にとって必要なものなのです。

創造的双方向性：各細胞は、高地と低地では血液中にどれぐらい酸素が必要かといった特定の状況に適応するために化学物質を作ります。遺伝子は、細胞内で化学物質の新しい配合を作り出すことによって、変化に対して常に創造的に適応します。

進化：あらゆる細胞は同一で一般的な幹細胞の構造から始まっているのと同様に、同一のＤＮＡから始まっています。子宮内でこれらの幹細胞は地球上の生命の進化全体を再現し、最終的な進化段階である人間に到達するまで特有の段階を経ていきます。

隠された非局所性：各細胞は、自ら制御している事象については完璧に把握していますが、体の全体性は目に見えず、隠されています。たとえ体の全体性が、ひとつの細胞内で起きているすべての出来事のことだとしても、それは明確な物理的特徴を持たないのです。

宇宙の検閲：すべての細胞は生物の法則を映し出していて、それが侵されることはありません。そうでなければ、細胞が存在することはできないでしょう。非局所性もしくは全体性を「検閲」しているのは、私たちの周りで起きているほとんど無限の事象が出現したものです。それは一見すると確立された現実に沿っているように見えますが、実は通常の認識の「下に」あるものを覆い隠すか、もしくは不明瞭にしているのです。二元論においては、心でさえ、思考を通じて自身の全体性を知ることはできません。

反復：細胞が集まって腎臓《じんぞう》、骨、心臓、脳組織を形成すると、その細胞は異なるものに見えますが、基本的には同じものです。細胞は同じパターンに従います（物性の一番深い層においては、すべての電子が同一であり、リチャード・ファインマンをして「実際にはたったひとつの電子しかない」と言わしめました）。反復によって、馴染んだパターンから理解が構築されます。私たちは互いに理解し、伝達し合うことができます。これは、各細胞内で同じプロセスを繰り返し、またそれらすべてのプロセスをＤＮＡに関連し直すことで可能になるのです。

訳者あとがき

２００６年よりチョプラ博士の日本の窓口を務めさせていただいている渡邊愛子です。当時チョプラ博士が創始者のひとりとして参画していた「アライアンス・フォー・ア・ニュー・ヒューマニティ（新しい人間性のための同盟）」というグローバルＮＰＯの活動に力を入れており、私も日本代表として年に一度のヒューマンフォーラムに参加し日本での啓蒙も行っていました。２０１０年からチョプラ財団が主催でSAGES & SCIENTISTS（賢人・科学者シンポジウム）という2日間のイベントが毎年開催されるようになり、世界中から一流の科学者・哲学者や、人々が真の自己と繋がる助けをしている実践者たちが集《つど》って講演やパネルディスカッションが行われていました。その賢人・科学者シンポジウムに、物理学者のメナス・カファトス博士が２０１１年から5回に亘り招かれていたのですが、私自身は科学にも哲学にも興味がなく（私が教えているチョプラセンターの「原初音瞑想」が古代インド哲学の実践方法であるにもかかわらず）一度も行かずじまいだったのです。

　メナス・カファトス博士に関しては、２０１３年に行われたチョプラ博士との対談が8分弱のアニメーションになって、フクロウに扮したふたりが会話するさまが面白く（YouTubeで「SPACE-TIME! Deepak Chopra & Friends」で検索すると動画が閲覧できます）その動画が印象に残っていたのですが、今年（2017年）2月にふたりの共著「You Are The Universe（あなた自身が宇宙）」が発売され、その題名にドキッとして改めて調べ始めたのでした。そうすると、チョプラ博士が情熱的に開催してきた「賢人・科学者シンポジウム」は、ここ数年で出現してきた新しいパラダイム……完全に物理的な解釈をされている宇宙から、意識が宇宙であり、宇宙全体は意識が投影されたものであるという事実を一流の科学者・哲学者たちと解き明かしていく場であったこと、そしてそのディスカッションを多くの人たちに見てもらうことにより、平和・正義・持続可能・健康的・幸せな世界を個人の変容を通して実現したい（社会的な変容は個人の変容なしには始まらない）という思いから精力的に取り組んでいたことを再認識したのです。

そして、メナス・カファトス博士のウェブサイトの「About Me」というページを開いたところに、You Are The Universeからの抜粋「本書で提示した答えは、作り事でもなければ、常軌を逸した空想でもありません。人間はみな、参加型宇宙に住んでいます。心も体も魂も、完全に参加したいと決めたなら、パラダイムシフトは個人的なものになります。あなたが暮らしている現実は、あなた自身のものとなり、喜んで受け入れたり、変えたりできるのです」というメッセージを読んで、私が共鳴したチョプラ博士の思いと同じであることを確信し、また原著に目を通したときに「科学に馴染みがなくても、科学に興味がなくても、現実の仕組みに関しては誰だって興味を持たずにはいられないはずです」という部分が決め手となって、本書を日本に紹介することになりました。

翻訳にあたって、今回チョプラ博士単独の著書とは違い、メナス・カファトス博士が書かれた部分は物理学の専門的なことでしたので、PART1に関しては翻訳会社さんのご協力のうえ、理系を専攻された安部恵子さんと、この分野を得意とされる川口富美子さんに翻訳をお願いしました。PART2に関しては、『あなたの年齢は「意識」で決まる』『あなたの運命は「意識」で変わる』『あなたは「意識」で癒される』を共訳してくださった水谷美紀子さんと共に手がけさせていただきました。

本書の日本語タイトル『宇宙はすべてあなたに味方する』は、「あなたが宇宙そのものだからこそ、宇宙の力があなたに内在しており、宇宙に味方されている存在」という考えのもと選ばれております。

おわりに、本著の企画から編集まで手がけてくださったフォレスト出版の杉浦さんに心より感謝を申し上げます。

２０１７年９月　渡邊愛子

[著者プロフィール]

ディーパック・チョプラ（Deepak Chopra）

医学博士。インド出身。代替医療のパイオニアであり、心と体の医学、ウェルビーイング分野における世界的第一人者であるとともに、人間の潜在能力分野における世界的に有名な指導者。1996年、カリフォルニアに自身の名を冠した「チョプラセンター」を設立。西洋の医学と東洋の伝統的な自然治癒法を統合させた癒しのメソッドを確立し、体と心を総合的に癒すための実践的なプログラムを提供している。心と体の健康、量子力学、成功法則などに関する著書は80冊を超え、24冊がベストセラー。43ヶ国で発行され、発行部数は4000万部を超えている。タイム誌発表の「20世紀の英雄と象徴トップ100」に選ばれ、「代替医療の詩人・予言者」と紹介される。CNNニュース他メディア出演多数。
多くの大学院で講師を務めながら各国の王室、大統領、首相経験者などの政界のリーダーたちや一流企業経営者たちのメンター役を務め、多くのハリウッドセレブたちからの信望が厚いことでも有名。クリントン元米大統領は訪印時、「アメリカは代替医療の先駆者であるディーパック・チョプラ博士に代表されるインド系アメリカ人の方々のおかげで豊かになった」と話し、ミハイル・ゴルバチョフ元ソビエト連邦大統領は、「チョプラ博士は間違いなく、われわれの時代で最もわかりやすく感銘を与える哲学者だ」と評した。
主な著書に『宇宙のパワーと自由にアクセスする方法』『宇宙のパワーと自由にアクセスする方法【実践編】』『あなたの年齢は「意識」で決まる』『あなたの運命は「意識」で変わる』『あなたは「意識」で癒される』（すべてフォレスト出版）、『富と宇宙と心の法則』『迷ったときは運命を信じなさい』（ともにサンマーク出版）、『富と成功をもたらす7つの法則』（角川文庫）などがある。

〈ディーパック・チョプラ 公式WEBサイト〉www.chopra.jp

メナス・C・カファトス（Menas C. Kafatos）

チャップマン大学の計算物理学教授。1967年にコーネル大学で物理学を専攻し、博士号を取得。1972年にマサチューセッツ工科大学物理学科で博士号を取得。チャップマン大学のシュミット科学技術大学創設理学博士でもあり、2009年から2012年に学長を務める。地球システムモデリングと観測の卓越研究センターを指揮。NASAのゴダード宇宙飛行センターにて博士課程修了後の研究を行う。学部および大学院の教授、および研究に40年近くの経験を持つ。著書は約15冊にのぼる。

〈メナス・C・カファトス 公式WEBサイト〉www.menaskafatos.com

[訳者プロフィール]

渡邊愛子（Aiko Watanabe）

日本初のチョプラセンター認定　瞑想ティーチャー。チョプラ博士の「原初音《げんしょおん》瞑想講座」を提供している。株式会社ボディ・マインド・スピリット代表取締役。2006年よりチョプラ博士の日本の窓口を務め、来日セミナー主催、「ディーパック・チョプラ 公式WEBサイト」「チョプラ博士の公式メールマガジン」等を運営。訳書に『宇宙のパワーと自由にアクセスする方法』『宇宙のパワーと自由にアクセスする方法【実践編】』『あなたの年齢は「意識」で決まる』『あなたの運命は「意識」で変わる』『あなたは「意識」で癒される』（すべてフォレスト出版）、『富と成功をもたらす７つの法則』（角川文庫）、監訳書に『チョプラ博士のリーダーシップ７つの法則』（大和出版）、『LOVE ～チョプラ博士の愛の教科書～』（中央公論新社）がある。また、字幕監修作品に「ディーパック・チョプラ プレミアムDVD-BOX」（TSUTAYAビジネスカレッジ）内の映画「富と成功をもたらす７つの法則」「内なる神を知る ～奇跡に満ちた魂の旅へ～」などがある。また、自身の著書として『世界のエリートはなぜ瞑想をするのか』（フォレスト出版）、『運のよさは「瞑想」でつくる』（PHP研究所）、『マンガで実践！世界のハイパフォーマーがやっている「最強の瞑想法」』（大和出版）がある。

〈株式会社ボディ・マインド・スピリット〉www.bodymindspirit.co.jp
〈渡邊愛子公式WEBサイト〉http://aikowatanabe.com

水谷美紀子（Mikiko Mizutani）

慶應義塾大学法学部卒業後、編集などの仕事を経て、ロンドン大学大学院にてMA in art and archaeology修了。専攻はチベット美術史。インド、チベットの文化全般に興味があり、そうしたなかディーパック・チョプラ博士の著作にも出会う。株式会社ボディ・マインド・スピリットにて原初音瞑想講座修了。BODY MIND SPIRIT認定　瞑想ファシリテーター。渡邊愛子との共訳として『あなたの年齢は「意識」で決まる』『あなたの運命は「意識」で変わる』（ともにディーパック・チョプラ著、フォレスト出版）がある。

安部恵子（Keiko Abe）

慶應義塾大学理工学部物理学科を卒業し、電機メーカーで製品開発などに従事したのち、翻訳業。ノンフィクションの書籍を中心に翻訳や翻訳協力などをしている。訳書にエド・ヨン著『世界は細菌にあふれ、人は細菌によって生かされる』、セス・S・ホロウィッツ著『「音」と身体の不思議な関係』（ともに柏書房）、クリスティーナ・クルック著『スマホをやめたら生まれ変わった』（幻冬舎）、ヒュー・オールダシー＝ウィリアムズ著『元素をめぐる美と驚き』（共訳、早川書房）がある。本書158～331ページの翻訳を担当。

川口富美子（Fumiko Kawaguchi）

大学卒業後、外国航路の客船で働き、その後ニューヨークで数年を過ごす。帰国後は旅行のプランニングの仕事に従事し、現在に至る。これまでに、『サイキックパワー最大化レッスン　今世で最後に学ぶべきもの《魂の覚醒部分》をRe-Birth!』（メリッサ・アルバレス著、ヒカルランド）をはじめ、ビジネス書、写真集など幅広い分野の翻訳を手がけている。本書13～157ページの翻訳を担当。

You Are the Universe: Discovering Your Cosmic Self and Why It Matters
by Deepak Chopra, M.D., and Menas C. Kafatos, Ph.D.

This translation published by arrangement with Harmony Books,
an imprint of the Crown Publishing Group, a division of Penguin Random House, LLC
through Japan UNI Agency, Inc., Tokyo

ブックデザイン／小口翔平＋喜來詩織（tobufune）
DTP／山口良二
翻訳協力／株式会社トランネット　www.trannet.co.jp

宇宙はすべてあなたに味方する

2017年10月17日　初版発行

著　者　ディーパック・チョプラ　メナス・C・カファトス
訳　者　渡邊愛子　水谷美紀子　安部恵子　川口富美子
発行者　太田　宏
発行所　フォレスト出版株式会社
〒162-0824　東京都新宿区揚場町2-18　白宝ビル5F
電話　03-5229-5750（営業）
03-5229-5757（編集）
URL　http://www.forestpub.co.jp
印刷・製本　中央精版印刷株式会社

ISBN978-4-89451-774-5　Printed in Japan
乱丁・落丁本はお取り替えいたします。